广宁王部
齐王府
辽王部
济南王部
曲雕阿兰
泰宁
开元
辽阳行省
达路
应昌
中
上都
大宁
辽阳
德宁
大同
大都
高丽
（征东行省）
王京
日本
平安京
书
真定
冀宁
省
益都
济南
汴梁
奉元
河南江北行省
扬州
集庆
庐州
江
杭州
庆元
浙
婺州
中兴
武昌
省
龙兴
江
行
天临
湖
福州
西
省
广
赣州
泉州
琉球
静江
行
行
广州
南宁
省
万
里
石
塘
雷州
乾宁
元
广州
琉球
越
升龙
雷州
琼州
千
里
长
沙
林
占城
邑
三
屿
万
里
石
塘
浡
泥
0
550km

想象另一种可能

理
想
国

imaginist

图一

图一　庆州白塔——秋日映照下的庆州之白塔。背景为晴朗湛蓝的天空、绿油油的草地和山峦。耸立在秋天清新空气中的八角七层之白塔，散发着令人窒息的美。曾经的契丹帝国，又是屈指可数的佛教文化之国。现存于契丹本土“中轴线”深处的这座塔，是将契丹帝国之盛世传至今天的文化遗产，也是留住历史的“证人”

08

讲谈社·中国的历史

疾驰的草原征服者

辽 西夏 金 元

【日】杉山正明 著 乌兰 乌日娜 译

广西师范大学出版社
·桂林·

推荐序

一段与“唐宋变革”相并行的故事

一

研究辽、夏、金、元史的一个巨大障碍，乃是有关它们史料的散漫性。本书作者言及契丹史资料的严重不足时哀叹道：能允许被展开来从事“研究的界限已经到了令人伤心的程度。与其说缺失的链条多，不如说了解的情况少”，至若“尝试研究西夏，本身就已经要成为一种壮举了”（页 235）。而关于金、元历史资料，则除了在数量及其报道所覆盖的内容范围方面依然欠缺外，女真、蒙古统治者的立场、情感和行动更是在占压倒多数的汉语文献有意或无意的遮蔽曲解下变得难以辨识。因此可以想见，要想在一部翻译成中文后不过十六七万字的书稿里，以简明、连贯的叙事把这段历史讲述得连非专业的读者也能感觉饶有兴趣，对写作者来说，是多么具有挑战性的事。

我对本书作者深感钦佩，他真的做到了这一点。就我记忆所及，他前后写过近十种性质类似、话题或聚焦点略有不同的历史读物，每本都显示出一些独特视角与新鲜见解。相比之下，这本书对中文读者的冲击力可能会更大。因为它没有像中国人通常惯于接受的那样，依照“唐—五代—两宋—元”的历史变迁主线来呈现公元 10 到 14 世纪的中国史；相反，被很多人想当然地看做是阻断、破坏了本应由两宋来实现的国家统一大业的夏、辽与金，不再仅仅是出现在音乐正剧里的几段不和谐的变奏或插曲，而都在本书中担当起积极和正面的主要角色，由它们来贯穿从唐到元这一时段的中国史进程。也正因为如此，这条另辟蹊径的讲述路线，沿着与我们比较熟悉的“唐宋变革”相并行的故事脉络，为我们讲述出了一段很不一样的中国历史，使人感觉似乎有点陌生，但仔细想想却又合情合理。

直到两宋为止，唐是中国历史上版图最大的王朝。检阅过中国最流行的那幅现代绘制的总章二年（669）唐代疆域图的人都会不由自主地感受到，尽管尚未将今云南西部以及包括今四川和青海一部分在内的整个藏区囊括在内，唐代拓地之广、在西部和北部已远远超出今日中国的疆界，确实令人印象深刻。但是这张地图也很容易对它的阅读者产生某些误导。在唐的边界之内采用完全相同的主题底色，在很醒目地凸显出唐代政治势力所及地域范围的同时，也不无遗憾地抹杀了唐政权针对不同区域和人群，在治理目标与国家权能的实现方面一向存在着的性质截然不同的多样性差别。与对郡县制度体系之内各州县的全方位治理相反，唐对处于光谱另一端的东、西、北三方最边远地区那些羁縻府州所能实施的主权治理，在不少场合虚弱到近乎只剩下一个空名。可见，带着现代国家的领土概念去理解唐代版图，只会使人产生某种不很健康而且一厢情愿的妄想。

还不止如此。普通的读图人还常常会忽略历史地图上注明的标准年代，即据以制作该图的基本资料的时间节点。总章二年那幅地图反映的，是从大约 630 年到 660 年间唐代疆域的基本状况。简直好像是故意为了提醒我们注意到这一点，仅仅将它的标准年代再推迟一年，唐代的版图就不再是那幅地图所呈现的样子了。几乎从 670 年一开始，由于吐蕃和西突厥结盟反唐，今新疆南疆以及北疆的相当一部分曾长期成为双方拉锯和争夺之地。差不多与此同时，一度南下投唐的东突厥逃归漠北、复建第二突厥汗国，唐因此失去间接号令整个蒙古高原的地位。前后相加，唐维持对西域的间接统治，总共大约七八十年；而它拥有蒙古高原，则只有四十年而已。从这一事实出发，本书作者把唐朝界定为“瞬间大帝国”（页 13）的说法虽稍嫌夸张，但它对中国人普遍持有的“大唐三百年天下”这种模糊而僵化的传统观念，仍有振聋发聩的作用。作者指出，安史之乱后，由于“在内陆亚洲世界互争霸权的两大势力即回鹘和吐蕃”的存在，唐首都长安“因不断来自西方的威胁而变成了毫无安全感的城市”（页55）。但另一方面，“也正是因为背后有了回鹘的军事力量，衰弱的唐朝才能继续存在”。他据此尖锐地问道：“唐代后半期那个年代，真的还是‘唐代’吗？”（页50）

二

那么，一部叙述辽、夏、金、元历史的书，为什么要从颠覆“唐朝三百年之幻想”这样一种“朴素而老套的，因此又是可笑的看法”（页82）讲起，甚至为此而不惜把这个开篇写得令读者感觉有点过于冗长呢？我以为，作者的用心主要有两点。

首先，吐蕃和回鹘的崛起，以结束唐王朝全盛时代的安史之乱为转捩点，将东亚历史逐渐带入一个分权化和多极化的新局面。正是吐蕃的衰落，一方面导致“原来囊括在吐蕃内的藏系各部落也开始寻求自己的道路”，并最终催生出由党项人建立的西夏王国，另一方面又成为“沙陀发迹的诱因”（页62）。而回鹘汗国的解体则成为契丹部落独立发展的契机。在契丹部英主阿保机不得不用“为长九年”（907—916），即通过两次连任“以三年为期的选举换代制”（页 113）之下“可汗”地位的苦心经营来蓄积个人势力的蛰伏期间，面对后唐沙陀政权坐大灭梁、进而吞并正在做建国准备之契丹的危险，阿保机被迫依偎于后唐与后梁之间，在夹缝里求生存。只是到他的继任者手里，契丹才利用沙陀内讧，通过施展助后晋灭后唐又将后晋属国化的策略，成为兼跨农牧混合带两侧的强大的内亚边疆帝国。按照上述线索，本书“直接涉及”的故事，就应当从党项、契丹和沙陀等部的发展获得空前历史机遇的 9 世纪后半期，也就是自回鹘与吐蕃统一政权瓦解之后讲起。但为了理解 9 世纪下半叶的整体形势，还必须“将此前一百多年也收入视野”（页 11），安史之乱就这样成为本书讨论的真正起点。

其次，也许更加重要的是，唐的中衰，或者说唐从它鼎盛的巅峰不可挽回地一路滑向最低谷的那段有点漫长的时期，实际上还具有比一首令人黯然神伤的超长挽歌更多得多的历史意义。它非常典型地反映在边城范阳之地位的不断抬升之中，即“范阳作为横跨‘华夷’的政治中心真正开始显赫，最终依次作为契丹—辽帝国的副都南京、女真金帝国的首都中都、蒙古世界帝国的首都大都”（页 35）。换一句话说，它意味着这不平凡的六百年孕育并实现了“中华”从“小中国”——这个“小中国”在盛唐时期曾膨胀到它的极限——变型为“大中国”的“一次漂亮的转身”（页10)。此种“变身”初见端倪于契丹建立的辽王朝，而一个完全不一样的“中华的框架是在13到14世纪的蒙古时代一下子扩大起来的”；正是这样一个崭新的建国框架，才真正把中华引上了“通向‘多民族之巨大中国’的道路”（页11)。

从“五胡十六国”开始，源出于草原或汉地社会边缘地区的非汉人群，早就在中原建立过许多属于他们自己的政权。在把中原当做核心统治地区这一点上，它们——包括本书述及的后唐与后晋在内——与以公元10世纪的辽王朝为开端的各“异族”王朝颇有相似之处。然而，前一类政权的建立者多在以雇佣军等方式向中原汉地渗透的漫长过程里，逐步演变为陷入内地、失去后方的无根基政治—军事集团；同时，当时汉地社会所流行或依然具有强大影响力的门阀世族传统，也很便于为接纳诸多非汉人出身的军事贵族集团提供一种非常自然、易行的制度框架。因此这些“渗透”型的王朝往往缺少制度创新的必要动机与资源，未能为突破中原传统体制提供自己的独特贡献。与它们相比较，辽、金、元、清都在短时期内通过大规模的军事征服，迅速地在汉地建立统治，与此同时仍精心维持着作为本族群人力与作为文化后方的辽阔根据地。“征服型”王朝的这种特别的版图结构，推动它们去创制一种不同于纯中原式的国家建构模式。它不仅能在作为帝国经济基础的汉地社会和统治者的“祖宗根本之地”之间保持着平衡，而且为进一步将其他各种非汉人群的活动地域纳入有效治理，提供了比中原汉制更有弹性、更能容纳多样化、可能性因而也更能持久的一种制度框架。

我以为，本书作者所说“小中国”与“大中国”的区别，并不完全是就“中国”版图的面积大小而言。更重要的区别，其实是在以“车同轨、书同文、行同伦”，亦即以用汉文化去覆盖全部国家疆域为理想治理目标的“小中国”，以及一个能为不同人群的不同文化提供多样性发展空间的“多民族之巨大中国”之间。更明确地说，这是两种不同的国家建构模式之间的区别：一种是外儒内法的专制君主官僚制模式，另一种则是从汉地社会边缘的内陆亚洲边疆发展起来的内亚边疆帝国模式。后者萌芽于辽，发育于金，定型于元，而成熟、发达于清。只要简单回顾一下公元一千年以后的中国历史，恐怕没有任何人还能否定，如果没有这样一种国家建构模式的参与，今日中国就不可能有这般广袤的版图！

三

明白了作者力求贯穿在本书中的写作意图，就比较容易理解，他的谋篇布局为什么会采用那样一种很不同寻常的方式。

这部本身就不算太厚的书，花去五分之一的篇幅用来讲述故事“起始发生在何时”的问题，包括安史之乱、吐蕃与回鹘的强大与衰落。接着它又用另一个将近五分之一容量的叙事来刻画契丹“奔向帝国的助跑”。在总共超过全书三分之一的上述两章内，还有不少篇幅用来追溯与契丹“在同一时期崛起的”（页 90）沙陀族后唐政权的兴亡。第三章依然围绕从契丹与后唐“南北并立”（页 141）到它迫使后晋沙陀政权“属国化”的线索展开，只是在最后割出分别以“澶渊之盟”（页 51）和“南北共存的一百年”（页 190）为题的很短小的两节文字，把辽—宋关系以及几乎全部的“契丹帝国的稳定期”都一带而过。第四章“访问已消失的契丹帝国”之第一节“穿越千年的时空”，简直就是一篇散文式的优美抒情的访古随笔。当作者面对辽祖陵的奉陵邑祖州城址那“高层建筑般规模的……塔状岩石”，发出“传说，在那里真实地存在着”（页 223）的感慨之时，他同时也把撞击着他自己心灵的那种由衷的感动深深地传达给他的阅读者。

就这样，当终于翻过有关辽代历史的最后一页时，我们发现已经读完了全书的三分之二。剩下的三分之一篇幅主要用于讲述蒙元史，所以只能用第五章简单地把西夏和金都说完了。接着作者又以相当详细的笔墨，生动展现出蒙古人怎样“走向史上最大的陆上帝国”、如何组织起一个“庞大的多种族复合国家”、并且把大半个欧亚旧大陆整合为一体的非凡历程。

叙事上高度跳跃的选择性和结构上调度自如的畸轻畸重，使本书充满了一种由非均衡的张力所营造的美学效果。至今还有很多人糊涂地主张，讲述历史只需要“还原真实的过去”，所以“实证”方法就意味着必须尽量剔除讲述者自身观念的影响。但是我们真的可能还原“真实的过去”吗？真的存在着一种被所有经历了那个“过去”的人们都一致同意的“真实”吗？看来与其悬得过高、空论还原真实，倒不如尽最大努力地去还原经历过那个时代的人们对那个时代的各种切身感知，最大可能地借助于各种细节去还原一幅有关过去的越来越精准、清晰的宏观图景。历史细节永远“还原”不完。这里不存在应不应该有所选择的问题；问题只在于如何选择、选择得好不好。

从体裁上说，本书可以被归入“大众史学”一类。我并不以为，当下的出版界之所以希望引入外国人写的、以中国历史文化为题材的、能引人入胜的大众史学作品，只是因为中国学者都放不下“专家”身段去从事那种创作。这里面更多的，其实还是写得出、写不出，或者说得更尖锐一些，是即使写出来了，能不能让人看得下去的问题。尽管不必采用绵密引征和系统论证的阐述形式，大众史学在把历史叙事还原到亲历者们的切身感知、还原到总体历史图景、还原到根本价值关怀方面，以及在它需要能反映最前沿的已有研究成果方面，一点也不比对于更“专业化”学术写作的要求为低。在此意义上，一个写不出高水平的大众史学作品的知识生产群体，竟然能一批接一批地产出被纷纷自诩为高水平的专业化学术著述，这种现象本身就极应该加以怀疑的。

四

正因为这部大众史学读本兼具濒临现有知识边界的学术前沿性，所以对于从事蒙元史研究的阅读者来说，也可以从中获得不少深度启发，并由此而萌发把那些碰击出思想火花的话题推向更充分思考的念头。以下选几个比较有趣的例子，说一点看法。

921年末，处于权力争夺之中的河北军阀里有人以镇州美女、金帛引诱契丹入寇。据《资治通鉴》，那个引狼入室者对阿保机说：“镇州美女如云、金帛如山。天皇王速往，则皆己物也；不然为晋王所有矣。”阿保机准备发兵，述律后谏曰：“吾有西楼羊马之富，其乐不可胜穷也。何必劳师远出，以乘危邀利乎！吾闻晋王用兵，天下莫敌。脱有危败，悔之何及。”契丹主不听，结果大败而归。本书作者强调，司马光这段文字把阿保机表现为一个“无聊卑贱之人、一个不知深浅的蠢家伙……对不起，实在忍不住想这样说”。作者断定：以上这段记载不见于《旧五代史》，故它出于欧阳修的“创作”；司马光不但从欧阳修的《新五代史》里抄了这个故事，而且把它抄得比《新五代史》还要“卑贱、粗俗”得多（页150）。

此处没有足够篇幅把欧阳修的原话再抄录一遍。但至少从我的感觉来说，实在看不出司马光的描写在哪里表现出比欧阳修“卑贱、粗俗”的地方。更重要的是，司马光抄的根本就不是欧阳修，而是他写作《资治通鉴》时大量利用过的五代“实录”。意思完全相同、而文字稍见繁复的这一条记载，亦可见于《册府元龟》“外臣部”，当然那也同样是从“实录”里抄来的。后者并交待该信息来源说，“时获贼中人（也就是契丹方面的人）言”。流言未必尽实，史家无由考定，“述故事”传之后人而已。拿这件事来讥刺“司马光的浅见”，似过于严厉。

像这样的不太适当的批评不止发生在一处。《通鉴》曾述及，阿保机猝死后，月里朵太后执意选择次子尧骨、而不是长子突欲继承皇位，为此残酷杀戮了一批旧臣。本书在提到此事时，又一次谴责司马光“虚构”了一则“充分反映他精神世界”的“故事”。作者以突欲被分封在东丹国来证明阿保机对他的超级信任，并由此断言，尽管“没有留下明确的遗诏就意外地去世了”，按“阿保机的本意”，实在“无须担心突欲当不上继承人”。只因为掌握国家大权的月里朵“内心已向尧骨倾斜”（页 175），所以才有后来的结果。

中国一位著名历史学家早就指出，阿保机在立突欲为太子五年后，又封尧骨为“天下兵马大元帅”，这并非任命最高军事统帅，而是在已确立太子的形势下另行更定皇位继承人的特别安排。是则突欲在阿保机死前不久晋封人皇王、东丹国王，地位虽仅处于作为天皇王、地皇王的帝、后之下，但由此也表明他不再是天皇王的继承人。以天下兵马大元帅身份继承皇位的做法，后来也曾几度被沿用。这表明月里朵的所作所为，实际上都是为了压制朝内不同主张，强行实现死去丈夫的遗愿。本书作者像司马光一样，认为尧骨继位出于月里朵个人的偏好及设计，则其“精神世界”岂非与司马光无大异？至于“虚构”之说，就更难免有不实之嫌。

不是说对司马光的立场就不能批评。将心比心，如果有能力揭出比如藤原道长（966—1027）的《御堂关白记》或者《历代天皇御记》等著名日本历史文献里某些值得讨论的地方，我一定也因此会感到高兴和满足的。但同时我也一定会怀着敬畏和唯恐有所未周的不安，尽量做到更谨慎谦恭地表达这些意见。

看来，汉语文献包含的天然偏见所引起的，已不仅是本书作者理应有的警惕，而且变成了一种反感甚至厌恶。所以他才会说，汉文记载所创造的“虚构”，远甚于古希腊、罗马文字圈，因而“能够轻而易举地变丑陋为美丽”（页140）。在这样的表述里，一点也看不出日文所特有的那种委婉、客套的语气。因手头无书，我阅读的是本书的汉译文本。不过我与汉译者乌兰教授非常熟悉，所以完全可以相信她的译文是忠实严谨的。作者提到《辽史》关于925年“日本国来贡”的记载时写道：“距今大约三十年前刚刚邂逅《辽史》时，这条记载对视觉造成的冲击至今难忘。”（页73）这段话不由自主地让我想起民族主义研究者们经常谈论的知识精英的“愤懑”情绪与民族主义思潮的关系问题。

对“夷夏之辨”意识流支配下大汉族主义历史观的质疑，无疑是本书很突出的一个最让人耳目一新的亮点。这里再举一则例证以明之。作者认为金宋间的“绍兴和议”致使“‘澶渊体系’

再次出现”，并称它为“依照国际条约达成的和平共处方式，是亚洲的东方创造出的历史智慧”（页253）。中国读者——确切地说，是习惯于在“中国的”与“汉族的”之间画等号的读者——对这样的看法很可能会感到极不愉悦。它当然是由霸权强加给参与国的一种不平等的外交关系。但传统时代既然尚未出现平等国际关系的理念，在一种经过双方讨价还价后形成的有等级的外交关系框架内实行“和平共处”，比起兵连祸结的长期恶斗，难道不是双方都更愿意接受的结果吗？其实这个方式也不是金的创造。它只沿用了汉室王朝早就发明的“朝贡”体系，不过又把它倒转过来，让一向习惯于接受别人前来朝贡的一方变成了向别人朝贡的一方而已！我们不是从来就怀着心安理得乃至有些盲目自傲的情绪来看待以汉室王朝为中心的朝贡关系吗？汉室成了朝贡一方，就以缺乏平等怪罪“澶渊之盟”或者“绍兴和议”，这样的见解，与视其为“东方创造出的历史智慧”相比，显然少了一点历史主义的应有意识。

不过就像所有原创性理论的作者都倾向于夸张一样（以赛亚·伯林语），我们也从本书中读到些许因夸张而导致原貌可能有点走形的地方。建立唐王朝的李渊家氏，被本书视为“出身拓跋鲜卑的地地道道的‘夷’”（页52）。据此，作者认为，“唐朝在系谱上本来是接续拓跋北魏的”；把它与从代国到北周、隋的一系列政权共同“统称为‘拓跋国家’的看法与史实相当吻合”（页 228）。可是本书提到的三条相关理由，恐怕难以支撑起这种见解。它们是：唐室“祖源拓跋氏”之说；唐“依山而建皇帝陵”与契丹陵制相同、而于汉人王朝则“明显是个例外”（页 227）；中亚以西各地多用 Tabgach 称呼唐，是即“拓跋”之音转（页 228）。

李氏原为“北代胡人”、“唐源流出于夷狄”，自唐宋以来代有其说，但至今难得落实。陈寅恪所谓“疑出边荒杂类、必非华夏世家”，强调的未必是华夷之辨，实为其门第身份之有无；否则就与他另文所说“若非赵郡李氏之‘破落户’、即是赵郡李氏之假冒牌”的断制互相抵触了。关于唐陵，除非伴以坚实的辨证驳论，而不只是凭借突如其来的奇想，杨宽的见解仍然是我们必须重视的。据此，唐昭陵墓室以穿凿半山腰的方式修建，沿用的主要是源于曹魏“因山为体”建造皇帝陵墓的办法，由魏晋南朝代代相传至唐，经昭陵而成为唐代大部分皇帝陵墓的制式。拓跋魏的陵墓制度确实含有北族文化的成分，但它与依山建陵关系不大，而主要体现在诸如起造于永固陵和寿陵之前的“永固石室”之类的建筑物中。一般相信，“拓跋”之称以 Tabgach 的变形西传，在北魏及其继承王朝灭亡后，仍长期在中亚被用来转指曾处于拓跋人统治之下的中国北部。我们不清楚它是否出于“契丹语式发音”（页 229），但从唐政权被西方人称为 Tabgach 就推证唐皇室出于拓跋，那就如根据格萨尔之名源于恺撒而断言青藏地区这位传说中的藏王是罗马人后裔一样，无论如何是过于鲁莽了。

陈寅恪早已论证过，隋唐制度有三个渊源。其中梁陈之制当然是汉式的；西魏北周之制是胡汉杂糅的混合制度，但它对隋唐制度影响最微；北魏北齐之制才是它最重要的来源，而其主要成分，则是通过士族之家学传承接续而来的残存中原之汉魏文化、东晋南齐之礼制以及保存于河西的汉魏西晋文化。唐代制度体系，是融合了不少胡文化元素于其中的外儒内法的专制君主官僚制。就认定它的这一性格而言，李唐氏族的出身究竟为何，甚至已变得不再重要。不仅如此，正像本书很精辟地指出来的那样，一个“跨时代跨地域的国家和社会”，即一个变身为“大中国”的中华，乃是以“阿保机所开辟的新道路”为起始点的。故“阿保机的创业，又是时代的创业”（页 164）。既然唐朝无论怎样也不能被看成与辽、金、元等王朝处于同一个国家建构模式的谱系内，那么唐朝是否“拓跋国家”，这个问题本身究竟还有多少意义呢？

人们很容易就一本书是否是好书做出他们最直接和最感性的回答。那就是你愿不愿意手不释卷地把它从头读下去，一直读到结尾。至于你是否完全同意那本书的看法，倒是一个与此不甚相关的问题。本书绝对称得上是一部好书。相信其他读者只要伏案展卷，定然也会生出与我同样的感受。

姚大力

复旦大学中国历史地理研究所

2012 年 10 月

目　录

前言

世界史中的中国史

中国的存在感

所谓“中国”是指什么呢？对于这个问题，恐怕会有各种不同的回答。一般来说，简称为“中国”的中华人民共和国，在21世纪初的今天，以其被评价为“世界工厂”、“巨大市场”这一经济上的独特态势或对这一点的重视作为主要动力，使其在国际政治领域等方面的影响力逐年得到加强。

中国拥有廉价且大量的劳动力、手巧且上进心强的人民，只要不出现动乱等国家危机，今后会越发膨胀，发展成为超级大市场：在20世纪的一百年间，中国的国际地位发生了很大的变化。从因为对立、相争之特性而导致不幸的局外人，转化为共存、协作、竞争之国际社会中强有力的一员。这无论对于世界还是对于“中国”，都可以说是文明史意义上的变化。

或许会有种种议论，然而单纯以现在的“中国”而论，让世界其他国家对其产生别样的存在感的原因，首先在于它拥有庞大的人口和辽阔的领土，这一点恐怕任何人都难以否认。

总之，这是一个拥有13亿国民的国家，在人类历史上从未出现过这样的情形。但是如果仔细观察其内部和现实，就会发现在这个“国民国家”中，有着太多各种各样的人群和存在方式，而且还夹杂着各种错综复杂的利害关系和立场。对于政治、经济和社会的犄角旮旯里易于孳生的某些肮脏杂乱、不可理喻之事以及不安定性，人们或许会心生些许恐惧感，即便如此也是一种无奈吧。

当然，以上所说仅为所谓大陆方面的情况。假如附加台湾的话，情况会怎样呢？关于台湾是台湾、台湾史与中国史是两回事的主张和观点，自然存在。尤其近年来在台湾，这种倾向更加明显。基于此种了解，如果将台湾也视为中华文明体系中的一分子，即视为广义“中国”传统的继承者来调整思路的话，那么就不得不说，大陆和台湾其整体对现代世界所具有的影响力，超越不时的表面化动向和正负局面，在自身和势力的总量上都是一种巨大的存在。

巨大化始于何时

回过头来观察“中国”，可知巨大正是其第一要素。那么，赋予现代中国这一特征的巨大化究竟是什么时候开始的呢？

对于这一问题，可能有几种不同的回答。纵观历史，人们可能会不假思索地认为中国从一开始就是巨大的。“地大物博”是“中国”的基本特征，这种一般认识尽管朴素，但却根深蒂固。

事实上现今中华人民共和国版图的形成，与乾隆皇帝的统治有着直接的联系，在清朝的后半期，消灭了你死我活的夙敌准噶尔汗国，名其地为“新疆”即新领土，从而形成了包括西藏和内外蒙古在内的广大国土。那是1757年以后的事情。其后到20世纪，外蒙古在苏联的影响下成为独立的国家，台湾成为现在的状态，其余的部分基本上进入人民共和国的控制。就是说，今日国土的形成本身与大约二百五十年前的历史颇有关系。

然而可以坦率地说，这种情况并不一定众所周知。与此相反，很多人未必会认为“中国”乃至中华文明从一开始就像现在这样巨大。问题的关键在于“中国”是从何时开始成为“中国”的，而且确实是从何时开始巨大起来的？

生成于黄河下游的文明，是“中国”的起点。对于这一点，人们大概不会有什么异议。起初仅具“居中之国”意义的“中国”，发展成作为中华帝国的“中国”，开启这扇门的当属秦始皇。说来这也是一般常识。而迈向巨大化的第一步，确实是从那时开始的。

尽管如此，假如从结论倒叙，则中华的框架是在13—14世纪的蒙古时代扩张出来的。是在领有欧亚大陆大半地域的人类历史上最大的世界帝国内，尤其是从第五代皇帝忽必烈以蒙古本土与中华地区为中心建立了全蒙古的宗主国“大元兀鲁思”（兀鲁思是蒙古语，意为人群，亦指部落、集团乃至国家）时开始的。以“元”相称的这个国家的版图，直接覆盖了亚洲东方的大部分地区。而且，通过分别被冠以“术赤”、“察合台”、“旭烈兀”之名的其他三个蒙古兀鲁思，间接地囊括欧亚大陆的陆地和海洋，形成了超大地域的势力圈。

在大元兀鲁思出现之前，“中国”是“小中国”。在瞬息万变的治世兴衰史中，虽然不时形成一些统一的政权，但是其版图基本上没有越出所谓的中华本土。仅有一次，即在唐朝初期出现过以内陆亚洲突厥系的政治势力之名实施间接统治的状况。那不过就是三十年左右的事情，几乎是转瞬即逝。

况且，在统一政权之性质日衰的唐朝后半期以后的年代中，包括北宋和南宋时期，“中国”逐渐变小了。当然，如后面所述，我认为广义的“中国史”是涵盖了契丹帝国、金帝国和西夏国等国而展开的。但是即便如此，每一个国家或政权都是小型的，充其量也仅达到中型规模。

与此相反，在大元兀鲁思以后，明帝国和清帝国都较从前的中华帝国大出了一两圈。统辖满洲即现在的东北地区以及云贵地区自不必言，而且与当年不过为短期状况的唐朝“大版图”不同，确实形成了稳固的“中国之框”。如前所述，在清朝后半期形成了与大清帝国之名相符的庞大版图，其基本形态得以保持至今。

作为纯客观的确凿事实，中华的范围自蒙古时代以后大大地扩展了。从“小中国”到“大中国”，不能不说是一次漂亮的转身。

它所蕴涵的意义非常之大，因为中国走上了通往“多民族之巨大中国”的道路。

改变欧亚大陆和中国的六百年

本书直接涉及的是9世纪后半期至14世纪末大约五百年间的历史。此外还考虑将此前的一百多年也收入视野。如果将这一时间段换言为中华王朝史的话，则相当于唐朝的后半期和唐末至元末明初时期。

然而间隔每个王朝的断代史似的表述、概念和区分法，一方面作为通称确有简便之处，但是另一方面作为把握某个整体时代全像的框架，到底是否妥当，还很成问题。终究不过是按照历代中国正史，以其为依据。尽管如此，也有可能无意识地过度强调王朝国家的统治形象，或是正相反，对不拥有正史的政权给予不恰当的过低评价等，而作为所谓真切的历史事实，其中隐藏着可能诱导纯粹虚构和听任误解的陷阱。对于本书将回顾的五百乃至六百年间的历史，这一点尤其适合。

在这五百至六百年间，欧亚世界发生了很大变化。而且，“中国史”也受到波及，经历了几次明显的蜕变。例如，本书的开头部分写的是“安禄山之乱”和回鹘游牧国对唐王室的军事援助，但是以安禄山、史思明等粟特系的人物群像为核心的举兵及其新国家建设运动，不能不使人联想到大致同一时期于伊朗东部呼罗珊地区以伊朗系的人们所发起的“伊斯兰革命运动”。东边的安禄山等人未能成功建立政权，而西边的举兵和进军却大获成功，结果是出现了阿拔斯王朝。安禄山等人一直被视为“中国史上的叛乱者”，结论或许出于视线局限于“小中国”的缘故，也有可能是由于略带中华主义感觉而产生的历史评价。另外，也存在回鹘一方对“安史之乱”的看法。

回鹘游牧国成为唐朝的“保护者”，不久即称霸于亚洲的东方，至9世纪中叶，因天灾不断而顷刻消亡。产生的波动使欧亚大陆的东西方一直处在变化之中。在东方，契丹游牧民联盟兴起，而与它在同盟或敌对之间维持不可思议之关系的突厥系沙陀族，在华北建立了军事政权。中华王朝史所谓五代中的后唐、后晋、后汉、北汉也属于这一系统。另一方面，转向欧亚大陆的西方来看，以回鹘解体为导火索，突厥系的人们相继开始迁徙，最终由塞尔柱游牧集团在西亚称霸。从长远的眼光来看，从此展开了直至奥斯曼帝国的大约九百年的“突厥·伊斯兰时代”。

目光再转向东方，那里是契丹和北宋两个政权并存；西夏国的出现及其与北宋的攻防；女真族的国家建立和契丹、北宋的灭亡；契丹族的西迁与重新建国；金、南宋、西夏的鼎立。而在这种多种族、多文化之错综复杂的亚洲东方所发生的历史变化，在传统的中华王朝史的框架内是装不下的。那么，不得不追根溯源地问：这里的“中国”是指什么？“汉族”是指什么？进一步就中亚来说，与西回鹘王国（或天山回鹘王国）、哈喇汗王朝、桑节尔统治的塞尔柱政权等角逐后建立的第二次契丹帝国“西辽”的存在，尖锐地向我们指出了立足于中国正史来理解历史的问题所在。

然而，13—14世纪的蒙古世界帝国的出现，首先不容分辩地显示“中国史”是欧亚世界史的一部分。以往，动辄就说中华文明是在地理上与其他文明世界相隔绝而存在和发展过来的。但是，事实果真如此吗？暂且不提唐朝“瞬间大帝国”的状态以及顾名思义“世界帝国”的大蒙古国，本书所涉五百年乃至六百年间历史的整个进程，不就是证明欧亚大陆和“中国”曾同处所谓多极化及其最终大统一这样一种动荡的浪潮中的确凿证据吗？

世界史与中国史

以往一提到“中国史”，就会被说成是在所谓“中国”的范围内自身完成的形态。一般情况或许是这样。假如事情真是如此也就罢了，但是事实果真如此吗？

问题会是各种各样的。例如所谓“中国史”的空间范围，究竟是从哪里到哪里呢？这也是重要问题之一。对此，很有可能出现这样的回答，即“中国”尽管不断伸缩，但总体上趋向扩大的整个过程就是“中国史”。不过，具体到各个时代，恐怕自然会出现什么是“中国”、什么是非“中国”的外部世界这样的问题。

对于这里所说的外部世界延长线上之物，让我们从欧亚大陆世界乃至全球世界的角度来加以考察。作为世界史一部分的“中国史”，或是通过“中国史”来了解世界史，至今已进展到什么程度了呢？至少，首先应该使置“中国史”于世界史之中的尝试，在各代史中都有更多的体现。可能的话，有必要跳出以往对“中国史”所认为真正应有之状态的观点，进一步将欧亚大陆世界史乃至全球世界史恰当地置于“中国史”的脉络当中，准确把握其相互间的存在状态、影响和变化。当然这不是根据以往的固定想法、理论、理念做的拼图游戏，而完全是以纯客观事实为依据的。

我认为，不仅有世界改变“中国”的情形，“中国”改变世界的事例也很多。恐怕不只是在近现代，之前的时代也是如此。在大的图表上，显示的是内陆向海洋、军事力量向经济力量、生产向流通、宗教向理性、思想向实践的发展，等等。

这种种的变化，是在由“小中国”向“大中国”变身的过程中孕育、萌芽、成长发展的。例如，欧洲的所谓文艺复兴，其从神学的精神向合理的思辨之转变、由资本主义产生的注重实际利益的观念等等，如果没有来自以蒙古为中心的“巨大东方”的影响，那么从物质和精神两个方面都难以想象。其渊源的很大部分恐怕就在中国。

欧亚大陆世界史与“中国史”二者，经过长时期的变化和融合，到蒙古时代呈现出暂时的合一化。它将成为开启即将来临的全球化时代之门的源头，为世界文化、人类文明之形成提供基础。这是欧亚大陆世界史和“中国史”邂逅、双方交锋五百年乃至六百年之历史世界的精致礼物。

第一章

巨大变革的前奏

起始发生在何时

追问"时光"

欧亚大陆和"中国"在共同经历了多极化和流动化、交流和往来后，究竟从何时开始进入其最终大统一的变化洪流呢?

我们正处在所谓"时光"之流的尽头，生活在时时刻刻变幻的每个瞬间。那样的累积或者是说"时光"的排列，最终成为人生。许多这样的人生整合在一起，大概就形成了作为集合体的家族和血统、朋友和组织，进而是社会、国家、世界、人类吧。

所谓观察历史，实际上不是指在每一个"瞬间"去捕捉难以捕捉的"时光"，而是在某一时间"长度"当中试图将其捕捉。其"长度"，确实可长可短。如果要探寻地球生命生存的痕迹，就将引出四十多亿年壮观悠久的故事。如果是人类（即智人，与我们同种的人）的历史，则有十万年的“长度”。关注、探究生物进化或人类进化的路程，无疑属于历史研究。

还有较其更为短暂的“时光”，但是仍然足够漫长，即最近大约一万二千年至一万三千年。考察这期间人们的脚步并加以重构、讲述，在社会上一般称为“历史”或“历史研究”。所谓学术意义上的“历史学”，大致指此。因此，被世人视为历史学家、历史研究者的人，在这超过一万年的“时光”堆中，以某个时代和地区以及曾生活在那里的人们为对象，苦思冥想，成为摆弄过去的人。其时，他们将称为“史料”的过去的痕迹，不断作为线索和依据，展开艰苦的研究。

余录

附带而言，这一万多年的“时光”，在从七十万年前开始共计四次的冰河期中，有因气候变暖而冰河后退的“后冰河期”和“间冰期”，常常被称为“第四间冰期”。我们今天也生活在这一“时光”里。其间，有时也出现稍稍变冷、被称为“小冰河期”的时期，但是如果非常大略地说，总体上基本还属同一“时代”，视为一个整体是没有关系的。不过，它毕竟是地球的环境条件中存在的一个“时代”。

近年来热议的地球环境问题，尤其是气候变暖的问题，单纯被认为是“热”的缘故，但是实际上并非如此。如果仅仅是“热”，那么恐龙漫步的遥远的太古时期，地球是更“温暖”的。

不明白为什么会发生这样大规模的“温暖”和“寒冷”的现象。或许要论及太阳系那样更高水准的话题。总之，以这样大致的说法来说，如今在道理上还是属于“冰河时代”。主要是现在发生的事情不是那么回事。问题是，按说地球尽管已经呈现出即将到来的某种程度气候变冷的趋势，然而战后一直未见应有的温度下降。

那是因为什么呢？如果以大的“自然的意志”或是一些自然因素无法说明，就不能不人为地寻找其原因。事情的关键正在于此。张冠李戴的议论、恶作剧地煽动危机感的主张，甚至光是精神训话般“保护自然！”的胡乱呼喊，其心情尽管都可以理解，但总有一些“少年呼喊狼来了”的感觉。

就是说，所谓的“历史”以及“历史学”，处理的是与现在的我们有直接关系的部分。成为非常具有人类味的“历史”也是很自然的吧。对于那一万多年，一般以新石器时代、古代、中世纪、近世纪、近代、现代等术语大致断代相称。这样的称谓直至今天没有受到什么质疑，仍在普遍使用。然而，它不过是以曾在西欧乃至整个欧洲实行的说法为范本，而被运用到其他地区，它毕竟只是某种标准或便利的标志，并不存在跨地区割裂“时间”、为各个“时间”赋予意义的绝对标准。

总之，事物基本上都存在于过程中。历史学家和历史研究者，将过去的“时间”划分成一些时代和时期，是为了更好地理解、把握和解释事物。对历史所做的时代划分，最终也就达到这种程度而已。归根结底，关键是如何看待历史。

唐王朝的巨大虚像

以王朝这种形式回顾，唐王朝的寿命是相当长的。从年表上来看，是从618年至907年历经二百九十年的特别长寿的“大王朝”。如果把这个长“时间”当做一个时代，那么“唐代”就送走了将近三个世纪的漫长岁月。但是，果真可以这样一概而论吗？

唐王朝起初确实是一个“大王朝”。它得到欧亚大陆内陆世界霸主突厥的援助建立了政权，但其迅速从“半属国”的状态中摆脱出来，反过来压制突厥，并令其他的游牧军事势力也从属于它，间接地控制了它们。在东部，唐联合新罗打败了百济和日本联军，进而推翻高句丽，转瞬之间即控制了朝鲜半岛。虽然也可以说后为新罗逐出，但是其威令仍然远达东方的海边。根据这一情况，有人认为唐朝是个“世界帝国”。（另外，或许是出于合称“隋唐”的习惯，还存在称其为“隋唐世界帝国”的倾向。但至少隋朝距离“世界帝国”还太远。）

那个稍显夸大的广告似的“世界帝国”，在短暂的“时间”内衰落下去了。东突厥复兴，草原世界再次成为中华的对抗者。而且，高句丽的遗众也独立、建国，后称“渤海”。纯客观地说，唐的“大势力圈”仅限于王朝初期。

也有观点认为：唐朝一直处于超越实际支配而形成的“东亚

世界”或“东亚文化圈”的中心。众所周知，这是已故西嶋定生首先提出来的。但是正如学者李成市所指出的，那是从日本人的视角、偏向汉字文化圈所构想出来的。这一点是不容否认的。

而且，草原世界原本也无接受唐朝“册封”之理。例如，落款为唐开元二十年（732）的《阙特勤碑》上，称玄宗“自笔、自撰”的汉文碑面上明确说唐与东突厥为“父子之国”。这本身就反映了这样的事实。这就可以说明：完全是将对等国皇家之间的关系比作“父子”，这与“君臣”关系远不是一回事。况且，继东突厥之后的回鹘游牧国家以唐为保护国。打败回鹘的黠戛斯也与唐保持对等的关系，留存下来的国书可以证明这一点。

以近现代眼光下的现存国家的框架和以之为前提的虚幻的“文化圈”印象为基础，把本不该纳入“册封体制”之类的干旱世界游牧的军事权力也包括进去，从而设定出的庞大的“东亚世界论”或“册封体制论”，事实上显然是牵强的，基本难以成立，尽管历史研究者们想超越“一国史”之观点的心情可以理解。

唐王朝与亚洲的 8 世纪

唐的“大王朝”形象，对于生活在日本列岛的人们来说是根深蒂固的。对于日本曾向唐朝学习的认识，对李白、杜甫、白居易等人所代表的诗文世界的憧憬等最为朴素的部分，成为其支撑。和对其他的中华王朝不同，对唐朝特别的好感和敬意在日本列岛生生不息、世代相传。这可以说是一种有趣的现象。

这种天真的“过高评价”，反过来影响了历史的面貌。但是，现实中的唐王朝与其“巨大”的形象相反，作为中华统一王朝后，它很快就沦为与前汉、后汉差不多的规模。进入 8 世纪，开始了玄宗的长期统治。从开元至天宝两个年号即 712 年至 756 年之间的四十五年，是不同寻常的“时间”。比起短命的王朝，已相当长寿。

可以说，在经历了之前则天武后的“周王朝”和韦后的掌权，唐在“玄宗王朝”一改前貌。政治、经济结构中，良莠并存。总的来说表面上是“和平”的。认为所谓唐文化正是在这一时期凝结精华的看法，也是说得过去的吧。然而，显然亚洲已面临变化，各种苗芽正待萌发。

在此之前的 7 世纪，中东出现了伊斯兰，从现在通称为拜占庭帝国而始终自认为“罗马”的帝国手中，夺取了巴勒斯坦、叙利亚和埃及。时隔不久，又通过两次战役推翻了已维持四百多年的中东最大的名为萨珊朝的伊朗帝国，一时势力大长。解决了可称为顽症的部族间的对立，在伊斯兰的基础上，由暂时发动起来的阿拉伯游牧民形成的军事力量取得了奇迹般的成功。伊斯兰的出现与亚洲东方唐朝出现、一时形成“大版图”的现象相比，都来得要稍晚一些。

伊斯兰继续扩张，沿着位于地中海南岸的北非西进，到 8 世纪已达伊比利亚半岛。庞大的伊斯兰圈，以横跨亚洲、非洲、欧洲的姿态出现。

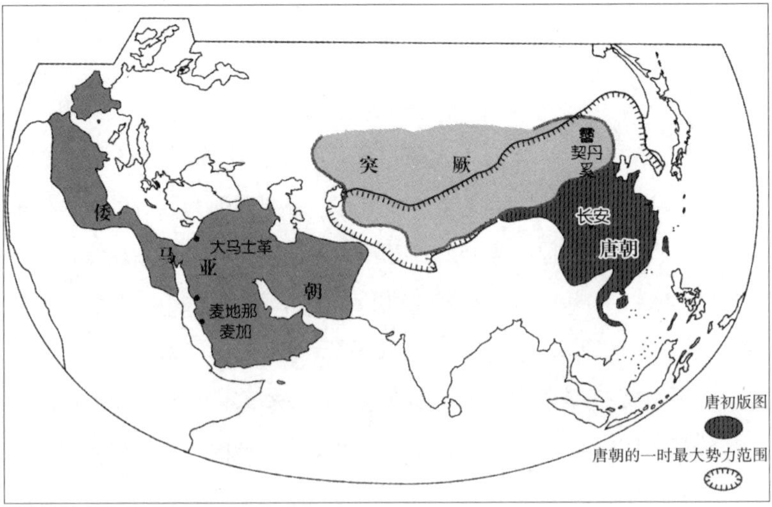

1 突厥、唐朝、倭马亚朝　6—7 世纪的欧亚大陆

从“神的使者”（拉塞尔·阿拉）穆罕默德开始，毋宁说正是在他殁后，出现了“代理”（哈里发）之名的继承者，经过了带来戏剧性结果的艾布·伯克尔、欧麦尔、奥斯曼和阿里四代，到所谓的将哈里发之位世袭化的倭马亚朝时代，这期间已走过了相当长的岁月。倭马亚朝的“和平”，因原本不承认其世袭哈里发之位的什叶派等的反叛和阿拉伯部族间难以消除的无休止争斗的影响而动摇，在哈里发频繁更迭的过程中，国运的阴影不断加深。眺望远方进行比较，同作为“帝国”，东边的唐朝与西边的伊斯兰国家，迈着有些相似的步伐，呈现出似乎等待着下次大门开启的姿态。

草原的变化

草原世界上的变化以激烈的形式出现。占据蒙古高原的第二次东突厥政权，在复兴六十多年后的744年至745年间，被以回鹘为核心的势力所取代。回过头来看，自552年建国以来经过各种波折后，维持草原之“王权”的突厥王室阿史那氏的统治就此消亡。如果连失去“独立”的时期也计算在内，其王统持续了二百二十年。

由游牧部族联合而形成的政权，经过重组和改编，以回鹘游牧国的形式新生。处于其顶点的是药罗葛氏。只是与突厥国家的君主一样，王以“可汗”相称。

附带讲一句，将这样的交替视为“民族的兴亡”是不合适的，是以近现代的情况倒映过去。因为实际上，更换处于权力核心的集团以及君权，重新审视与之相配的组织，才是其本质。游牧国家的系统本身，基本上不应存在大的变化。

虽说如此，在回鹘这一面新旗帜下，草原世界被注入了活力。古有的权威消失，出现诸事须遵守的新规。可以说是瞬间发生的变化。对唐朝的态度，也自然而然地和以玄宗和东突厥王室的友谊为前提时有了变化。

衰退的“玄宗王朝”

玄宗时期的唐朝及其统治下的社会，随着阴影逐年加深、变化的征兆显现出来。众所周知，均田制长期难以推行，“府兵制”——尽管评价不一，也于740年不得不为“募兵制”所取代，后来虽然在国内的沿边要地设置了节度使以防外敌，但又不得不容忍超越名义上的兵权去独自发展个人军事势力的行为。至此，可以说走向分权化的道路实际上已经开始了。

另外，“玄宗王朝”寿命特长，诸事墨守成规，这样一成不变的状况所引起的国家组织的衰退，促成了下一步局势的发展。此时，有些像一般批评所言，玄宗对政治的热情消减、李林甫和杨国忠垄断朝政滥用权力等，或许就是不久后发生事态的诱因，但不应该是主要原因。总之，唐朝系统本身已进入衰退和解体的过程。被盛赞为“开元之世”的玄宗朝的前半期，最终也未能止住衰落的趋势。接近幸运“建国”一百四十年时，称为唐的“国体”所出现的制度疲劳，已使其再无任何承受之力。

事实上玄宗在位四十五年的统治岁月也还是太过长久了。无论对于人生或组织，更新都是不可或缺的。不管任何时代，在连接一代又一代从而构成人的社会的过程中，每一代所肩负的“时间”实际上也就只有十年至十五年左右。考虑到人一生的长短，情况自然如此。

人的兴盛，不会永远持续。这是极简单的道理，也是穿越“时间”通晓的事实。

8 世纪过去了一半，时代等待变化。就是说，通向“起始”的入口在这里。

安禄山的光与影

不一致的人物形象

那是个非常不可思议的人物。他的名字叫安禄山。在一般的中国史中，常以叛徒、叛逆者、叛乱者、叛臣等“逆贼”的形象被提及。而且，他“胡人”的出身也被算作一个重要因素。“胡贼”或“逆胡”的说法，兼及两种情况。

这个问题反过来看，就是王朝史观与“中华本位主义”彼此重叠在一起，集中到了安禄山身上。唐代自不必说，连宋代的文献史料对他的谩骂也实在很厉害。而且令人遗憾的是，后世的史家们难以摆脱用极富感染力的汉字所写的汉文文献中那惊人的表现力、传达力和咒缚力。这样，安禄山就一直被当成中国史上稀世的恶棍和反派。

然而，他的一生从独特的成长经历开始，在随坎坷命运漂泊的少年时代，曾作为盗羊贼险些被杀，却幸运地成了军人，靠自己的才能和手段平步青云，在前线无数次立功后又吃了败仗，被问责而定为死罪，又因玄宗之令而九死一生，其后摇身一变被破例提拔，在权术之地的宫廷和官场拼搏，直到将庞大的军事力量握在手中，以建立新国家为目的最终崛起，将旧主玄宗及唐王朝逼到了危险的境地。可是他失明了，又为病痛所苦，眼看野心就要实现，却因儿子的谋害突然死去。

实在是痛快且波澜起伏、极富戏剧性的一生。作为一代风云人物或是充满英雄志向的破天荒人物，可以说即使在世界史上也不失为少有的奇类。

向粉饰和贬低倾斜的史料

他呈现出复杂的面目，当然与其出身有关。记载安禄山的文献资料，除了属于中国正史的《旧唐书》、《新唐书》中的《安禄山传》、北宋司马光的《资治通鉴》等，加上官修史书、私修史书、稗史、野史，数量很多。还有唐代同时期的记录。其中，姚汝能的《安禄山事迹》可以说是中国史上稀有的有关叛乱者的记载，史料价值胜过他书。

虽说如此，对于安禄山策划的大动乱，仍然依据的是其处于最盛时期即肃宗朝的《肃宗实录》。肃宗作为玄宗的后继者，为挽救几近灭亡的唐朝之社稷拼了命，这也使他的人生充满了特殊的阴暗面。当然，《安禄山事迹》尽管是以叛乱者为主人公的，但是也充分记述了他效力、追随唐朝的行为。

事实与歪曲、改编与创作，容纳的程度究竟可以有多大？这最重要的一点尚不清楚。不过其他的记载也同样会被润色。对于作为叛乱者的胡人，相关的汉文史料都充斥着恶意。对于充满这种故意行为的记载，只能以宽容、审视相待。

这一点，对于时隔久远的后人，是在关注过去之余不得不承受的束缚，其反面也有有趣之处。在那种情况下，看重点可能主要在于作为人所应有的“常识”吧。当然，想摆脱某种先入为主的想法和偏见，也想进一步细查事情的表面，至少视野不可狭窄。尤其在这种情况下，恐怕更是如此吧。

接下来，想暂且以《安禄山事迹》作为一条有益的经线，适当揉入其他相关的记载，将焦点对准这个光影对比很强的人物，与他一起追寻时代大旋转的状态。而纬线恐怕就是不将中国史关进中国史之框的视野，因为时代毕竟已然如此。

混血之人

据记载，安禄山为营州柳城的“杂胡”。唐朝以统治附属于它的游牧民族契丹族及其近族奚的名义，在形式上设立了名为营州的都督府。柳城是它的治所，曾称龙城。相当于现在辽宁省的朝阳市，位于越过长城线以北、踏入游牧地区的地方，也是从山地进入平原的入口。按照以辽河即西拉木伦河（蒙古语意为“黄色之河”）为基准的传统大致划分，属于广义的辽西。

从唐朝的角度来看，那里是与叛服无常的游牧民势力交流的接触点。只要掌控了这里，向北可达大兴安岭一带广阔的草原，向东可达辽东地区、渤海国、新罗国，各处都既为有效的纽带同时又是战略据点。反之，如果失去了该地，不仅会立刻危及整个东北的经营，还会使中华本土的防卫也濒临危机。以游牧民及其军事力量的发展趋势为要点来看，那里确实是东北边外各种人群往来、交流、杂处的要地。

安禄山就是在那块特殊土地上成长起来的“杂胡”。所谓“胡”，是指中华眼中的西方乃至北方的异族之人。进一步限定，则常指伊朗系的人们，更专指粟特人和粟特系。

2 安禄山的故乡

即便如此，所说“杂胡”仍觉有些失礼。其意是说“混血”，也指继承了两种以上血统的人。从安禄山家乡的习俗来看，也许后者的意味更浓。总之，给人一种“掺和了各种血统的家伙”的感觉。不是单纯的“胡”。恐怕包含双重的鄙视之意，是很恶毒的语言。

虽然是贬低人的卑劣说法，但实际上安禄山本人似乎曾公开称自己为“杂胡”、“杂种之胡”。他以此来故意贬低自己、抬高对方和周围的人，博得了“欢迎”和“笑声”。这在玄宗的宫廷里尤为奏效。这也许是在魑魅魍魉的虚饰和嫉妒的世界里赖以生存的处世法吧。反言之，安禄山本人也对所谓“杂种之胡”有所意识。这正是中华本位主义及其措辞和用字的可怕之处。

虽然翻译过来是同样的意思，但还是说混血之人为好。因为内容一样，给人的印象却不同。语言这个东西，确实很复杂。

其名为“光”

关于他的出生和出身，第二个主要的线索是他的名字。“安”是粟特诸姓之一，意味他出身不花剌。顺带说一下，“康”为萨末鞬、“米”为弭秣贺、“何”为贵霜匿、“史”为羯霜那、“曹”为伽不单，分别是所冠的汉姓。

如果只生活在自己固有的语言文字的世界里，是不需要汉姓的。正是由于生活在中华乃至其边境地带，就有了这个必要。以“安”为姓的人中，首先几乎是粟特系的人。其次是出身不花剌的人或与之有关系的家族、门第，还有以某种方式和他们有关系的人们——如果斗胆补充一句的话，就是要通过起名，把自己的那种出身同时向自己和他人做一个明白的交代。

说到安禄山，他的名字比起“安”姓来更具重要意义。“禄山”，粟特语为 roxšan，近代波斯语作 rowshanī，意为“光”。就是指以光明黑暗二元论立论的祆教之本义的“光明”。粟特人作为伊朗系的部落，信奉祆教，即使迁来中华世界也不曾改变。近年，继西安郊外发现了安伽墓等，还不断出现富有冲击意义的有关粟特人遗迹的报道。其年代可以追溯到隋唐之前的西魏、北周之时。在一系列“拓跋国家”中，粟特人一直占据着国家和政权的中枢位置，成为不可或缺的重要组成部分，而不仅仅是一些旅行者、商人和滞留者。从这些遗迹和事实中，可以确认祆教信仰即使在中华之地也是生生不息、脉脉相传。

安禄山以“光”作为自己的本名，的确与其粟特式的原义有关，对于粟特系和伊朗系的人们来说，的确是一个美好的盛名。那是选取显示祖源不花剌的“安”，与音译粟特系本名“光”的美字“禄山”合而为一，构成的汉式姓名。

不应忽视的是，他一生未曾改名。他的亲戚和朋友多采用了汉式姓名，例如他的对手安思顺。还有他少时的朋友、政治生涯的盟友史思明，其源于羯霜那的“史”姓另当别论，名字“思明”有“想明”之义，大概与安禄山的名字一样含有“光明”之义。表面上看是汉式名字的用字，但是起名内部隐含用意。

对于安禄山，有些人在呼他为“禄山”时应该是知道其意为“光”的。当时，胡风即伊朗式、粟特式的文化、习俗、时尚、体育和饮食等，一时占据了唐朝社会，而在玄宗的宫廷内尤为突出。不论是宫廷还是官场，都有不少出身或来自突厥、突骑施、契丹、吐蕃、印度、靺鞨、室韦、高句丽、新罗、日本等国和地区的“异族”，尤其是伊朗系、粟特系人的活跃和起用十分明显。很有可能，玄宗实际上很清楚其名禄山即“光”或“光明”之义。

附带而言，7 世纪至 8 世纪的“中华”，与今天我们印象中后世的“中华”尤其是经历了明清时代剧烈变迁的样子截然不同。

像可称之为“异族之大唐帝国”那样，它洋溢着多元人种、文化、语言、宗教和风俗习惯，是个混沌而错综复杂的国际化世界。跨越东西之往来和迁移的障碍极少，可以说基本上是个通风良好的国家和社会。对这样一个作为混合文明的“中华”，必须保持充分的认识，予以关注。

总之，安禄山是一直鲜明地尊奉自己名字中的“光之神”而度过了一生。口称“杂胡”、“杂种之胡”，实际上反过来利用它。另外，虽然他确实有在政界处世的手段，但是实际上并没有违背自己内心深处的信念。应该说，强烈的自我主张或自我意识，或对自身血液和身体所接受的“某种东西”的自豪和矜持感，都明显地反映在他的身上。

突厥之血与英雄传说

安禄山的母亲是阿史德氏，曾为突厥的女巫。突厥国家王室姓阿史那氏，阿史德氏是其通婚姻族，很有势力。出于这一点，安禄山是出身粟特系和突厥系强势家族的混血儿。虽说如此，可是却找不到有关其父母上辈乃至上上辈情况的任何记载。就是说，他所继承的仅仅是两种血还是更多血的融合呢?“杂种之胡”的确切含义还难以确定。

关于安禄山的出生，有传说记载，身为女巫的母亲向突厥军神轧荦山祈祷后怀孕，他出生之际红光普照，妖星落在了其母的穹庐上。因为出现了太多奇怪的现象，母亲认为儿子是“神”，遂起名为轧荦山。这里就算有些想附会亚历山大传说的倾向，或许并不牵强。这个“英雄传说”或许是因安禄山之名而产生的。

那么，这是个毫无根据的虚构故事吗？也不是。“光”显然意指“禄山”。而且，所谓帐顶落下光亮之物、“奇人”降生的情节，使人联想到约五百年后蒙古时代关于成吉思汗祖先起源的著名的阿阑·果火传说。寡居的阿阑·果火感受天窗照射进来的“光”而怀上了儿子。这为其子孙后来成为统治世界之蒙古人中的正统埋下了伏笔。

创造了世界帝国意义上的超大版图的蒙古，吸收了此前欧亚大陆流传的所有神话、故事和传说，创造出了自己的祖先神话和英雄传说。与安禄山出生有关的这个故事，毋宁说是最终将成为蒙古所吸收的神话类型之一的源头。反过来说，“光之子”这类的传说和印象，不仅限于耶稣基督，还的确流传于世界各地。安禄山的诞生故事本身，可能已经成为祆教、伊朗古代神话乃至突厥族游牧民中当时广泛流传的“奇人诞生”故事的源头。

这一奇谈，不仅在《安禄山事迹》而且在《旧唐书·安禄山传》中都有相应的记述，至《新唐书·安禄山传》，基本上沿袭了《安禄山事迹》的写法，同时也记载，视伴随祥瑞出生的孩子为危险的范阳节度使张仁愿，搜查了那顶毡帐，杀死了那里的老幼，安禄山因被人所藏而幸免。有意思的是，“范阳节度使”之语仅见于《新唐书》。我确认这是为日后安禄山在范阳节度使任上发动“大叛乱”做铺垫。北宋时期，总给人一种将安禄山视为英雄的感觉。

接受“圣血”的婴儿因此而陷入危险的境地又好不容易脱险的故事模式，实见于突厥祖先起源的传说故事，又为蒙古时代所继承。实际上，在唐朝末年，安禄山的本居地范阳一带仍称他和他的盟友史思明为“二圣”，为其建庙祭拜。据说察觉到这一现象的地方官正打算拆毁该庙，却引发了士兵们的反叛。

有关安禄山的“英雄传说”，应该说与故事本身的用意不同，包含着批评的意味和对现实的反映。因为只有在唐朝本位、以中华大事为首要职责的官修书中，才会那样去写。

“安”家的养子

幼年丧父的安禄山，随母亲在突厥长大。就是说，突厥语是他的母语，掌握了骑马、射箭等游牧民应具备的能力以及生活和习俗。由于还处在东突厥兴旺之时，母亲又出身阿史德氏，所以大概不会身陷贫寒之境。

后来，母亲作为填房嫁给了在唐朝做官的“胡将军”安波注的哥哥延偃。延偃、波注兄弟二人，一个在突厥、一个在唐，身居两地。既然弟弟在唐朝做了粟特人的将领，那么哥哥也很有可能不仅在突厥发挥政治、经济、文化上的作用，而且也涉足了军界。突厥帝国自552年建国以后，与中亚的粟特人联合，以突厥的军事力量和粟特的经济实力作为立国的两根支柱。东突厥没有直接统治粟特人在中亚的本土，但是有相当数量的粟特人居住在蒙古高原一带。失去了粟特前夫的母亲，决定带着儿子再嫁东突厥帝国的粟特豪门。与其说是阿史德氏的女性与粟特名人的结合，不如说是名门之间门当户对的事情。

安禄山于是成了“安”家的养子。据《新唐书》，安禄山原姓“康”，是可以联系到萨末鞬的粟特姓。这样的话，他本名就是“康禄山”，而随养父的姓成了“安禄山”。

那么他的出生故事中所说采用了军神“轧荦山”之名的情节，就只能是后来添加且虚构的。不过这一点还确实不太好说。但不管怎样，在他去世后史思明所立《禄山墓志》中记其“祖”之名为“逸偃”，可推测与安延偃为同一个人，这反过来证实了他曾作为“安”家之子生活过的事实。

他的不幸，应该是在此后开始的。开元年间（713—741）之初，安延偃的家族因某种原因破败了。同是在唐朝做官的“胡将军”安道买（或为贾）之子安孝节、安波注之子安思顺和安文贞（或为真），一同逃离突厥，投奔在山西岚州做别驾的安道买次子安贞节，进入唐境。那时安禄山十几岁。

在唐朝做官的安贞节，以禄山和思顺同其兄孝节一起携手来唐而与他们结为“兄弟”之盟。据说安禄山自此改称“安”姓。就是说，由于共同从居于突厥之“安”家的危险境地中逃脱出来，他才成了“安”姓。反观之，说明之前他虽然住在“安”家，但是并没有被认可为“安”姓之人。或许是他不想姓“安”。他与水火不相容的对手安思顺等“安”家人的不合已隐约显现。

国际市场的中介人

突厥方面“安”家逃亡的原因，是由于开元四年（716）东突厥的后继者们内讧，而毗伽可汗即位，其弟阙特勤对反对派实行了镇压、肃清。“安”家的危难，恐怕指的就是那件事。顺带说一句，契丹也是在那时脱离突厥改属唐朝的，当然只是形式上的而已。

这样看来，“安”家在东突厥和唐双方都扎下了自己一家的根。这种状态，很有可能从突厥和西魏、北周时代即6世纪中叶就一直持续下来。而包括“安”家在内的粟特系之人的作用也就与以往的印象有别，他们不仅活跃于经济、通商、文化、信息等领域，实际上军人和政治家的色彩也很浓厚。南、北两地的“安”家，哪一方一旦出现危机，就会投奔到另一方去。一个家族采取双向归属的方式，也可以说是为了不致被灭绝而制订出的安全策略。显然，对于突厥和唐朝两国来说，这种具有多方面才能的粟特人是不可或缺的。不得不承认，粟特人在跨越政治、国境的壁垒后化为了一种缺之不可的存在。

安禄山此后成为“诸蕃互市牙郎”。就是各种非汉族与唐朝进行贸易的国际市场的中介人。据说他懂“六蕃语”或“九蕃语”，很活跃。说到六种或九种非汉语，就是突厥语、契丹语、奚语、粟特语（波斯语）、渤海语、古朝鲜语，等等。总之，他有着非凡的能力，每天过着与不同种族的商人打交道的生活。

生产、流通、交易、信息，然后是讨价还价。应对唐朝和各国官员的技巧和他的能言善辩等，大概就是在那时打下的基础。

可以依靠的，唯有自己的力量和真正可以信赖的朋友。安禄山度过自己青春岁月的地方，正是营州之柳城，是那里的“杂种之胡”，这是他顾名思义的起源。

后来他的命运突然发生了变化。张守珪成了范阳节度使。就在营州之南，中华本土内靠近北部边境的地方，安禄山因盗羊而被捉，遭到棍棒殴打，眼看就要被杀时，他大声呼叫：“大夫不欲灭奚、契丹两蕃耶？而杀壮士！”

名将张守珪从他的话语和相貌中感到此人不同一般，便放了他，让他在军中服役。这样，他与早自己一天出生的同乡史思明一起当上了“捉生将”即捕快队长，开始了全新的人生。从那里走上通往武功和发迹的道路。

欧亚大陆中的“安史之乱”

天下动乱

天宝十四年（755）十一月九日，安禄山在本居地范阳起兵。节度使驻地的名称是范阳，而其治下首邑的名称是幽州，即相当于现今中华人民共和国的首都北京之地。本来是位于中华本土东北边境处的小城，但是作为军事据点之城其地位逐渐重要起来。此后，范阳作为横跨“华夷”的政治中心真正开始显赫，最终依次作为契丹—辽帝国的副都南京、女真金帝国的首都中都、蒙古世界帝国的首都大都，与通往现代北京成为中国首都的道路直接相连。安禄山的举兵，成为从根基上使中国史出现大转折的关键，也从结局上意味着范阳城乃至幽州的新起点。

随从安禄山起兵的是由同罗、契丹、室韦人组成的骑兵精锐部队，共有八千人。以之为中坚，还有节度使驻地范阳、平卢、河东的各部队，加上范阳治下幽州、蓟州的力量，骑兵、步兵全部集中起来共有十万或十五万人。他们平日里结为父子关系，似乎是在炫耀这种铜墙铁壁的信赖关系，号称“父子军”。

此前，安禄山曾进攻处于自己根据地背后的契丹族及其近族奚。目的是为举兵和南进铲除后顾之忧。据说当时动员了多达十五万或二十万的兵力。就是说，为推翻唐朝、建立新国家而行动时，他亲自统率的军力只是其中的一部分。

安禄山将契丹族等游牧骑马民族拉进自己的近卫军，当做“王牌”使用，仅此一举说明他深知其威力和破坏力不一般。他给次子安庆绪麾下留了不少军队，为的是确保大本营范阳一带始终作为战争的策源地，同时防备北边，是个理所当然的策略。

安禄山亲率的多种族混成的革命军，打着清除杨国忠这一把持唐朝朝政的“君侧之奸”的大义旗号，首先向着东都洛阳，一路击鼓南下。据说夜间行军，天亮进食，日行六十里即三十三公里左右。带着辎重，且与步兵同步行进，从这一点上可以说速度相当快。更何况是十万至十五万人的大军团。应该说是快速进击吧。

本想就战事的发展和战线的扩大做详细叙述，无奈篇幅有

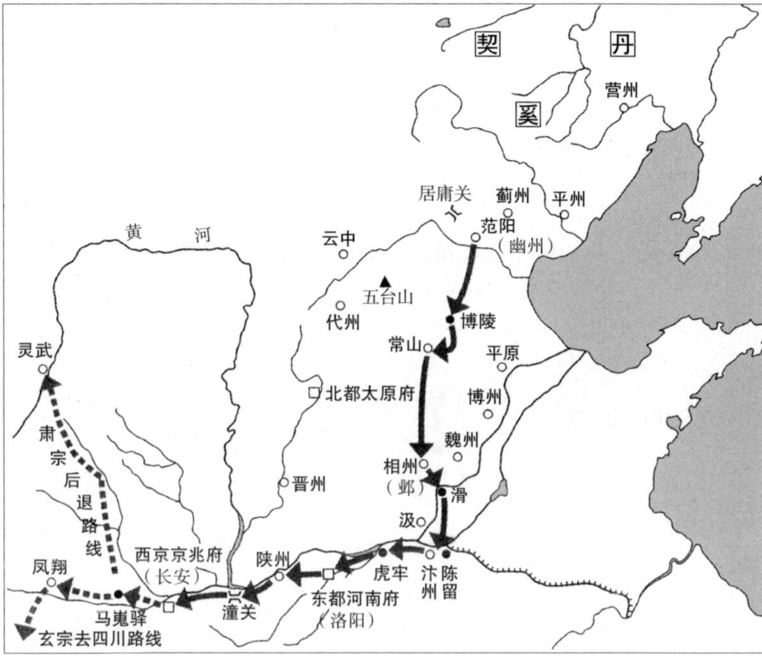

3“安史之乱”关系图① 安禄山的进攻

限。总之，尽管唐军此前就对安禄山保持很强的戒备，惴惴不安，可是当时河北各地的唐朝部队毫无抵抗，或溃败或投降了。只能归咎为他们太习惯于“和平”状态了。

而安禄山方面为了这一天做了充分的准备，调整部署，事先全面调查进军路线，制订必胜的战略。举兵及其日程和作战计划，也仅有他和另外五个人知晓，秘不外宣。有了周全、万无一失的准备，如离弦之箭般起“事”的安禄山，在军力上自然占有绝对优势。

除此之外，全军在与契丹和奚族长期的征战中已经“惯战”，个个都是战场经验丰富、武艺高强的勇者。而且，根据战况的发展，一旦需要，机动性极强的精锐骑兵部队也可以随时投入战场。尤其是在开阔的平原作战时，推进的速度发挥着决定性的作用。至少，这场战争最初的舞台是由安禄山一方掌控的。

不可思议的变态

在举兵仅仅一个多月后的十二月十二日，洛阳陷落。速度实在是惊人。仅在这一点上，唐朝就处于劣势。如果顺着这个势头，安禄山再加大进攻力度，唐朝也许就会瞬间瓦解，以一个寿数不足一百四十年的王朝载入史册。

然而安禄山却没有这样做，眼睁睁地错过了这乘胜追击、一举获胜的绝好机会。其原因主要在于安禄山自身，他病了。视力逐渐丧失，体质虚弱，精神方面也出现了严重的问题。

安禄山本来体格肥胖，体重达二百公斤。为他写传的藤善真澄说他患有糖尿病，而且症状很严重。情况应该是这样吧。据记载，他在进入洛阳城即位后不久就发病了。但是情况果真如此吗？

说他因称“皇帝”而遭天罚的写法，未免太过合适了。或许更有可能的是，安禄山此前已在病中了。不无可能，为了尽早实现梦想，他是在对自己的病情有所觉悟的情况下做出举兵决定的。进入洛阳城后的安禄山的行动，看上去好像只顾关注如何使自己即将结束的人生变得更加辉煌似的。

洛阳城是个很特殊的地方。自古就被认为是“土中”即大地的中央，从称之为中华当中之中华的当地习惯以及唐朝的国家角度来看，作为王朝大业根基所在的西京长安，政治、军事色彩较浓，而洛阳与之相比，政治上自不必说，在经济、交通、文化等各方面也都是更胜一筹的要地。特别是则天武后重视该地，其中也包含着她想使自己女性皇帝的地位合法化的目的，把洛阳作为新王朝中心那样的圣城，装饰得富丽堂皇。

长安是自北周、隋以来古老“王权”的所在地，而洛阳真正是多种人、多种文化汇集的世界性东方世界的中心都市。的确，作为宣告新国家诞生的地方，洛阳才是最合适的。

建国与暴毙

就在洛阳，安禄山于次年正月元旦即皇帝位。一月一日又是安禄山的生日，很可能是特别意识到这是一个重合的“圣日”。

总之是在进城后仅十八天的时候，实际上还不清楚他在那么短的时间内是否能够真正整肃威仪。无论如何，即位是非常仓促的。只能说那样做有“某些”不得已之处。

新国名为“大燕”，本是以自己根据地的古名“燕”起的名。定年号为“圣武”，这可以联系到他在长安时的旧主、已成推翻对象的玄宗的尊号“开元天地大宝圣文神武孝德证道皇帝”。看来他对“圣武”二字情有独钟。

附带说一句，日本国的圣武天皇在距此七年前让位于女儿孝谦，为她上谥号“圣武”，是天平宝字二年（758）的事。一般认为是取了玄宗帝号中的“圣武”二字。后来，“叛乱者”安禄山曾以“圣武”为年号之事传来，当时淳仁天皇及其朝廷内一片慌乱。

也就在此时，安禄山军队的快速进攻已迅速消失，莫如说是拿下洛阳后就立刻终止了。在即位、建国、建元大典的同时，安禄山本人也倒下了。统帅部失去了控制力，将士们沉溺于洛阳街头。这样，以天下要冲潼关为隔，与长安的玄宗政府形成了对峙状态。与当初玄宗哀叹“河北二十四郡，岂无一忠臣乎”时的情形不同，战线止步不前。

在河北，平原太守颜真卿和常山太守颜杲卿进行了史上著名的抵抗。二人是堂兄弟。唐朝一方采取了尽量避免遭遇战、缩入城中一味固守的策略。这样一来，安禄山的军队无法一个个地消灭他们，逐渐陷入进退两难的境地。即便是这样，唐朝一方也没有掌握主动权。

那时，潼关守将哥舒翰统率的二十一万八千人的多种族混成大军于六月八日应战出击。哥舒翰是突骑施父亲和伊朗或粟特母亲所生的混血儿，也是安禄山的对手。身经百战的哥舒翰认为固守潼关至关重要，但是惧怕他的杨国忠却挑唆玄宗下令出击。被迫拼凑起来的唐军惨败。对阵双方的平衡状态一下子被打破，长安陷落，六月十六日玄宗逃往四川。途中，在杨国忠等人被杀的同时，杨贵妃也被赐自缢。

唐朝几乎就此灭亡了。转战于河北、河东的郭子仪和李光弼

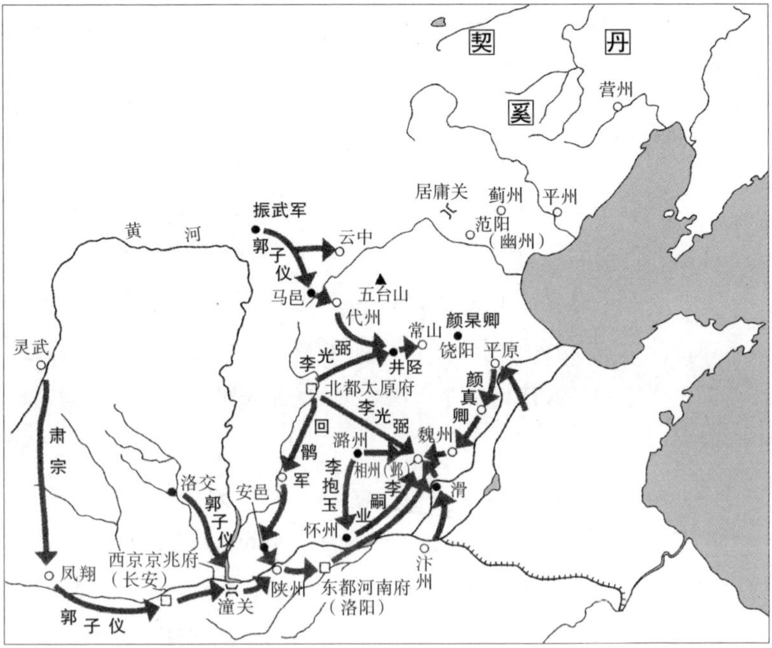

4“安史之乱”关系图② 唐军的反击

也撤军了。借着唐朝的大败，处于窘境的安禄山军本应一举打开局面。但是这样的情况并没有出现。

这次是安禄山一方出事了。几近精神错乱的安禄山，在第二年正月五日的夜里被儿子安庆绪等三人暗杀于洛阳宫廷内的寝所，因为安庆绪感到他作为后继者的地位已经不稳。直接下手的是契丹族出身的近侍李猪儿。据《安禄山事迹》，当时安禄山五十五岁，举事之后才过了不到一年两个月。

回鹘的野心

十分游戏般交锋的结果，形成了安庆绪与在灵武（今宁夏回族自治区的银川）建立临时政府的玄宗次子肃宗这第二代人之间的争夺。以安禄山之骁将闻名的史思明也在范阳独立。这样，形成了三足鼎立的局面，又有其他势力正式加入进来。建国后的第十三年，占据蒙古高原的回鹘游牧国建立。从纯军事角度来看，势力要超过范阳、洛阳和灵武任何一方。关键就在于最强的军事力量究竟与谁联手。

据记载，早在安禄山还在世的756年的阴历九月，灵武的肃宗政府为了向回鹘请求援军，派唐王室的敦煌郡王李承寀和突厥系的骁将仆骨怀恩北行，他们于次年十月到达嗢昆水畔回鹘的大本营斡耳朵·八里，会见了第二代可汗磨延啜（回鹘语或作moyun chor），协议合作。根据这一约定，首先由回鹘两千人的别动队袭击了安禄山的根据地范阳，磨延啜于十二月亲自南下，与郭子仪一起制服了河曲方面。只是就磨延啜的南进，还有难以确认之处。

这里所说的记载，指唐朝一方编撰的汉文文献。根据这些文献，回鹘军站在唐朝一侧真正采取行动是从安庆绪、肃宗、史思明形成三足鼎立之势的757年阴历九月开始的。指的是磨延啜可汗令太子叶护（yabγu，非人名，为王号之一）率四千余骑，前往唐军阵地增援，以助其夺回长安。结果，同月从凤翔出发的唐军凭借回鹘军和仆骨怀恩的奋战大获全胜，当月进入长安，回鹘军和郭子仪军接着进攻潼关和陕州，安庆绪因此放弃洛阳退往河北。唐军在十月里轻而易举地同时夺回了两京。

不管怎么说，这毕竟是依据汉文史料得出的结论。研究回鹘史的森安孝夫以回鹘语的文书史料为线索，期望重新审视这段历史。他认为回鹘实际上不仅与唐朝而且与安、史都有来往，以图与更有利的一方联合，若得到机会还想进一步当上中华自身的主人。

磨延啜于759年的阴历四月去世，经过一番波折，其幼子移地健（idiken）即位为牟羽可汗。其后，取代史思明的史朝义于762年求援，可汗亲率倾国之兵十万南下，一时部队聚齐。的确，根据当时回鹘军的动向，事态将发生变化。唐朝一方为无视其求援而南下中华本土的回鹘军所吓怕，遂全力进行笼络，终于将其拉向自己一方。于是，史朝义的命运就结束了，为回鹘军和仆骨怀恩之子等人所灭。所有的原因都在于回鹘。

在森安看来，磨延啜、牟羽两位可汗统治时期的回鹘游牧国曾对中国本土有所图谋。尤其认为牟羽在779年曾企图征服中国，只不过因内讧而搁浅。这种情况是很有可能的。但是不管怎么说，在这一点上还是很难掌握到“真正的事实”的。作为后世的我们，除了以汉文史料的记载为主要信息来源外别无他法，因此应该认真对待这一现状。

正如下文所述，涉及安禄山、史思明的记载完完全全体现了唐王朝的立场。关于回鹘，也确实是一样。唐朝一方很难说会忠实地记载那些明显对它不利的事情。但是即便如此，也还是留下了类似这样的记载：在安禄山洛阳称帝之年的五月，即他的荣耀达到顶峰的时候，契丹和奚两族从北面袭击了范阳。契丹和奚的行动，似乎给安禄山阵营造成了相当大的破坏。是否真的可以把它归结为偶发的或是自发的行为？

唐朝方面出类拔萃的名将、确曾发挥显著作用的李光弼，原本出身契丹。那时他恰好从河东即山西出击，转战河北，正准备从南面觊觎敌方的根据地范阳。认为李光弼与契丹和奚之间没有关系的说法，很难成立。

安史方面也好，唐朝方面也好，双方都是多种族混处的人们。在潼关一败涂地的哥舒翰，那时已经半身不遂，不可能怀有野心。假设他还身强力壮的话，情况又会如何呢？他的部下当中，已经有将在下一时期崛起的朱邪和沙陀之人。安禄山一方，也发生了突厥王族之裔阿史那从礼在占领长安之时图谋自立而逃走、后来惹出大乱的事件。原本被视为唐和回鹘之中介人的仆骨怀恩，也为自己而奔走，不久即向唐朝举旗造反。

这样看来，回鹘自不必说，旧的突厥势力、契丹和奚集团、朱邪和沙陀等，这些大、中、小不同的部落，都各自建立了相应的政治组织在活动。不管是安禄山还是哥舒翰，都可以视为其中引人注目的“领袖”。在这一点上，是否真的存在草原与中华的确切区别呢？恐怕，立足于这一前提本身也许就是愚蠢的。

图二

【粟特之遗产的述说】

来到东方的粟特族——中亚的粟特族来到亚洲东方以及中华地域之事，一直以来广为人知。能充分证实其真相的具体遗址、遗物，近年来在中华本土的中央地区被陆续发现。从西安市也传来令人震惊的信息。在西魏、北周、隋、唐等一系列“拓跋国家”的首都旧长安城之地，从突出于其北侧的唐大明宫遗址西北约 300 米处，发现了北周时代的安伽墓。这是 2000 年 5 月的事情。各种发掘物当中，在石榻（石造的沙发）左面、正面、右面的靠背部分的石板上雕刻并着色的粟特贵族的形象，使人充分联想到当时奢华生活的情景。

图三

图二　安伽墓石榻彩绘浮雕之一。上半部中，坐在地毯上的主人公沉浸在音乐、舞蹈之中，好像是在喝玻璃杯中的酒。下半部中，骑马的人正在用弓箭猎杀狮子、用枪刺杀野猪，都是证明勇士行为的最高体育项目。

更令人震惊的是，2003 年 6 月又在距离未央宫遗址东北大约 1.6 公里处发现了史君墓。据石板上所刻粟特文、汉文，可知墓主人史尉各伽（Wirkak）在西魏文帝之时（535—551 在位）已经来此居住，他在粟特本土的史国继承了曾为萨宝的祖父以来的地位，在北周统治时期也是粟特人的领袖人物。图三是史君墓石椁浮雕的一部分。反映的是长有鹰足和翅膀的神在管理着火坛祭祀。

图四

图五

粟特本土上的美丽肖像——以萨末鞬和不花剌为中心的泽拉夫尚河流域可称为粟特本土之地，与上游的城址片治肯特一样那里也留下了粟特文化繁荣的痕迹。图四是位于现在撒马尔罕市北郊广阔的阿甫剌西牙卜城遗址内、宫殿遗迹中七世纪后半叶壁画中的一部分。骑在骆驼上的两个人物，都被认为是来自南边石汗那地方使团的随行人员。正面右侧的人物，红褐色的脸颊上留着白色的络腮胡和唇胡。而左侧的人物是黑头发，白皙的脸上留着黑色的络腮胡和唇胡。他们的装束和描有连珠图案的鞍垫等，的确不仅高级，还以钴蓝色为底色着色，整个壁画都显示了超群的技艺（撒马尔罕历史博物馆藏）。

绘有竖琴演奏者的图五，反映的是片治肯特壁画中特别漂亮的场面（塔吉克斯坦科学院附属纪念 A. 达尼什历史研究所藏）。另外，片治肯特遗址的年代跨越五至八世纪，该绘画的年代也不好确定。也许是作为粟特本土“最后屏障”的片治肯特在伊斯兰东进过程中即将灭亡之前。比起图二与图三两幅图，图四、图五两幅可能更新，这一点值得注意。

在欧亚大陆史的地平面上

即便如此，事情似乎仍然只局限在亚洲的东方地区。然而，实际上已经扩展到比它更广阔的范围了。安禄山死后，在事实上继承其衣钵的史思明的新国家运动，以及向来依照中华观念被称为“安史之乱”的大动乱及其余波中，以西藏高原为中心形成“王国”或“帝国”版图的吐蕃，乘乱由西进发，一时占领了长安。唐朝变得有名无实，这在任何人的眼中都已经是再清楚不过的事情了。

然而，似乎从更加遥远的西方也有波涛涌来。据说在“安史之乱”时，曾有阿拉伯的军队为唐朝助阵。搜集汉文史料即唐朝一方不连贯的记载，结合当时中东伊斯兰的形势，从而提出这一新观点的，是将中亚、中东的历史乃至印度次大陆的历史也纳入研究视野的稻叶穰。

回过头来看，在安禄山举兵四年前的 751 年，高仙芝统率的唐军在中亚西部天山北麓的怛逻斯河畔被阿拉伯·伊斯兰军打败。由此引发了众所周知的东西方两股势力间的冲突，伴随它的还有造纸术的西传。这场战役本身，对于双方阵营后来的历史几乎没有留下一点“痕迹”，只是常常被当做历史上的某种花絮来述及。可是事实似乎并非如此。另外，被认为出身朝鲜半岛的高仙芝，在攻打洛阳时败于安禄山的军队而死。

唐朝方面，不仅招募回鹘游牧国和阿拉伯的士兵，而且还从不同种族、不同地区广招士兵。然而，正如反复提到的那样，对于安史一方，即使有什么援兵之类的“利敌”记载，汉文史料也基本不会言及。当时阿拉伯等国的军队是否只是响应了唐朝一方？这的确很难说清楚。前述吐蕃的进攻也真的就是单独行动吗？总之，用现代方式来说，这场动乱从一开始就带有浓厚的某种“国际战争”的色彩。

值得注意的是，在此前后中东伊斯兰世界发生了大动荡。就是说出现了反朝廷的运动或者说“叛乱”并取得了成功，建立了名为阿拔斯朝的新型政权。先知穆罕默德的叔父阿拔斯的后裔易卜拉欣得到什叶派的支持，成为反倭马亚运动的首领。以此为契机，向东部伊朗之呼罗珊方面的工作蓬勃开展起来。派去被解放的奴隶伊朗人艾卜·穆斯林，宣传阿拔斯王室的正统性。

于是，组成了以呼罗珊的伊朗人为主的革命军，一时席卷了伊朗大地，向伊拉克发动进攻，击溃了倭马亚朝的军队，革命成功，于750年建立了以赛法哈为第一代哈里发的阿拔斯朝。顺便说一句，那次怛逻斯河畔的战役，就是很仓促地于第二年发生的。

说到世界史上这次著名的变动，自然会带出与五年后爆发于东方的安禄山的新国家运动之间的关系。因为二者都是以伊朗系的人为主发起的革命运动。目前尚未见到直接记载两者关系的史料。但是，在呼罗珊，过去当萨珊帝国毁于阿拉伯·伊斯兰军的进攻之际，以其王族和贵族为主组成了“亡命政权”。结果政权并未得以维持，导致大量伊朗系的人们迁往更远的东方。唐朝统治区域内伊朗风格文化的流行，是在原有伊朗系、粟特系影响的基础上，再加上萨珊帝国解体的冲击造成的。

可谓阿拔斯朝革命“发起者”的艾卜·穆斯林，在革命成功后继续控制着呼罗珊，很有可能已经建立了独立的“王国”。报达新哈里发政权的力量基本上是鞭长莫及。以伊朗人为主的这个“呼罗珊政府”，对于包括阿姆河以东旧粟特地区的中亚究竟具有多大的影响力呢？遗憾的是还无法确定。从这混沌的旋涡中，或许可以得知为唐助阵之“阿拉伯兵”的真实族属。

西边出现了阿拔斯朝，东边出现了安禄山、史思明的新国家运动。西边成功了，而东边却以失败告终。然而，不论在亚洲的东方还是在中东、北非，新时代的门户同时在渐渐打开。东西方的这一互动现象，在东西方文献中还处在真空地带，很遗憾尚未发现确凿的证据。尽管如此，作为历史上极有可能发生过的事情，还是引起了我们的关注。

走向分权化的漫长时期

叛乱是否终止

不好意思，为了确认这个标题想再做一番回顾。史思明推翻了势衰的安庆绪，兼并其势力，在范阳之地称“大燕皇帝”。这说明他认为这个“新国家”与安禄山、安庆绪的是一样的。他与契丹族的李光弼开战，于 760 年“收复”洛阳，定为都城。

可是不知为何史思明自己又在洛阳发生了变化。他变得狂躁、蛮横，失去了人心。他欲立庶出之子，而与长子史朝义失和，为其部下缢杀。从大燕皇帝到入主洛阳、不可思议的变态、与儿子相争以及由此招致的暗杀，总共一年多的洛阳之梦，走过了与盟友安禄山太过相似的道路。说它是历史的巧合好呢，还是视为唐朝的记载中有意夸大事实的编造好呢？

总之，唐朝从史朝义手中再次夺回洛阳是在一年多以后。如前所述，当时靠的也是回鹘军。唐之年号的广德元年（763）正月，被逐回北边根据地的史朝义因部下叛乱而自取灭亡。距离安禄山举兵过了七年多，一般认为“叛乱”就此结束。

从所谓的王朝史观来看，也许可以这样说。但是，实际上是这样吗？“事情”就此结束了吗？

在安禄山、史思明之前和之后，事态完全变了样。首先，在动乱中，频频新设节度使，他们作为独立的军事力量就此在各地割据一方。以河北三镇为首，世袭化了的中小权力转化成名为“藩镇”的军阀。唐朝一边与那些众多的独立势力和解，一边又必须在名义上保持超越它们的形式。总体上是外面穿着唐的外衣，而里面是在唐的“招牌”下已经形成多极化的“杂居社会”或“杂居公寓”的状态，而且处处都在蠢蠢欲动。

底片中的世界

“事情”并未就此结束。唐朝自身已经非常空虚了。郭子仪这个曾经提供反攻安禄山据点、一直拥戴肃宗至代宗、德宗等唐室血统的军阀首领，成了实际的独裁者。他拥有党项族等自营的战斗力量，手握以“唐”为名的“地方政权”。唐朝的天子只是徒具虚名，即使何时为郭子仪及其同伙所取代也不足为奇。这种状况已成定局。

总之，郭子仪所掌控的中等规模的军事政权，针对实力不相上下的各地军阀，只不过是想利用唐室皇统的旗号，在名义上占据优势地位。反过来说，郭子仪也好其他军阀也好，不用说安禄山了连史思明那样的实力都不曾有过。

“安史之乱”以后的情况，可以概括为一帮不具决定力的人一成不变的畏缩不前。或许也可以认为是对“叛乱”的状况习以为常了。还可以说是名为节度使、实为“王”的人们分别占据了各中小“王国”。就是说，“割据”已成为一种体系。

虽说如此，这是设定中华这一框架条件下的情况。实际上，无论是中华还是草原，都是以相互间没有高低之差、互不隔绝的形式在运作着。其中的决定因素，仅在于回鹘游牧国。名义上的唐“政权”及其名下独立集团的实体“国家”，事实上已经转化为回鹘的庇护国。

唐朝方面在动乱中，为了笼络回鹘，签订了每年为其输出两万匹丝绸的协议。回鹘方面，在动乱后，很自然地派来使节团，在接受定额内丝绸的同时，还以带来的马匹另外进行丝绸的交易。将这样获得的丝绸，通过自已所控制的内陆通道转手进行国际贸易。关于这一点顺带说一句，社会上所谓“丝绸之路”的交易方式，也许可以说实际在历史上很少以顾名思义的方式进行。这固然有些挖苦的意思。

可是，带来的那些马常常是老马、瘦马。一旦交易遭到拒绝，回鹘军队就会气势汹汹地前来征讨。而唐朝政府和下面各地的军阀，都无法抗拒。

就这样的事情，过去人们很容易从唐朝的角度出发，指责回鹘的蛮横以及它给唐朝造成的不合理的财政负担。可是，也正是因为背后有了回鹘的军事力量，衰弱的唐朝才能继续存在。甚至可以说回鹘的威力乃唐朝的支撑。为了获得军事上的平衡而出资，其实质求的只是王朝的生存。

这样看的话，所有的事情给人一种好像看底片中的世界的感觉。把颠倒了真实情况之明暗的图像当做历史事实的错觉，是非常可怕的。唐代后半期那个年代，真的就是“唐代”吗？如果是在文学史上，所谓中唐、晚唐的划分可以理解。而且，如果以唐王室及其周围为中心来看，的确会有唐代的感觉。这是因为正史和其他文献记载都是从“中央”的角度和价值取向被编写出来的。然而作为国家和社会，其实际情况是怎样的呢？对此没有值得深思之处吗？

回鹘的相对优势

回鹘这一决定性力量，在草原上建起了名为斡耳朵·八里的小城，首次将“城镇”这种东西引入纯游牧世界的地方，却始终未能直接占有中华地域和农耕地带。“安史之乱”时回鹘人的野心最终实现了对中华的间接统治，不过也许并没有形成夸张意义上的对农田和城市的自行管理。再多的推测，也只能是推测而已。在这个意义上，与匈奴帝国的冒顿单于和汉高祖刘邦在掌握自己国家命运的同时满足于“属国化”的状态，如出一辙。突厥在北周与北齐争夺华北的战争中、在唐朝建国时，也只是期望华北国家的“属国化”。

或许应该把它理解为草原国家的传统。就回鹘游牧国来说，如果能确实得到渔翁之利、立于唐朝皇室和中华各地乱立的中小政权之上、维持着自身的安全、还能扩大经济利润的话，也就足够了。它一一成功地避免了因安史建立的“大燕”国所形成的强大军事威胁、唐朝皇室的彻底复兴、突厥政权被推翻后不久又卷土重来等情况。和处于“玄宗王朝”下风时的东突厥相比，回鹘的优势人尽皆知。对于回鹘游牧国来说，这首先是值得满足的状态吧。

那么，是否仅凭这一点就可以断言已成回鹘时代了呢？不是的，恐怕未必能下这样的断言。回鹘的优势，在缺乏令人满意的出类拔萃的强者、中小独立势力采取不同形式割据的状况中，终究只能说是相对的。即使具有彻底征服一切的“帝国”的力量，其目的也不在于独自统治亚洲的东方，而是要在连接草原和中华的“多极化”状况、其中多种势力宽松并存的那种世所罕见的时代中，享受惠顾自身的待遇。

在草原世界，契丹和奚虽然与“安史之乱”有着直接或间接的关系，但是开始显示出一种既不依靠唐朝也不依靠回鹘而是选择第三条道路的姿态。具体来说，就是他们把包括安禄山等人的“老家”即营州一带的地方，还有大凌河和老哈河流域至西拉木伦河一带的蒙古高原东南部的优良牧场，当做仅为自己所有的“固有地”，认真筹划着即将展开的自己的道路。

吐蕃的发迹

在这样的形势下，环视整个亚洲东方，当时以回鹘之对立者出现的，却是西藏高原上的吐蕃。吐蕃自“玄宗王朝”执政时起，就屡犯唐的西部边境。

倒不如说，稍晚于唐出现的、此时好不容易迎来建国契机的吐蕃，为了把以汉字统称为“羌”的藏系人群聚集在一起，开始具体实施扩张领土的活动。附带而言，在这种情况下，该认为究竟哪一方存在“侵略”行为呢？或者说这个问题本身大概就没有什么意义。

上文提到的混血儿大军阀哥舒翰，原来在对吐蕃的长期作战中崭露头角，声名显赫。而且其麾下正是包括藏系在内的多种族的部队。所谓的“以夷制夷”，往往被说成是中华国家传统的智慧，而唐王室本身就是出身拓跋鲜卑的地地道道的“夷”。那么，就此而论，这个著名的成语实际上也只能说是几乎没有什么意义的赘言。这一时期的中华和亚洲的东方，是个多种族混处的无国界的世界。

对于谋求扩张的吐蕃来说，高仙芝率领的唐军于751年在怛

5 回鹘和吐蕃

逻斯河畔的会战中败于齐雅德·伊本·萨里指挥的阿拉伯军，唐朝对中亚的管理一度解体，是一次良机。另外，在“安史之乱”中，唐朝无暇顾及对吐蕃的防备，西部边境防卫削弱，不久即迅速转为真空状态。为了阻止安禄山军的快速进军和对长安的持续进攻，唐朝不得不征调广泛驻扎于腹地河西和陇右等地的多种族部队，派往东方前线。

对于唐朝来说这是个万不得已的对策，对于吐蕃却是个天赐良机。不仅在中亚方面，就是在吐蕃的整个东部边境地区即现在的甘肃、宁夏、陕西、青海、四川各个方面，视野都豁然开朗了。

两强相争

动乱一旦持久下去，吐蕃即向依赖外邦援兵的唐朝表示了提供援助的态度。另外，此时唐朝甚至向渤海国提出了求援，说明它已经到了非常衰弱的地步。

唐朝已无计可施，明知危险，也不得不接受吐蕃的提议。于是，吐蕃得以半公开地向河西、陇右、四川派兵。其结果如前所述，连长安都被占领了。

唐朝一方无能为力，遭到吐蕃军蹂躏。最后吐蕃虽然撤退了，但也因此充分了解到了唐朝的软弱。后来，吐蕃不断扩大自己的势力圈。在甘肃方面，从凉州到长安跟前的陇州，都进驻了吐蕃军。在塔里木盆地方面，从敦煌到现在的木孜塔格地区，确实都成了吐蕃的版图。

自 789 年至 792 年，在天山向东伸展的博格达山北麓的要冲别失八里一带，回鹘与吐蕃发生了冲突。那里是汉语标记为“北庭”的地方。在吐鲁番盆地的北边，伸展着草原地带，成为东西交通走廊的这一带地区，突厥语称为 besh baliq，即“五城”，其都城也以同名相称。

那里是回鹘游牧国的西部边陲，是吐蕃王国或帝国的北部边境地区。占据蒙古高原的人和占据西藏高原的人，围绕天山北麓的归属展开了争夺。那是那个“时代”的现实。从唐朝与阿拉伯伊斯兰发生冲突以来，大约过了四十年。局势完全变了。

冲突以回鹘的胜利告终，天山东部地方是回鹘，河西、塔里木盆地南边、帕米尔是吐蕃，双方各控其地，对峙而居。这样的过程，直接表明当时回鹘和吐蕃是亚洲东方两个占有广阔领土的政权。也就是说那是一个两强的时代。

这个过程的结果之一是，河西以西地区到13世纪蒙古帝国和大元兀鲁思的出现为止，此前一直是脱离“中华”的。可以视为超越时代的“丧失”，或许还可以说它是历史大图表中的一个小空白。

还有，难以忽视的问题是，理应为唐王朝大本营的长安，后来因不断来自西方的威胁而变成了毫无安全感的城市。这样一来，长安已不可能再次成为“帝都”，而只是一个边境据点城市了。唐朝也只好认命。

回鹘的瓦解

此时，称为“唐”的“时代”已经远远地离去了。坦率地说，无论从唐朝实际情况、内外形势，还是历史的趋势来看，如果再想用所谓“唐代”的字眼来表示这个时代的话，就不能不说是稍稍偏离历史和事实了。

可以说，那终究不过是为了省事和出于习惯。回顾历史，所谓唐朝是历经三百年的大王朝的说法，先姑且不说这是一种引人注意的说辞，就是从史实角度来看也只能是误解。由命名引起的错觉格外根深蒂固，也很可怕。在这一点上，中国史和亚洲东方史或许仍然保留着浓重的古老传统。

以“唐朝”或是“什么”相称的，已经愈发衰弱，勉强然而异常顽强地维持着残年，其间亚洲的东方发生了更大的变动。

曾超越中华、在内陆亚洲世界互争霸权的两大势力即回鹘和吐蕃，相继自行灭亡了。局势进一步向细分化、多极化发展。

动荡首先出现在回鹘。840 年之前不久，在天灾频发的蒙古高原，牧人们的不安以及内讧一波波地重演，游牧民联盟的团结出现了大裂痕。乘此之机，蒙古高原西北部的黠戛斯联盟袭击了回鹘国家的中心区域嗢昆水、独乐河流域（独乐河，为土拉河的古汉译）。失去了权力中心的游牧国家，不堪一击轰然崩溃。

这是历史上罕见的一次惊涛骇浪般的崩溃。回鹘游牧国的繁荣，走过了不到一百年的岁月，就此消失。原在回鹘的名下组成多重联盟的各种势力，为了自己的安全和生存，分散行动。如果继续留在蒙古高原，环境和政局都将十分困难。

这原来构成回鹘国家核心的人们，分成几个部分，或向南到达中华的北境，或向西迁徙到河西地方和天山一带。其中，以河西大绿洲甘州为中心的甘州回鹘王国、拥有（横跨）博格达山北麓别失八里一带和南边吐鲁番绿洲周边的高昌回鹘王国（或称天山回鹘王国），是在迁徙之前重组的牧农复合型的中小国家。

总之，游牧民进了“城”。或者也可以说，“面”上的畜牧和“点”上的城市之组合这种新形式，被统一地刻进了历史。

这个值得注意的状态，与从前拓跋鲜卑联盟在蒙古高原的南边、相当于中华北部区域的“牧”“农”接壤地带形成的状况相似。另外，拓跋联盟以其地为根据地，逐步南进、扩张，终于制造出历经北魏至隋唐的、超越“华夷”的混合政权。但是，从

6 回鹘文摩尼教徒祈愿文（京都大学文学研究所藏） 回鹘人曾经崇拜内陆亚洲共同信仰的“腾格理”即上天，但是另一方面他们又是虔诚的摩尼教信徒。这些是吐鲁番出土的断简，为9世纪中叶以后天山回鹘王国时期，使用了交替运用朱、墨的装饰性手法

现在内蒙古的呼和浩特及阴山一带至大同北部，这一区域内称为边镇的“城”与畜牧的组合，是经历了几个世纪后才慢慢实现的。而与回鹘那样大规模地移动生活范围、且在非常短暂的时期内完成转型或变动，意义根本不同。

若从其他角度来观察这一状况，也可以说是靠缓慢组织化了的大兵团的机动能力建立的游牧国家回鹘，将国家的规模设置小型化，并且分成几个大部分，转身成为以沟通内陆通道的东西贸易为立国之关键的通商国家。而且，历史大图表中不容忽视的是，这诸多的动向成了欧亚大陆大的“台球现象”的导火索，突厥族的西渐以及由此带来的可称之为“突厥伊斯兰时代”的历史时代，贯穿中亚和中东世界，以超越千年的时间跨度即将到来。从整个欧亚大陆的形势来看，正是处在历史重要的转折点上。

余录

至于导致回鹘解体的连年“天灾”，虽然有几分环境变化的因素影响，但原因恐怕还是在于它的根基。遗憾的是，目前尚无法清楚地界定其轮廓。“历史环境学”的研究，近年来虽然见得不少，但是就欧亚大陆中心区域来说，现在正处于刚刚开始的阶段。

例如，2001 年作为大学共同利用机构而新设置于京都的“综合地球环境学研究所”（简称“地球研”）所开展的各项研究，尤其是我所参加的 2000 年度有关历史时间轴中人类和自然之相互作用的研究，就是真正综合文科和理科的新尝试。中国的甘肃到内蒙古一带，作为沙尘的源头，被认为是干旱化和沙漠化“最恶劣的地区”之一。在那里，将具体探寻祁连山和额济纳之间的区域从冰河到绿洲、沙漠、湖沼等一系列的变迁，这一项目（简称“绿洲项目”）就是研究的起步。还有，以天山一带以及流经其地的伊犁河为中轴，期望对这块作为欧亚大陆东西之中心的中央区域，进行实为人类史上首次综合性的、科学的、学术的了解，这下一个项目（简称“伊犁项目”）也是前所未有的尝试，具有划时代的意义。这样的挑战，虽然面临各种各样的困难，但却是根本改变学术研究方法的准备，在提出与之相应的适当观点和成果时，可能会成为人类史以及今后地球社会的共同的智慧基础。

问题之一在于，对于回鹘游牧国戏剧性的崩溃这一毋庸置疑的重要史实，依据对冰雪核的抽样分析等得出的广义的理科数据，究竟在多大程度上能够通过与史料的互动而得到证实？例如，它是表明迄今为止人们所不知晓的大规模的环境变化，还是昭示着以游牧为主的社会、经济的“脆弱性”呢？另外，对于欧亚大陆国家兴亡的历史，还有现在和未来环境变化与人类社会的关系及对策，它是否能提供什么建议和启发呢？不管怎么说，这些很有可能成为下一阶段工作的出发点。

把过去发生的事情不仅仅视为“死去了的过去”，而是作为人类一路走来所获经验和智慧的宝库使其得以复苏，并在今后发扬下去，这应该是非常重要的事情。所谓历史研究的存在意义之一，显然就在于此。这里所说的历史研究，是指突破传统文、理科的框框，运用可利用的一切数据和方法来进行的综合学科型的研究。

吐蕃的衰落

对于唐朝这个徒具虚名的分权势力的拼凑物来说，形势发生了意想不到变化。压在头上的回鹘突然瓦解，给了唐朝恢复丧失已久的威信的良机。这也是情理之中的事。唐朝皇室苦于如何安置从蒙古高原下来的原回鹘国的大批难民，在对形势做了一番观察后，最终决定联合黠戛斯进行追讨和镇压。

然而，不管黠戛斯还是唐朝，都毕竟实力有限。能够聚合、重整草原世界的凝聚力量始终没有出现。在此之前，曾在回鹘国家势力范围及其周边生活的各族，也都只剩一条自保的道路可走了。草原重新又回到了分裂割据的时代。在这种状况下，不久就有契丹族作为后继者逐渐显露头角。其条件已经成熟。

好像是在步回鹘灭亡的后尘，吐蕃本土也出现了非常事态。以前倾向于苯教的吐蕃王朗达玛压制原有的佛教即藏传佛教，结果引起佛教方面各种势力的反抗，自己也遭暗杀。

不仅控制西藏高原，还大量割占周边地区、保有可称为“帝国”那样版图范围的吐蕃，其后在朗达玛的两个儿子手中王统分裂、迅速衰败。因此西藏高原长期处于分裂状态。

其结果，使得原来囊括在吐蕃内的藏系各部落也开始寻求自己的道路。后来建成西夏国的“弭药”即党项族，就是如此。另外，虽然是以后的事情，以青唐（现在的青海省西宁市）为中心，从“安多”（藏语，指青海方面）到黄河上游一带，出现了名为“青唐王国”的佛教国家，开始与西夏相争。它也是以藏系的宗哥族为主的。整个西藏世界呈现多元化的状况。

这样，至9世纪中叶，像样统一的大政权最终从亚洲东方消失了。在各区域、地方，或在各种族、部族、部落，大量碎布块似的政治单位齐肩并存，分级化已达到了极限。各方面都在等待下次即将来临的“未知数”。

在日益衰微的唐朝之名下

回过头来说，唐室的衰微也已经到了回天乏术的地步。其间，在会昌五年（845），毕竟还是“天子”的血气方刚的武宗，大肆镇压佛教，加剧了混乱，是为“三武一宗法难”之一。当时，祆教、基督教聂思脱里派、摩尼教也受到牵连而被查禁了，因为它们都被视为类似佛教的教派。

随着武宗的去世，情况发生了变化。镇压被中止，唐室仅存的一点权威也扫地了。只是带来混乱的愚蠢骚动平息之后，造反和叛乱此起彼伏。859 年浙东发生裘甫之乱，868 年徐州发生庞勋之乱。

已毫无力量的唐室，于是命令突厥沙陀部的首领朱邪赤心镇压庞勋。突厥系的沙陀族和朱邪氏的部落，以前在进攻安禄山时曾在哥舒翰麾下接受指挥。沙陀族，一般被认为是原属西突厥的别部处月一系。据说原居东部天山之巴里坤湖以东，那里有“大碛”称“沙陀”，因此号为沙陀突厥。在回鹘游牧国与吐蕃王国争夺北庭等地的霸权时，曾一度服属于吐蕃，不久即成为其先锋，靠着精锐的骑兵威名远扬。后来为吐蕃所疑，遂脱离其下，以三万帐的部落迁徙到河套即黄河大转弯处的鄂尔多斯地区。附带说一句，当时吐蕃的赞普（指王）盛怒，追击沙陀部落，甚至“来攻”到了中华的地盘。

选择要臣服的对象，或许他们一方是主动的。身经百战的军事部落和骑兵的威力，在小政权云集的中华本土尤为奏效。唐室任命朱邪赤心为与游牧地区接壤的山西以北所谓代北地方的节度使，赐予他唐的国姓，更名为李国昌。突厥的流浪部落得到作为唐室一族的名分和明确的驻地，一时成为左右政局走向的势力而壮大起来。下一个时代将出现的新“芽”，在这里已经胚胎成形。总之，相对于回鹘的解体成为契丹发迹的要因，可以说与回鹘相争的吐蕃的衰败成为沙陀发迹的诱因。在这一点上，无论契丹还是沙陀，说来都是时代所成就的宠儿，二者都遇上了格外相似的运气。

875 年，盐商黄巢和王仙芝造反，成为席卷中华本土大半地区的大骚乱。尤其是黄巢南下华中、华南，在广州大肆杀戮，连外国人也不放过，又进而转向北方，于 880 年攻克洛阳、长安，最终自称皇帝，建国号为“大齐”。

逃到四川的唐室，又起用了李国昌的儿子李克用。李克用率领鸦军（即身着黑衣的“乌鸦军”），这个以骑兵为主力的作战部队，于 883 年从山西南下，击败黄巢军，夺回了长安。但是，唐朝又起用背叛了黄巢的朱温来与之抗衡，赐名为“全忠”，同年任命他为汴梁即开封的节度使。在他的手中，已名存实亡的唐朝终于在二十四年之后灭亡了。

所谓“时代”的姿态

这样来回顾“安史之乱”后的变化，可知这个时代确实是处在分权化的状态中。而且，这种分权化不仅出现在中华，还逐渐覆盖了整个草原世界以及亚洲东方。就是说，8 世纪中叶以后滚滚的历史潮流正奔向多极化和分极化。

再者，不容忽视的是，这种趋势在唐室断绝后仍在继续。如果将称为“五代”的大约半个世纪也算进来的话，可以说“分权化时代”在包括中华在内的广阔世界存在了总共二百年之久。

此处，出现唐与宋在年代上的误差，是很自然的。将唐放大而将两宋合为一个时代的奇怪习惯，大概只能归结到基于中国正史的王朝史观。

唐代持续三百年、两宋时代也超过三百年的这种认识，与史实相距太远。从根本上要发问的是：历史发展的状态本身在中华框架中是什么情形呢？我们想看到的不是假想中的中国，而只是事实中的历史。

这样，成其为中华的轮廓、内容，以及所谓中国史的真相，恐怕就会更接近事实，甚至还可以为中国史在人类史的发展脉络上找到合适的位置。希望以此作为这一部分的小结。

第二章

走向契丹帝国之路

看不见的一条越海之线

《将门记》如是说

天庆二年（939），平将门在坂东发动“叛乱”。一般认为是针对京都的朝廷建立了新政权，也有人认为其中已隐约可见“新国家运动”的影子。

称得上是其传记的《将门记》中，留下了令人惊讶的记载。自立为“新皇”、举行即位仪式的将门，在天庆二年十二月十五日写给当时的摄政太政大臣藤原忠平第四子即左近卫少将藤原师氏的奏折中，首先就自己的血统和统治半个国家的正统性解释说：“将门柏原帝五世孙，领天下半，谁谓不可？”接着颁布了自己的诏敕。敕文如下：

“今世之人，必以击胜为君。纵非我朝，佥在人国。如去延长年中大契赧王（原文作‘赦契’，当为‘契赧’之讹），以正月一日讨取渤海国，改东丹国领掌也。盍以力虏领哉。”

——当今时代的人，靠以实力取胜成为君主。即便不是我们国家的情况，但在均为人之国家这一点上没什么不同。过去的延长年间（923—931）的大契丹王，正月一日讨伐攻取了渤海国，将其更名为东丹国纳入自己手中。岂能说不是尽力夺取的呢？

“大契赧王”，指契丹帝国的开创者耶律阿保机头一年的十二月率军亲征，于第二年即天显元年（926）正月攻陷渤海国，俘虏了其国王大諲譔。二月，改其名为东丹国，册立皇太子突欲（契丹语其意不明，恐与 toyok 音近。另有汉式的名字“倍”）为“人皇王”，作为该国国王。就是说，《将门记》所记将门的话无疑是确凿的事实。

记录与真实，以及……

将门想说的话很清楚。要自立为“新天皇”，首先因为具有原为桓武天皇五代孙的血统而领有日本国的半壁江山，所以“不在运气”，即不是出于偶然而是当然的事情。而且，今天的时代是实力主义的。我国也好外国也好，都一样。来看大契丹王的例子，他讨灭了与我国保持关系的渤海国，改成东丹国，不是以实力夺权是什么？

所谓与帝王桓武一脉相承的神圣血统的内在正统性，加上以实力夺取胜利成为跨海时代之趋势的外在形势，作为其根据的实例，就是契丹帝国耶律阿保机的模式。合理的逻辑内容，非常易懂，明快至极。

关于《将门记》这一充满趣味的、引人入胜的文献，一直以来有各种探讨。据编辑《平将门资料集》(2002)的福田丰彦说，有人认为是住在东国的人在事件过去后不久所写的实录性质的见闻记，也有人认为是在事件过去相当长的时间后出现的经过调查整理而写出的文学作品，不同的观点之间差异不小。即便如此，它仍然无疑是依据确切的资料所写的有关将门之乱的第一手资料。不过，它既不是现场当事人的见闻录，也不是完全彻底的“原始资料”，这大概就是它同时具有的特点。

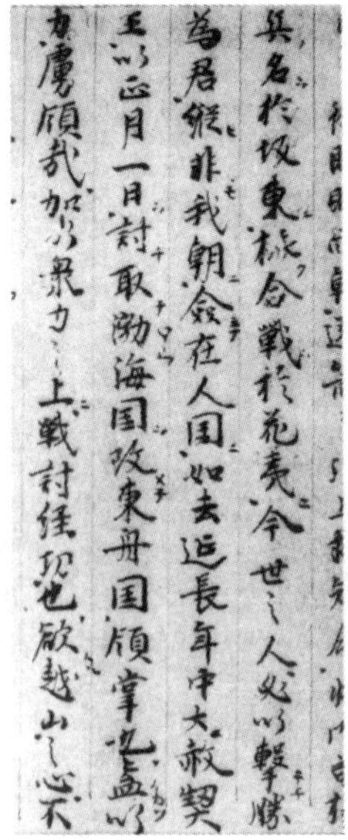

7《将门记》(真福寺本)中落款为天庆二年十二月十五日的奏折

完成的时间，一般认为上限是在11世纪前半期，下限在11世纪末期。由于可利用的主要写本“真福寺本”被认定是抄写于承德三年(1099)，所以这里采取不晚于这一年份的说法。

从亚洲史的角度来看这一事件的话，情形会如何呢?“大契丹王”耶律阿保机的统治是从907年至926年，特别是灭渤海国、建东丹国是在其末年的926年。而这边，将门的“叛乱”发生在939年，其间仅隔十三年，还不能断言将门“叛乱”本身没有受到来自契丹和阿保机的影响。这是首要的一点。

其次，即使《将门记》完成的时间是其下限的1099年，那么与此基本上没有任何关系，平安时代的日本（平安日本）对于耶律阿保机的崛起及其征服活动，尤其是征渤海国之事的基本情况是有相当了解的。例如，征渤海国的准确年月、新立东丹国的事件还有“大契丹”为这一可怕的新政权的正式国号等等。

再有，从故事或文学作品的角度来看《将门记》，这里实际上极为重要的事情是，将耶律阿保机和契丹国的出现理解为“冲击”，并且拿出这个例子来为将门的“说辞”提供“合理性”。换句话说，则耶律阿保机以及他征服渤海国的“历史事件”，不仅《将门记》的作者知道，就是读者也有一些了解。否则，这里所说的话就不具意义。

这时，正是公开向京都的朝廷挥舞反旗的时候了。在那种情况下，让将门讲出“非我朝”“以力虏领”的实例，是因为认识到了那是使人信服的非常具有说服力的事件。

东丹国的使者

之所以说契丹国灭渤海国这一发生于大陆的变动在日本国也广为传知，是因为相应的史实和背景可以得到史料上的证实。事情发生在醍醐天皇长期统治的第三十三年即延长七年（929）。正好是在平将门“天庆之乱”发生的十年前。

那年年末的十二月，东丹国的使者乘船来到丹后。使节团的团长裴璆，以前作为渤海国的使者已有延喜八年（908）和十九年前往日本的经历。一开始，日本方面仍然以为这次的来使与以往一样，然而裴璆却说自己虽然身为渤海国人，但是现在已经降为东丹国的大臣。谈话之间他指责了“契丹王”的罪行。对此，太政官批评裴璆说既然已经身为人臣，就不该这样做，让他写下了“悔过状”，被记载为“东丹国丧失礼仪”（《扶桑略记》延长八年四月一日条）。

日本国至少在此时已经确实知道契丹灭渤海国之事。并且知道所谓东丹国就是其后身。关于日本国此时对裴璆采取冷淡态度一事，据说“回避国际问题”是当时日本政府严格遵守的冷静而透彻的外交方针。妥当与否暂且不论，只是到此时为止，日本真的就对契丹这一新政权及其迅速扩张一无所知吗？

就这一情况，有几种应当考虑的“状况证据”。例如，在朝鲜半岛西南部建立起后百济国之后二十多年，风云人物甄萱在东丹国遣使七年前的延喜二十二年曾派使者来日本寻求友好往来和结盟。当时在朝鲜半岛，相对于古老的政权新罗，又有高丽和后百济独立，形成“后三国”的战争状态。甄萱想通过与日本的交往，使自己作为后百济之“王”的地位不仅在新罗国内的叛乱者中得到认可，而且还要获得“国际性的”了解，以使战局向有利于自己的方向发展，但是日本方面没有响应。

在进行交涉的当时，甄萱方面就没有提到大陆上的形势吗？还是日本方面全然不知大陆上的动荡就打发了那个野心家的使者吗？尽管甄萱至少那时在“后三国”中实力最强。

甄萱的选择

与此同时，耶律阿保机领导的契丹国通过长年频繁出兵周围地区，已形成广阔的势力范围，成为亚洲东方的老大。不仅如此，在动荡的华北局势中，居于华北中心的沙陀军阀后人李存勖于前一年的 921 年年末，进入河北境内与其展开了反复的浴血争夺。南北双雄之间长达三年的争斗，对于草原和中华乃至包括朝鲜半岛在内的人们来说，肯定是关乎形势发展和自身前途的大事。至少甄萱是有理由知道的。

在与契丹的军事对决即将见分晓的 923 年，此前一直代父亲李克用称“晋王”的李存勖，终于坐上了皇帝的宝位，立新国号为“唐”，是延续唐室所赐“李”姓、使唐室“复活”的标志，历史上称为“后唐”。同年的十月，灭了占据汴梁之朱氏的“后梁”。唐室的势衰造成了李克用与朱全忠四十年间的对立。命运注定的对立以沙陀的胜利告终。至此，华北地区已成为沙陀族的天下。

对于这样的新形势，后百济的甄萱立刻做出了反应。他是看出继承旧唐名称的华北霸主李存勖身上有希望，还是只是认为这是一次良机呢？这还不好说。总之他向李存勖派遣了使者，于 925 年得到了后唐对其“百济王”之号的认可。然而，是否可以因此说他比对手新罗和高丽抢先动作了呢？那也是很难说的。此处重要的是，甄萱在那样的背景下，早于上述东丹国使臣抵日半年之前即 929 年的五月，已经再次遣使到日本，以正式的“王”

的资格寻求友好往来。那么他的使臣就不可能不提到唐帝李存勖的出现、后百济从他那里得到的“受封”以及大陆形势的发展。

平安时代的日本不曾获知吗

在这种情形下，要说日本浑然不知大陆上的动荡，恐怕有些不自然。平安时代的日本是明知其情却避免卷入“国际问题”，还是在一无所知的情况下接待海外来使的呢？二者之间的区别很大。

在这一点上，结合作为直接证据的记载来理解“事情”，看上去是“实事求是的”，但是实际上，也许几乎等于停止思考。尤其是关系到国家命运的重要外交事务、其中各种情况的微妙之处及判断什么的，难以在记载的表面显示出来。这也是当然的事情，任何时代都是如此。

另外不可忽视的是，耶律阿保机于即位建国八年后的 915 年，已经进攻了鸭绿江方面，称为“钓鱼”，向朝鲜半岛施加军事压力。据《辽史》，即侧重契丹方面修成的正史“后三国”当中，新罗和高丽（此时的高丽，严格地说应称“后高句丽”）遣使阿保机，分别进贡本地物产。这两个国家早早采取了归附契丹国的形式，后百济的甄萱没有理由不知道这一情况。毋宁说，正是因为如此甄萱才请求沙陀军阀的后唐赋予其权威。

总之，环绕平安时代日本的形势，谈不上什么平安。除了隔海相望的日本以外，不论朝鲜半岛还是大陆，各国都从根本上发生了深刻的变化。“时代”正迎来了骤然变化的时期。这种动荡不可能不传达到日本。

作为其结果之一，即使认为是以将门“叛乱”的形式反映出来的，也并不是不可思议。将门在“叛乱”之前，曾在摄关家服侍，熟知京都城内聚集的内外信息。认为对于契丹的武力扩张和称霸以及一段插曲似的渤海国的灭亡，包括他在内相当多的人怀着焦急的心情关注着事态的发展，并有切肤之感，可以令人接受。当然，藤原纯友的“叛乱”也是在同源的序列当中。这里，故事《将门记》或许已经超越了故事的界限，传达着“原始的真相”。

“遣辽使”真有其事吗

作为耶律阿保机基本史料的《辽史》，在卷首“太祖本纪”中记载了一条对日本来说颇为重要的事情，尽管内容比较短，即契丹之天赞四年（925）冬十月庚辰条的“日本国来贡”。这究竟意味着什么呢？是说日本不是派“遣唐使”，而是向契丹帝国派去了“遣辽使”吗？

据《辽史》，在日本国来贡的前一个月，契丹帝国的皇帝耶律阿保机结束了头一年夏季以来断然进行的大规模出征达怛、党项、吐谷浑、甘州回鹘的军事进攻，回到契丹本土。通过此次长达一年多的西征，契丹帝国的版图越过蒙古高原，扩张到中亚、河西走廊一带。可以说领土面积增加到八十多年前瓦解的回鹘游牧国的两倍，达到了内陆世界霸主的地位。似乎是为了表示祝贺，日本前来进贡了。

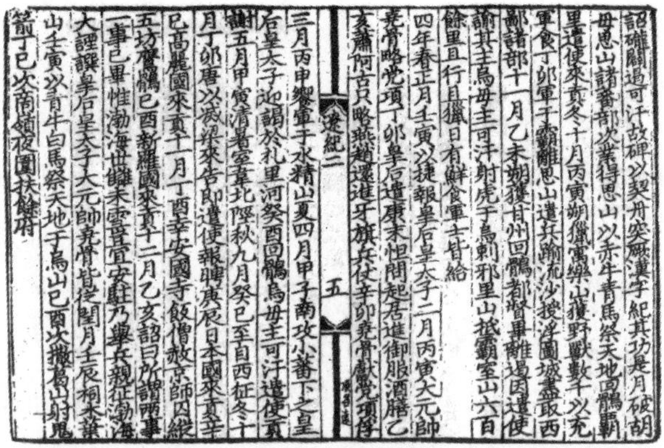

詔礲闢遏可汗故碑以契丹突厥漢字紀其功是月破胡
母思山諸蕃部次業得思山以赤牛青馬祭天地回鶻霸
里遣使來貢冬十月丙寅朔獵寓樂山獲野獸數千以充
軍食丁卯軍于霸離思山遣兵踰流沙拔浮圖城盡取西
鄙諸部十一月乙未朔獲甘州回鶻都督畢離遏因遣使
諭其主烏母主可汗射虎于烏剌邪里山抵霸室山六百
餘里且行且獵日有鮮食軍士皆給
四年春正月壬寅以捷報皇后皇太子二月丙寅大元帥
堯骨略党項丁卯皇后遣康末怛問起居進御服酒膳乙
亥蕭阿古只略燕趙還進牙旗兵仗辛卯堯骨獻党項俘

遼紀二　五

三月丙申饗軍于水精山夏四月甲子南攻小蕃下之皇
后皇太子迎謁於札里河癸酉回鶻烏母主可汗遣使貢
謝五月甲寅清暑室韋北陘秋九月癸巳至自西征冬十
月丁卯唐以滅梁來告即遣使報聘庚辰日本國來貢辛
巳高麗國來貢十一月丁酉幸安國寺飯僧赦京師囚縱
五坊鷹鶻己酉新羅國來貢十二月乙亥詔曰所謂兩事
一事已畢惟渤海世讎未雪豈宜安駐乃舉兵親征渤海
大諲譔皇后皇太子大元帥堯骨皆從閏月壬辰祠木葉
山壬寅以青牛白馬祭天地于烏山己酉次撒葛山射鬼
箭丁巳次商嶺夜圍扶餘府

8《辽史》“太祖本纪”所载“日本国来贡”　距今大约三十年前刚刚邂逅《辽史》时，这条记载对视觉造成的冲击至今难忘

这里颇具意味的是，在“日本国来贡”这条记载的上下文，可见到非常引人注目的内容。上文记载了李存勖的后唐攻灭后梁后来告、契丹方面遣使访问之事。如果简单理解此事，那么就是说西征回来的耶律阿保机，终于还是为两年前仍是敌手的李存勖的称霸华北，向他表示了祝贺。该如何看待这件事呢？

由于二人同为“皇帝”，那么在形式上表示祝贺之意也属当然。对于已消除后顾之忧的耶律阿保机来说，理应反过来再对华北来一次大的进攻。但是他没有那么做。因此一种很大的可能性是，恐怕阿保机和李存勖都认识到契丹和沙陀两强相争是不明智的，于是在923年春夏期间一度约定契丹与沙陀北南分治。正因为如此，阿保机才能大举西征，李存勖才能灭了朱氏的后梁。就是说，不清楚这南北两个强国是否保持沉默，但终归还是达成了某种程度的合作。

北行还是南行

另一方面，“日本国来贡”这条记载的直接下文是“高丽国来贡”，而且是日本国来贡的次日辛巳日的事。接着又在十一月己酉日内记载“新罗国来贡”。日本列岛和朝鲜半岛的三国相继来贡，究竟意味着什么?

对这个问题，如果也忠实地采信记载的话，那么就只能说日本和朝鲜半岛上相争的高丽国、新罗国几乎同时向契丹帝国派去了使臣。高丽和新罗向契丹帝国、这次是向其大本营直接朝贡，是很好理解的事。而日本国内与这次“遣辽使”直接相关的线索，在下文“宽建法师之派遣”的资料中尚未发现。对此应当如何看待呢?《辽史》的记载所抛出的，无论对于日本史还是亚洲史都绝不是小问题。

另外，甄萱的后百济，如前所述，那时已经派人前往李存勖的后唐。面对南北两个皇帝，日本、高丽和新罗三国向北行，而唯有后百济未向北行。高丽和新罗也向后唐派去了使臣，是采取了同时交好南北两雄的所谓“安全策略”。这也是理所当然的事情吧。虽说如此，包括一直以来的经历，半岛北部的高丽和东南部的新罗能够更多地感觉到来自契丹的威胁，而西南海边的后百济出于与两国的对抗仅选择了后唐，也是很可以理解的。但是，日本为何选择了契丹呢?不能不说唆使的成分太明显了。

宽建法师之派遣

与前述《辽史》中谜一般的记载相关，日本方面也有令人心生悬念的记载。引起轰动事件的第二年，按日本的年号是延长四年（926）。据《扶桑略记》卷二四“醍醐天皇”下卷的五月二十一日条，兴福寺的僧人宽建法师奏请乘坐修明门外停泊的唐朝商船入唐求法并朝拜五台山。醍醐天皇的朝廷不仅批准了他的请求，而且赏给他黄金“小百两”作为路费。根据宽建法师的请求，交给他菅原道真、纪长谷雄、橘广相、都良香的诗集共九集，以及小野道风的行书、草书各一卷，让他带到唐国交流。又令三个僧人、四个童子、两个通事随行。命当时的左大臣藤原忠平将这道圣旨下达到大宰府。又于六月七日敕赐宽建黄金五十。上述记载是以醍醐天皇的《御记》即日记为依据写成的。

与此不同，《日本纪略》中有关宽建的记载是说，延长五年正月二十三日，赐予宽建一行大宰府之牒，派他们前往大宋（唐之误记）国的福州。记载说是为了让他们朝拜五台山。据以上记载，就是说在《辽史》所记“日本国来贡”的大约半年后，醍醐天皇政府曾派遣宽建等十人前往大陆，大概在第二年的正月搭乘中国的船只驶往南中国的福州。那成为一次借冬季季风顺利完成的航行。

两种记载中所说的“唐”，虽然不能说不是指当时在华北建立的“后唐”，但是大概可以认为一般是指中国。不清楚宽建一行是否朝拜了五台山。然而，五台山位于山西北部，如后文所述，是在耶律阿保机统治的契丹国与李存勖领导的沙陀政权展开激烈争夺的“山后地”内。契丹的领地近在咫尺。而福州是当时形成独立国家的闽的都城，从那里登陆后北行的话，要逐一经过独立国家吴乃至吴越，进入沙陀政权的“后唐”所控制的华北。或许，由于吴越国已经通过海路与契丹国通好，所以也有可能一下子乘船到达契丹境内或其附近。

总之，朝拜五台山是观察混沌的中华和草原之实情的漂亮理由。尤其是，926 年阴历正月渤海国灭亡、同年四月李存勖因政变垮台、同年七月耶律阿保机离开人世，正处在最混乱的时候。如果是那年五月二十一日做出派遣决定的话，那么了解渤海国的灭亡和后唐国的混乱就是直接的目的。当然，了解迅速崛起并扩张的契丹帝国的实况也是此行的目的。

所谓要在大陆传播菅原道真等人的诗文和小野道风的书法的“借口”，不用说，是很好玩的“理由”和“说法”。毋庸置疑，正如两种相关记载中都明说是朝拜五台山一样，其真正的目的在于直接调查包括契丹国在内的大陆形势。佛僧的求法和巡礼，以及文化交流等“名目”，总的来说采取的不是“官方”派遣政府有关人员的“形式”，而是由醍醐天皇下面的政府要员直接任命的。可以说醍醐政权对大陆抱有明显的关心。

如果是这样，那么《辽史》的记载也可能指的是某人在藤原忠平等人的授意下，非正式地造访了耶律阿保机。总觉得这似乎很有可能。

扑朔迷离的死因与命运的起伏

作为对以上原委的补充，还必须提到更为重要的一件事情。在令人印象深刻的三国来贡之记载后的十二月条，记的是契丹皇帝耶律阿保机下诏宣布亲征渤海国，将率领皇后述律氏、皇太子突欲、次子大元帅尧骨（契丹语或为 yaogu。又记为耀屈之、曜屈之、耀渠芝等，如果是这样，或许当为 yaoguchi。汉式的名字是德光，中华王朝式的庙号是太宗）及全部中枢机构，进行生命中最后的远征。而渤海国于次年正月彻底投降之事，已如前文所述。在回兵途中的秋七月，耶律阿保机猝死于扶余府，享年五十五岁，《辽史》记载说这正应了两年前的夏天他宣布西征时对自己死亡的预言“岁在丙戌，时值初秋，必有归处”。丙戌即天显元年（926）。

此后，契丹国围绕继承人之事，被笼罩在一种奇怪的阴霾中。本应延续渤海国的东丹国，也随其君主东丹王耶律突欲一起在背运中渐渐隐去了身影。对于日本以及高丽、新罗在这段扑朔迷离的历史发生前夕来贡，应当重新给予充分的关注。因为《辽史》只是最低限度地记载认为最必需的史事，关乎耶律阿保机的“太祖本纪”情况尤甚。就是说，必须考虑到尽量削减了语言的每项记载，其所含语义和信息中都有相当多的“东西”。

当时未向契丹来贡的渤海国，立刻就遭到了武力的镇压，国民的大多数被契丹迁往辽宁平原，还有相当数量的人逃亡到了朝鲜半岛。顺便提一句，没有选择契丹的甄萱，也于 930 年被儿子甄神剑篡夺了王位，而神剑又于936年为高丽所灭，朝鲜半岛在“契丹派”外表下之高丽的基础上再次统一起来。命运的起伏，一见分明。

裴璆的悲剧

这样看来，很难想象在裴璆作为东丹国的使者来日之前，日本还不知道渤海国的厄运。其实日本方面针对裴璆的话进行了严格的讯问，甚至让他写了“过状”之类的悔过书，说明对裴璆使者行为的本身产生了怀疑。实际上，应该说裴璆本人就是造成渤海国灭亡之直接原因的当事人之一。

到了决定命运的925年，面对是选择北边的契丹还是南边的沙陀，渤海国最终选择了南边的沙陀。而且，成为使臣的竟然是裴璆。至少，他起了把渤海国引向灭亡时扣动扳机的作用。

那么，渤海国为什么当时没有选择与其直接接壤的强大的契丹呢？或许，渤海国当局考虑的是，正因为与契丹正面相对而深切感受到它的威胁，所以不如与另一个称雄的沙陀联合，构成共同夹击契丹的态势。国内已经大乱的渤海国，如果坐视下去，迟早会被契丹所吞并。这一点确实已经显现出来了。如果是这样，那么渤海国就是有考虑地向沙陀派去了使者。

但是，阿保机的反应大概超出了预想。在缓解西征的疲劳后不久，他就倾契丹全国之力怒涛般压向渤海国。对方几乎没有什么抵抗。因此可以说日本乃至高丽和新罗的选择是正确的。至少那两国是那么想的吧。

作为东丹国使者的裴璆来日，使自己处在一个非常复杂的境遇中。可能了解事情原委的日本方面认为严格询问裴璆是很自然的事。裴璆自己也身陷烦恼。受到日本方面的责问，他自己写道：不曾救先主（渤海国王）于身陷涂炭之时，却兵戈之际乱谄于新王。身为陪臣（东丹国）小使，却紊上国（日本）恒规。这应该是他表达悔恨和忏悔的话吧。

提到929这一年，不仅是旧渤海国人与东丹国之间，而且东丹国与契丹本国之间的关系，已经处于一种很微妙的状态。裴璆自责其罪恶时提到的“契丹王”和“新王”，究竟是指何人呢？简单地说，是指那时已经死去的征服者阿保机呢，还是指直接君临旧渤海国人的东丹王突欲呢？或是进一步指作为第二代契丹皇帝、曾压迫其兄长东丹王及其国家的尧骨呢？对于真实、确切的情况，实际上人们并不知晓。

重叠的形象

还有一个问题是，《将门记》为什么把凭借实力夺取政权的“大契赧王”阿保机引作例证呢？上述渤海国之灭亡所带来的冲击，还有契丹国之出现及其势如破竹的迅猛进攻这又一冲击，已无须再言。即便将《将门记》的成书时间倒推至最下限的1099年，那期间契丹帝国一直是作为亚洲东方最强盛的国家而坚如磐石般存在着。对于契丹这个以武力压制远比自己建国要晚的南方文化国家北宋又与沙陀一直保持南北共存态势的北方军事大国的情况，日本没有理由毫不知晓。

再看日本，当时也呈现出东国之武力与京都之宫廷文化相对而存的形势。虽说在方向上有南北与东西的不同，但是双方都是二者并存，在这一点上似有相似之处，它是否对将门之乱本身产生了直接影响，现在只能搁置不论。尽管将门本人很有可能从藤原忠平和身边的人们那里获知契丹国与耶律阿保机的详情。不过，不管怎么说，作为记录、著作和故事的《将门记》中，契丹王是被作为将门的先行者而提及的，这是否说明两者之间存在某种形象上的联动呢?

那或许就是二者所共有的善战的英雄形象吧。或许其中还存在武与文之二元世界的影响吧。假如进一步发挥想象，那么耶律阿保机的去世之谜，就与当上新皇不久即意外离世的将门的身影相重合。在这一跨越海洋的形象重合的背后，另有真相吗?对此现在还不得而知。

奔向帝国的助跑

被遗忘的英雄

契丹帝国几乎是耶律阿保机这个人一生的“事业”。他在唐室断嗣的907年以三十六岁之龄当上了契丹的“可汗”，又在926年以五十五岁之龄意外辞世，其间共二十年。他将此前只是非常松散的部族联盟的契丹族，一下子推上了“国家”的地位，屡次派兵征伐东西、南北，创建起了跨种族、跨地域的“帝国”。在他这一代，不仅是契丹，就连内陆草原乃至亚洲东方的形势都为之一时大变。

在将历史上的特定人物视为“英雄”时，慎重或否定的看法多出自历史研究者。的确，作为人类进步的历史，核心就在于人类这一群体在整体上是什么状态、它如何活动、如何变化。虽说如此，它也因时间和场合而不同。有些人，缺之则历史会成为另外一个样子。他们的实际存在，也是一方面不争的事实。对于这种事情，可以据其大致情况直接认同，没有什么必要顾虑吧。

耶律阿保机无疑是个英雄。尽管如此，对于他的事迹、他的人物形象以及他在历史上的意义等等，无论哪个方面也还不能说都得到了与其实际情况相符合的评价。他的名字暂且不说，就是他的真实形象也几乎不为人知。是否可以说是一位被遗忘了的英雄呢？

五代与契丹同时

原因大致还是在于中华王朝史观。更准确地表述的话，或许可以说是在于中华本土中心史观。在大多数的史家看来，耶律阿保机是“外”人。将中华与“塞外”割裂开来考虑的氛围，仍旧有相当的市场。

在这种氛围中，比耶律阿保机的契丹国晚半个多世纪建立的北宋，被当做了所谓唐朝三百年之“幻想”的不容置疑的后继者。

反之，契丹帝国却只留下了北宋北边“野蛮异族”之一的印象。持这种论调的理解和记述，以往滔滔不绝，现在也不能说已经绝迹。那是一种朴素而老套的，因此又是可笑的看法。然而，历史事实又究竟如何呢？

在接近蒙古时代末期，也就是稍晚于《辽史》、《金史》、《宋史》三史的编纂时，陈桱的《通鉴续编》问世了。按时间顺序记述了自唐室灭亡前后至蒙古收服南宋为止三百八十年间国家兴亡的主要历史，是一部庞大的通史。在历史上进行这样的尝试本身，就可以称得上是值得重视的书籍。况且是以耶律阿保机的出现和契丹帝国的形成来开始其贯穿时代史的叙述的。其中蕴涵着强烈而明确的历史观和信息。

同时又是《五代史补编》作者的陈桱，也精通一般中国史上所说的“五代”的历史。他在《通鉴续编》中，让始自阿保机的契丹帝国史占据中心地位，首先讲述了“五代”的兴亡，这部分内容告一段落后，作为下一段历史的展开，另设卷讲述960年赵匡胤篡夺后周王权、发动政变即位之事，也就是北宋的建立。

陈桱的这部史书本身，正如他在卷首所设“书例”中明确交代的那样，贯穿着“尊华夏”的立场。就是说，在普及和定型于蒙古统治时代的朱子学说及其大义名分论的影响下，高声标榜特意偏重北宋、南宋这“两宋”的“中华主义”。在《通鉴续编》中也还是体现了这个特点。

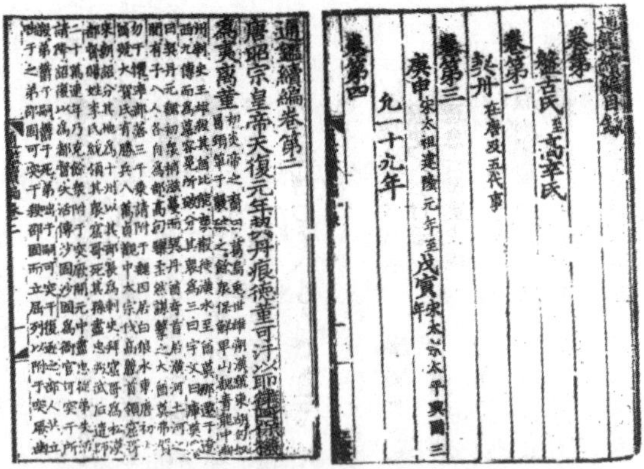

9《通鉴续编》的目录以及第二卷的开头部分（台湾“国立”图书馆藏） 由二十四卷构成的《通鉴续编》，在序中阐述了编纂方针之后，在第一卷中简述了自盘古开始的神话先祖的故事，从第二卷开始进入正文。通篇给人始自契丹、五代继后的强烈印象

历史理念与事实主义

如果正视事实的话，只能如此。作为历史叙述，《通鉴续编》是最为名副其实的。

陈桱自己宣称要重视北宋，可是不用说初代的赵匡胤（宋太祖）时期了，就是对于其弟即很可能是弑兄夺权的第二代的赵匡义（宋太宗），也只写到其太平兴国三年（978），以“与五代无异”之语结束，并没有算入“北宋时代”。而是以始于太平兴国四年的讨伐北汉和由此实现的对华北大半区域的不完全占领，作为判断北宋这一王朝国家真正建立的标准。作为史家来说，这是非常能够理解的态度。在他来说，理念和主义另当别论，观察历史的眼睛是事实主义的。

如果考虑耶律阿保机和契丹帝国被“不恰当地”贬损、北宋被“过度地”拔高的背景，与日中两国都有关系，多少会涉及文化论和文明论吧。历来的中国史，冠以“实证”之名要求单个研究的微观情况另当别论，在历史的宏观把握上，总是难免容易向理念性、思辨性、观念性倾斜。在日本，正如从前宫崎市定所言，朱熹的《名臣言行录》成了江户时期幕藩体制中类似儒学教育的“教科书”，书中所收北宋的“名臣”们，由于朱熹本人的特意“拔高”而被尊崇为脱离现实的“伟人”、“圣人”，这或许也是不应忽视的一种原因吧。对于头脑中灌输了这种教育、成为其教育基础的人们来说，北宋和它的士大夫们就只能是绚丽文化之花盛开的大国业绩辉煌的英雄豪杰。

不得不说，那是后世的历史中所创作的过去，或者是由纯朴之心而生的“确信不疑”。在这种情况下，阿保机和契丹之类就变得微不足道。烦扰北宋王朝的“素朴的野性”也好，或是被视为“对文明的侵略者”也好，也许都是出于无奈。是发生在横溢的文明主义被当做美丽梦想的古老的美好时代的事。

夷离堇的立场

《通鉴续编》的记载，从唐室倒数第二个皇帝昭宗的天复元年（901）契丹部族联盟长痕德堇可汗封耶律阿保机为“夷离堇”之事开始记起。公元10世纪，亚洲东方的各国基本上处于整体变化的“变化的世纪”当中。恰好就在最初的那一年，耶律阿保机登上了历史的舞台。

所谓“夷离堇”，大概就是突厥的“俟斤”，即相当于irkin的游牧官职。据《新唐书》，从前契丹服属于突厥时，契丹君王家系的大贺氏曾作为“俟斤”统率部民。据说在契丹的近族奚人那里，也是五部各有一位“俟斤”，统领部民。《辽史》“国语解”中，记为“统军马大官”，指最高军事司令官。《通鉴续编》也解释“夷离堇”的意义为“掌部族军民之政”，即总揽游牧部族部落以及军民。总之，可以视为契丹联盟各部之长，掌管军事和行政的指挥官。

在有关契丹的全面而基本的史料《辽史·太祖本纪》中，进一步明确记载阿保机是“本部之夷离堇”。这里所说的“本部”，指阿保机出身的“迭剌部”。由于迭剌部是契丹族中的核心部落，所以阿保机作为迭剌部的首领，并追随痕德堇可汗，走到了契丹联盟中心的地位。当时，他正好是三十岁。作为“英雄”人生的起始，年龄不能算年轻。

模糊的前半生

阿保机出生于唐咸通十三年（872）。据说，他的母亲述律氏（述律氏是与契丹王室耶律氏通婚的部落，汉式称呼为“萧”氏）因梦见太阳堕入体中而受孕。他出生之际，满屋神光和异香，个头就像三岁的小儿，已能爬行。其祖母感觉他不同一般，于是养为己子，经常把他藏匿于其他帐幕，涂抹其面，不让别人见。他长到三个月已能行走，并能快活地讲话，预知到将会发生的事情，说自己有神人相翼卫。

所谓“光”什么的以及被藏于帐幕中的说法，与安禄山有共通之处。总之同属内陆世界流行的“异人传说”。不管怎么说，还散发着王朝始祖身上常有的奇谈的浓厚味道。在这种场合，它究竟具有多大意义呢?

与此相比，说他长大之后成了一个身高九尺的壮汉、能拉开强度为三百斤弓的猛男，或许更是作为游牧武人和军事指导者的重要因素。历史上所见游牧国家的创建者，大体上都是壮汉。加上善射，成为王者不可或缺的条件。阿保机就是这样一个大丈夫，因此十分有意义。

然而，除了这些类似趣闻的事情之外，只是简单记述了他协助父亲的弟弟（或称为“伯父”，感觉有些奇怪）述澜因此而活跃的一些事情，而对他当上夷离堇之前的事情没有怎么具体记载。如后文所述，可以推测他似乎曾是契丹名门的“纨绔子弟”。对于阿保机的前半生是否还有值得一提的事情，总的来说还不很清楚。在这一点上，和其他各个创建国家的英主们相比，界限是清晰的。

另外，他的姓“耶律”、名“阿保机”，都是契丹语，但很难知道其准确发音。关于契丹语，尽管至今已有国内外很多的学者进行过尝试，但是仍然没有达到解读、说明的程度。契丹帝国时代曾创制了大、小两种契丹文字。就表音文字的契丹小字来说，近年来不断有墓志铭等契丹字与汉字合璧资料被发现，或许在不远的将来解明之日就会到来。尽管属于画蛇添足，还是顺带说一句，关于阿保机的名字，在蒙古时代的波斯语世界史《史集》中，用阿拉伯文音写作 Abākī。或许与日本语 Aboki 的发音很相近。

沉没在黑暗中的祖先

我们对阿保机的先祖们更缺乏了解。这里再次冒昧地倒溯时光，将各种文献中片断留存的记载串接起来，则大致情况似乎如下：

“契丹”之名，首见于中国正史之一的《魏书》“契丹传”。在北魏初期的 4 世纪后半叶，契丹族已经游牧于西拉木伦河与老哈河两河之地，与库莫奚即后来的奚族也已经结成了松散的联盟关系。

登国三年（388）为北魏军所击破，是有纪年以来最初的记录。契丹族身上充满的独立不羁的气势，是与生俱来的。另外，当时契丹诸族分成了八个大部落，这是延续到阿保机时期的一个传统。

契丹的存在开始受到关注，是进入隋乃至唐代以后的事情。因采取目标为“帝国”的扩张政策，拥有四万多骑兵的契丹部族联盟已成为难对付的“不安定因素”。

由八部组成、以大贺氏部落为中心，契丹曾一度与唐通好，接受其国姓“李”，受到安抚。然而，契丹在万岁通天元年（696）大举动兵，一次次击退则天武后企图全力将其消灭而派遣的军队，使“周”王朝大为惊恐。但契丹最终还是战败了，首领被杀，部众投靠了东突厥。可是当东突厥国内因权力之争发生动荡，它立刻就再次归附了玄宗政权的唐朝，首领李失活获“松漠都督”之号。这是开元二年（714）的事情。从这个时期开始，出现了与安禄山人生的微妙的重合。

与安禄山的缘分

在契丹部族联盟的内部，不久相继发生内乱，大贺氏的统治结束，转入由遥辇氏取而代之成为统治中心的时代。那一时期的事情经过极其混乱，很难全面把握。

不管怎么说，作为出自遥辇氏的第二代首领，阻午可汗出现了。据说他是由实力派人物涅里拥立的。这个涅里，一般被认为是《辽史》所记阿保机的直系祖先雅里。至此，阿保机先祖的影子终于隐约显现了。

在玄宗朝长期的统治期间，天宝四年（745），阻午可汗受赐国姓，更名李怀秀，并受封松漠都督之号。这显然是一种怀柔政策。然而，聚集在阻午可汗麾下的契丹联盟并没有让唐朝如愿以偿，在当年内“叛去”了。此时作为范阳节度使登场的，就是在距此较早时间的开元年间已经在幽州长史张守珪手下积累了征讨契丹的作战经验的安禄山。

契丹和安禄山，被一种不可思议的“缘分”连接起来。安禄山所率领的唐军，击破了阻午可汗的“契丹叛军”。玄宗欲另封其他部落长楷落为“恭仁王”，让他接替松漠都督之位、施行统治，但是楷落已经自称“契丹王”。独立的态势已很难改变。

集玄宗之宠于一身的安禄山，为了进一步迎合帝意，奏请讨灭契丹，动员范阳、云中、平卢、河东之兵十余万，以奚为先导开始北伐，在契丹本土的西拉木伦河之南展开会战，结果大败。此后，契丹与安禄山之间又有几次交手，真的成了彻底的夙敌。此间，安禄山扩充军事力量，并笼络契丹和奚的骑兵，终于崛起。

但是，双方的缘分不解，如前所述，在进驻洛阳的安禄山背后，即幽州及其周围一带，一直受到来自契丹和奚联盟的威胁。尤其是，成为安禄山、史思明“心腹之患”的唐朝名将李光弼不仅出身契丹，而且实际上竟然是“契丹王”楷落的儿子。本应对唐采取对立态度的契丹，却出现了父子共同拯救唐朝的事情。仅此一点，契丹就与直接冲突的安、史的范阳军阀陷入难解的宿怨中。

同时兴起的契丹与沙陀

“安史之乱”成为契丹走向独立的一大诱因。此后，在中国各地割据的藩镇，只是热衷于在边境到处划分自己的势力范围，契丹虽然有时主动进攻，但是来自割据、衰微的唐朝的军事威胁已经基本上不存在了。总之，已经迎来了契丹联盟可以为所欲为的时代了。

契丹和奚两族，看透了呈衰落之势的唐室的情况，经常以几十人的首领结群进入长安，获赏赐而归。他们手下的人也以几百人为单位，逗留边境要地幽州。840 年，回鹘刚一瓦解，称耶澜可汗的契丹首领屈戌就用唐朝所赐新印换掉了从前回鹘所赐王印。但那只不过是为了获得赏赐的一件东西。

在唐咸通末年（860—873），契丹王习尔（或为习尔之）自立为巴剌可汗，于是契丹联盟逐渐强盛，版图扩大，以至于史书记载其“土宇始大”。也就是说，在沙陀族首领朱邪赤心镇压庞勋之乱、登上历史舞台的868年左右，契丹也开始扩张。开拓新时代的沙陀和契丹，是在同一时期崛起的。

沙陀在山西地方，契丹在其东北方的西拉木伦河一带，可以说是连根据地都相邻的邻居。只是近似于“现成品”的新政权沙陀，一直奉用唐室的“李”姓。而经历了长期与唐和拓跋政权相摩擦的历史的契丹，以自己是契丹为荣，很痛快地舍弃了“李”姓。契丹联盟的盟主，以自拓跋、柔然、突厥、回鹘以来内陆世界传统的“可汗”之号，作为自己的称号。

肩负“时代”的两个对手，在对待唐室和中华的态度上截然相反。这不能不说是一种似是而非的情形。

通向阿保机之路

对照诸书的记载，应当认为习尔的“族人”钦德才是相当于封阿保机为“夷离堇”的痕德堇可汗。在他的领导下，契丹自习尔以来的上升趋势一直不减。然而，痕德堇可汗做首领的时间或“在位”的期间，与阿保机自己掌握政权的时间明显交织在一起，各书的记载之间矛盾重重。

下传至阿保机本人的直接谱系中，在曾辅佐阻午可汗的雅里之后，可以举出毗牒、颏领、耨里思、萨剌德、匀德实、撒剌的等七代。据说他们个个都曾当过阿保机所出身部落迭剌部的“夷离堇”。只是每个人的事迹，太缺少具体记载。

撒剌的的长子就是阿保机。阻午可汗接受“李”姓是在745年。如果是那样，以当时为起点按一代大约为二十年来计算，大概是一百四十年。就生于咸通十三年（872）的阿保机的先世来看，除了他父亲和曾祖父的名字发音大致相同外，没有什么特别不合适的地方。

以上的记载如果属实，说明阿保机是出生在一个相当有实力的家族中。实际上游牧民的血缘、家系、身份方面的情况是很复杂的。从一个人向上追索，大概要比汉族的情况困难得多。在这一点上，可以说阿保机是具备了成为王者的资格和条件的。

但是契丹毕竟是由八部组成的松散联盟。拥有“大人”之名的各部部长经过协议，每三年选出代表。“契丹可汗”经选举产生，且为轮流制。君王之位不是限定在某一个人的身上。因此，这成为耶律阿保机必须跨越的第一个大障碍。

契丹与沙陀

建国准备

当上了迭剌部“夷离堇”的阿保机，在痕德堇可汗的麾下整日忙于对外征伐，北征室韦、南击奚、东讨女真。902年的秋七月，他率兵四十万西征河东、代北，掠获了九万五千人和大量的驼、马、牛、羊。河东、

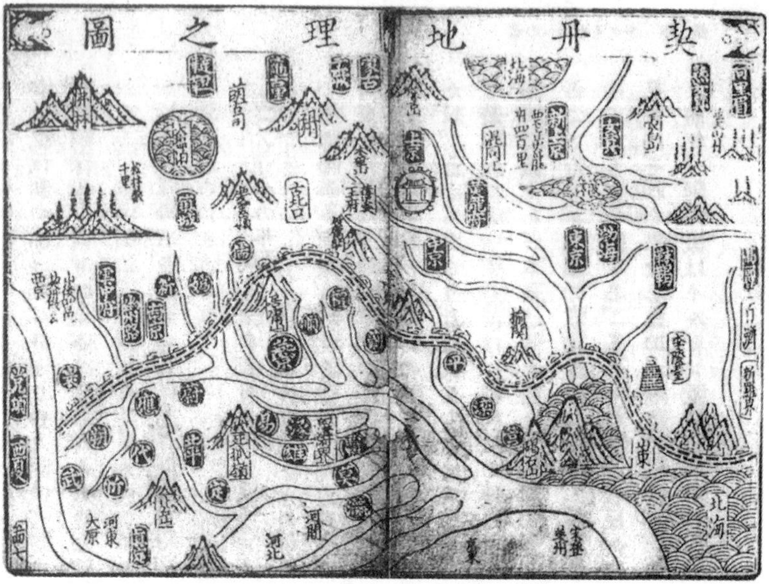

10 叶隆礼《契丹国志》(元刊本)所载《契丹地理之图》(北京图书馆藏)《契丹国志》是一部奇妙的书。作为契丹通史来读很方便，但是其记述辑自《资治通鉴》等书，特别擅长虚构，信用度差，仅有助于了解南宋末年士大夫们的心情。此图所绘为上京、祖州、燕云十六州等处。相当有趣。上方的“北海”究竟指哪里呢？

代北是沙陀的根据地。所谓四十万的兵力不过是一种夸张的说法，但是值得注意的是，已成为夷离堇的阿保机特别在第二年集聚相当多的兵力，对强大的沙陀的领地发动了猛烈的攻势，而且取得了很大的胜利。

对游牧民来说，对外征伐是和获得战利品有着直接关系的“生计”。为大型的远征做策划、制订方案、建立具体的组织；部署各个分散的部队进行有效的进军和作战，且尽量避免“流血”即伤亡，携大量战利品而归；认真把握和考量其作战表现、出兵人数和战功，进行众人认可的分配等等，这些是要求游牧民的领导者必须具备的最重要的条件。而阿保机出色地满足了这样的要求。

前一年，即阿保机就任夷离堇的第一年，他就稍稍敲打了易于征讨的室韦和奚，显示了自己的能力。尽管沙陀是劲敌，但是进攻河东、代北意味着大的利益收获。而且，这不只是个眼前的“获利机会”，如果击败强大的邻敌沙陀，对于整个契丹的安全自不必说，还会关系到今后的迅猛发展。那么自上代可汗习尔以来一直呈上升之势的契丹部族联盟，集结在新的壮年首领阿保机的麾下，确实是很容易理解的事。敢于进攻河东、代北并取得胜利，成为阿保机前途上的一大步。

同年九月，在西拉木伦河南岸建筑了龙化州这样一座围城，安置来自中华本土的百姓。又进一步开始讨伐背叛沙陀军阀、在安禄山的故土“燕”地自立的刘仁恭“政权”。在此前后，燕地的人们和军队多投靠契丹，或在适宜农耕的地区居住、开垦，或并入契丹的军队。自安禄山以来在中华本土的东北地区积蓄的多种族社会的力量，大多为处于上升期的契丹所继承。

设计这种“国家创建”的人，仍然是作为燕人的韩延徽和韩知古等人。据说耶律阿保机相信他们的智谋，把他们当做参谋和智囊团，什么事情都与之商量，听从他们的意见。在原有的“大本营”即可汗宫帐营之外，另外设置了作为国家中枢的有固定设施的政厅，修筑了大小城郭，建造了城镇和村落供汉族百姓居住。草原地区很快转变为牧业、农业和城市的复合体。在向四面八方展开军事进攻的同时，也推进了改变历史和景致的方案。在阿保机所领导的契丹迅速崛起的背景中，有着立足于长期观察之上的明确的“国家战略”。

云州会盟

在阿保机当上夷离堇后的新路线驶上轨道的第五个年头，即905年的秋七月，统率沙陀军阀的晋王李克用，派遣可能具有粟特血统的通事康令德到阿保机处，请求缔结盟约。这一年契丹也曾经大举进攻沙陀所控制的地区。首先为了避免这类事情，沙陀考虑到了“结盟”。但是并不仅仅如此。就在前一年，朱全忠将唐室迁至洛阳，八月弑杀昭宗而立最后的皇帝哀宗。朱全忠之汴梁军阀的优势正一年年明显。

因一只眼睛较小而被称为独眼龙、威名显赫的李克用，也已经五十岁了。有勇无谋的他，再怎么悲叹唐室的不幸，对于居城晋阳（指太原）被围攻的颓势也无能为力了。自负的李克用，暗地里咬牙切齿，但还是屈膝向小自己十六岁的契丹新星耶律阿保机提出了援助的请求。

冬十月，阿保机应李克用之请，发骑兵七万或可以说是族众三十万的大军，抵达云州，在其东城与李克用相见。“安史之乱”后长期割据的结果，使渐强的契丹和沙陀二者得以在草原和中华接壤的云州即大同之地直接接触。

双雄的会谈在平和的气氛中进行。二人一同进入帐内，推杯换盏、握手言欢。不久酒宴进入高潮，李克用提出为了报“木瓜涧之役”之仇，想借兵征讨握有“燕”地的刘仁恭。

话说回到八年前。在李克用与朱全忠的汴军全面对决之际，受李克用之命驻守幽州一带的刘仁恭，拒绝了李克用征兵的请求，还拘捕了他的使臣。盛怒的李克用打算讨伐刘仁恭，但是正当他在驻扎之地的阵地中狂饮时，大醉之中突遭敌骑袭击。李克用人还醉着，几乎是本能地亲自冲进了敌人的正中央，但是由于己方的步兵部队退下阵来，结果大败。其地，就是木瓜涧。或许是一片可以看到木瓜的谷地吧。

由于自己的疏忽，损失了很多主要的武将，还认可了刘仁恭的独立，这场直接导致陷入困境的败仗，对于自认是稀世将军的李克用来说，是一生最无法忘记的耻辱。那酒醒后无法挽回现状的悔恨，还有向根据地太原的悲惨之极的大溃退，等等。李克用把心里的话大概都对阿保机倾诉了吧。

李克用之提案

西边是李克用率领的沙陀部队、北边是阿保机率领的契丹部队，如果以骑兵为主力的两军形成夹攻之势，一鼓作气压向“燕”地，刘仁恭也只能陷入绝地。南边的朱全忠虽然势力很大，但却是以步兵为主力，即使急驰来援，首先时间上也来不及。因此，在摧毁刘仁恭之后，局面会发生大变化。对于沙陀来说，腹背之敌的二者当中，一方的刘仁恭被消灭，另一方的契丹会成为友军。沙陀会开阔视野，而朱全忠会失去“友邦”陷于孤立。这就是李克用的算计。

可以说这对契丹的领袖阿保机来说也是一个很具魅力的提案。早在两年前的903年，契丹军就已经侵扰“燕”的要地之一蓟镇的北边，掠人畜而还。在前一年的904年，阿保机准备征讨契丹的西北邻居“黑车子室韦”（七种室韦之一，构成后来蒙古联盟之一员的游牧部落，此时接近于无组织状态），刘仁恭却发兵数万加以阻挠。对于刘仁恭来说，北邻契丹联盟的发展、扩大只能是一种直接的威胁。前一年的掳掠事件，已经清楚地显示了契丹骑兵部队的威力。阿保机设伏兵消灭了北进的燕军，又成功地压服了室韦。但是，刘仁恭已经明显成为阿保机必须铲除的对象了。另外，对于契丹国的建设来说，“燕”地的人和物都成了不可或缺的资源。

李克用和阿保机的利害关系是一致的。李克用大概是预料到阿保机会赞同才说出提案的。而且沙陀与契丹相争，无疑只对刘仁恭和朱全忠有益。大概二人还谈到了镇压刘仁恭之后的事情，即如何处置“燕”地、“战后处理”等。事情究竟如何？只能说还是历史上的一个谜。

李克用又进一步说出了另一个提案。他说：“唐室为贼所篡，吾欲今冬大举，弟可以精骑二万，同收汴、洛。”就是说，在震慑刘仁恭的基础上，然后约期共同进攻朱全忠。由契丹和沙陀联盟打倒并消灭汴梁军阀。对于李克用来说，这无疑才是他真正的也是最终的目的。

阿保机接受了李克用的提议。两人交换了各自的外袍和坐骑，约为“兄弟”。契丹和沙陀的同盟暂且成立。更准确地说，是好像成立了。滞留了十天之后，各自回到了自己的大本营。离别之时，李克用准备了黄金和丝绸之类丰厚的礼物，阿保机也回赠了一千匹马和上万只牛羊。

阿保机的变卦

可是同盟并未结成。阿保机在当年就开始向刘仁恭发动进攻，并连续几年出兵。仅此而言，或许可以说完成了约定的一半。但是没有实施最关键的对朱全忠的大攻势。

这是历史上常出现的“转折点”之一。关于可称为“岔路口”的这一时期的事情，各书的记载略有不同。例如，《新唐书》是说相互约定应趁着冬季共同大举渡过黄河，但是由于唐昭宗被弑杀，不得已放弃了。只是该书以会盟为早一年即 904 年的事，正因为如此才成为有可能的理由。假如把它当做契丹回避出兵也就是“毁约”的理由，那么在服丧之后理应出现契丹和沙陀联盟。但是事实未能如此。

在其他将双方的会盟记为 905 年的史书中，解释的方式大体上偏向两方。一方面，《新五代史》、《契丹国志》如实记载的所谓阿保机回师后背约、向梁王朱全忠派遣使者的“事实”。另一方面,《旧五代史》以及明显沿袭其作者陈桱的《五代史补编》和《通鉴续编》却这样记载：

会盟之际，在阿保机全面同意提案后，左右的人都劝李克用伺机擒获阿保机。但是李克用不准，说："逆贼未殄，不可失信于部落，自亡之道也。"于是尽献礼物、送上归途。阿保机在离开云州后听说此事，遂背约转附朱全忠一方。为此，李克用曾感到十分遗憾。

实际上,阿保机由于自己险些被诱捕而发怒因此毁约的情节，似乎更合乎情理。但是说到底，真正的原因还是未知数。另外，此处不应忽视的是，据《唐太宗纪年录》，当阿保机离开云州之时，把其弟骨都舍利和一个首领沮禀梅二人留作了人质。

断念与独立

骨都舍利是个关键人物。"舍利"在契丹是仅次于夷离堇和"于越"的重要的游牧官职。出身于族长家族和王族的人能够任此官职。骨都舍利这个人，如果是《旧五代史》"契丹传"所见"舍利王子"、《辽史》"太祖本纪"的"皇弟舍利素"（或作"苏"。若是相当于蒙古语的 su，则具"威福"、"威力"之义），那么就是阿保机的幼弟，是 909 年讨伐幽州军阀时的军队主将，一个重要的人物。环视阿保机的近亲们，再分析当时的情况，是他的可能性最大。

与不断制造叛乱的其他四个兄弟不同，幼弟素表现忠诚，人也优秀，阿保机对他最为疼爱。他在阿保机的二十位"功臣"中，位列第一。假如把这样的弟弟留作人质，说明阿保机是绝不会轻视此次会盟的。他就那样期待着，而且十分认真。但是，事与愿违。尽管如此，他还是谦恭地使沙陀放了心，然后回师了。

包括这件事在内，如果客观地看待这次会盟，可知全部都是按照沙陀步调或是李克用的主谋发展的。阿保机一方也出于保护自身的考虑，特意率大军前往对方一侧的云州。虽然显示了仅有的配合，可是回师后立即联系朱全忠，说明他最终意识到与沙陀联合将弊大于利。

这不知是否就如陈桱等人所说，是沙陀方面不稳定的动向起了作用。总之，说明阿保机不喜欢受沙陀的摆布。也说明他立即与朱全忠联系是不愿意看到沙陀重兴和壮大。假如事情依着李克用的提案进展顺利的话，很有可能沙陀会统一华北，而正在进行建国准备的契丹将被其吞并。

说阿保机在那时已经控制了整个契丹，还为时尚早。首先，他还不是契丹的“可汗”。并且，在此后的一段时间里阿保机一直为亲兄弟们的叛乱所苦。他需要时间。就这点来说，中华的分裂和反抗是最合适的。

其次，李克用的提案似乎设计得很好，可是内容过于沙陀本位。阿保机半认真、半装样子地应对会盟，冷眼注视着李克用和沙陀的实际动向，也可以说是静观其况。大概阿保机在此基础上细心品味了李克用和沙陀的“内心”并看透了吧，所以改变了主意。

逆向组合

在第二年即906年阴历二月，朱全忠的使者经海路到达阿保机处，带来了书币、衣带、珍玩等礼物，形式上结成了梁和契丹联盟。也就在同月的月初，阿保机已攻打过幽州的刘仁恭。

上个月，刘仁恭向位于“燕”南部的重要藩镇“魏博”之地发动十万步兵，同样想占有此地的朱全忠也率更多兵力北行。阿保机的行动显然与此有关。另一方面，因兵力不足而不知如何是好的李克用，也令部下李嗣昭率仅有三千人的骑兵，加入到这场围绕“魏博”展开的争夺中，但是很快被控制同一方面的朱全忠军堵截。朱全忠继续北进，逼近了幽州的刘仁恭。一时间，仿佛朱全忠统一华北就在眼前。

四面受敌的刘仁恭，于同年九月竟向旧主李克用派急使请求出兵。李克用尽管痛恨他的反复无常，但是由于儿子李存勖说这是挽回实力的良机，于是答应了他的请求。李克用认为在“燕”地发生此前导致失和的征兵之后，如果隔山西之南、黄河攻打与朱全忠的大本营汴梁相望的“上党”之地潞州，汴军就会感到腹背不安而撤军。刘仁恭果然如其所言，立即派遣三万燕军赶往李克用的大本营晋阳，和李嗣昭等人所率晋军共同攻打泽州和潞州，十二月攻克其地。这样，沙陀总算摆脱了危机，获得了喘息的机会。而北进中的汴军也在次年即907年的正月不得已撤兵了。

事态的发展与云州会盟背道而驰。在形成汴梁和契丹、山西和幽州的框架中，朱全忠于四月终于废了唐室，登上帝位，建国号为“大梁”，建元“开平”。按历史上的惯例，这个政权被称为“后梁”。

通常，中国史以此后的时期为“五代”。然而，纷争并不是从这时才开始的。这只是一种基于王朝史观的原则的时代划分。事实上，尽管长期的战乱仍旧持续着，但是此后华北出现了这样一个核心的政治势力，呈现出整合的状况，清楚地预示着新时代大门的开启。

另一方面，李克用在对朱全忠“即位诏书”的愤怒之中，十月卧病不起，第二年即908年正月在晋阳离世。享年五十三岁。因镇压黄巢之乱而被起用之后的二十多年间，他在千军万马中骁勇善战，这样的人生就如同蜡烛燃尽一般，戛然而止。后来他的一生不断被传说化，应该也是很自然的吧。

三支箭遗言

《五代史阙文》记载了如下的逸闻。李克用临死之前，交给儿子李存勖三支箭，说：“一矢讨刘仁恭，汝不先下幽州，河南未可图也；一矢击契丹，阿保机与我把臂而盟，结为兄弟，誓复唐家社稷，今背约附贼，汝必伐之；一矢灭朱温，汝能成吾志，死无憾矣。”李存勖将三支箭存放在了李克用祠堂的院中。

这就是三支箭遗言，不能不说是一个美丽的故事。李克用没有放过刘仁恭。答应暂时与他联合，也只是为了彻底摆脱困境，进而阻止夙敌朱全忠的称霸。接下来就阿保机说了更多的话，说明怨气也最深。口气显示了李克用率真而坦白耿直的一面，还有自以为是且褊狭的人格以及与善于深思熟虑和灵活策略极不相符的性格。而对于朱全忠，说的话格外少。

结果，在五年后的913年，李存勖镇压了幽州军阀，搜出被儿子刘守光囚禁的刘仁恭，于次年即914年正月将其携往晋阳，在父亲李克用的陵前刺其心取其血，举行了顾名思义的血祭。又据《五代史阙文》，发兵征燕之际，李存勖为父亲的祠堂献上供物，告知即将出发征敌，遂取出那三支箭中的一支装入锦袋，令部将带在身上打先锋。凯旋后，将箭和俘虏的首级一起存放在祠堂内。据说在和契丹交战和消灭朱氏政权时李存勖也是这样做的。

余录

顺带想说的是，提到三支箭遗言，就联想到日本著名的毛利元就的故事。故事是说元就在七十五岁行将就木之际，为了保护一生创下的大版图和毛利家族，将继承人嫡孙辉元以及辉元的两个叔父，即他自己的儿子吉川元春、小早川隆景叫到枕边，递给年少的辉元一支箭，让他折断，又从若为三支就无法折断的道理训诫说，假如毛利、吉川、小早川三家维护团结，大毛利家族就能够平安康乐。这个故事本身好像是虚构的，但是有元就的亲笔书信留世，他在信中告诫去当养子的元春和隆景要协助自己的长子隆元维护毛利家族的名誉，说明这种事情的“源头”是存在的。

另一方面，故事的梗概或情节是《伊索寓言》里《农夫与子》

的翻版。《农夫与子》讲的是身为农夫的父亲为了让关系不和的儿子们和好，让他们折断树枝，从几根树枝捆扎在一起就无法折断的道理开始讲起，教诲他们如能和睦相处、齐心协力，就不会败于任何敌人。1593 年拉丁文写成的《天草本伊曾保物语》在日本出版，由此《本歌取》在江户期盛行，似乎可以认为这成就了毛利元就遗训的故事。

反过来说，《伊索寓言》里不是箭，也没有限定树枝就是三根。或许是通过《资治通鉴》等书，中国史上的名人李克用的“三箭”故事被拿来，使元就、伊索和李克用三者融合在一起，形成了上述的故事。另外，《资治通鉴》中，三支箭的故事是记在胡三省的注记内的。也就是说，只能在蒙古时代以后的《资治通鉴》中看到它。《资治通鉴》胡注本，在日本的江户至明治时期拥有很多读者。

成为真正的掌权者

阿保机的即位

云州会盟流产之后，到第二年即 906 年，幽州的刘仁恭、山西的李克用、汴梁的朱全忠三方展开了激战。在这一过程当中，只有阿保机率领的契丹假装“袖手旁观”，但却收服了南邻的奚和北邻的霫等近族以及东边尚未归附的女真族等，扎实地巩固了自己的基础。

还有，阿保机虽然抛开沙陀与朱全忠暂且结盟，但是实际上当朱全忠的使者再次来到契丹国要求履约时，阿保机却一再推托，始终没有付诸实施。毕竟那只不过是暂时与汴梁通好的权宜之计罢了。从这个意义上讲，不存在背叛沙陀之事。阿保机灵活的策略和谨慎的行动，以及契丹自立的强烈意志，给人以极深的印象。

此后的事情，据《辽史》“太祖本纪”，同年的十二月痕德堇可汗去世，宣称奉其“遗命”，阿保机被推戴为可汗。阿保机依例“三让”后表示接受，遂于第二年即907年正月即“皇帝之位”。

群臣为阿保机上尊号，称“天皇帝”，称皇后述律氏为“地皇后”。“天皇帝”大概相当于从前唐太宗等人被内陆草原的首领们所称的tengri khaan。而“地皇后”，如果用被认为与契丹语相近的蒙古语来说，就是ötögen qatun。

关于阿保机的即位，至今仍有各种不同的看法和意见。原因在于，九年后的916年二月再次举行了上尊号的仪式，尊阿保机为“大圣大明天皇帝”，尊述律氏为“应天大明地皇后”，大赦天下，始建元“神册”。二人的尊号中，天皇帝、地皇后是一致的，各分别冠加了四个字的美称，就是说阿保机曾两次即位。那么具体情形究竟如何呢？为此出现议论也是正常的。

以前争论的焦点是，应该视907年和916年哪一年为契丹国的“建立”或“成立”的时间？关于这一点，岛田正郎是这样说的：所谓907年第一次即位之时依照“燔柴告天”即点燃薪火祭天的古老仪式即首领位，实际就是指即位为游牧联盟组织的大首领“可汗”之事。这种“燔柴告天”的仪式，后来成为历代契丹皇帝即位之时接受国语式尊号的“上契丹册仪”（上契丹册书的仪式）。当时，与接受中华式尊号的“皇帝受册仪”（皇帝接受册书的仪式）配套举行。从这一点逆向推测，916年的所谓第二次即位就成为颁布中华式帝号和年号的仪式。就是说，还是以阿保机的契丹国建立于907年的看法为好。实情确实如他所说吧。

上述两种“册仪”，换种方式来说的话，是反映了作为以游牧国家的组织、体系、性质、传统为基础，囊括长城内外农耕社会的复合型国家的契丹所特有的两面性。阿保机以后的历代契丹君王都同时走可汗和皇帝两种“即位”的过场，但是就开国之祖阿保机来说，必须先作为契丹游牧部族联盟的可汗登上最高权力者的地位，然后过渡为中华式的名号和面貌，以新的至高统治者出现，他得走这样两段式的政治过场。仅此一点也说明阿保机并没有立即把独裁的权力握在手中。

余录

另外，虽然看上去是细小的事情，但是觉得格外重要，因此愿意在这里做一些注记类的阐述。这涉及907年所谓第一次即位时阿保机的君主号。完全倒向契丹一边的《辽史》作“皇帝”和“天皇帝”。而《新唐书》“契丹传”和《契丹国志》只作“王”，《旧五代史》“契丹传”

作“国王”，到《新五代史》“四夷附录”回避了明确的表示。这些书的共同点反映在可能不知该如何称呼或表记，采取了避开用非汉语表示的态度。

然而，《通鉴续编》却明确记为“可汗”即 khaan。陈桱大概看透了事情的本质吧。与其这样还不如说，在蒙古时代嫌弃、忌讳非汉语是愚蠢的，也是毫无意义的。对于《辽史》中“天皇帝”的称号，《旧五代史》“契丹传”和《契丹国志》同作“天皇王”，只是都是当做第二次即位的 916 年和那以后的事情来记述的。

关于称号等，或许会有感觉无所谓的倾向，但究竟是“皇帝”还是“王”？是“汗”还是“可汗”？这成为观察中华和草原两个世界的关键。如果在这些方面草率行事，那么理应理解的事情也会变得不可解。

迷雾重重的夺权与令人生疑的史书

说起来，阿保机 907 年的可汗即位本身就笼罩着可疑的阴影。诸书的记载模糊且不一致，很难推测事实真相。其中隐含着阿保机夺权过程中的疑点或是某种不祥征兆，使人不得不想到肯定存在各种不地道的事情。

关于这方面的情况，《辽史》“太祖本纪”一概未提。不过，在这种情况下沉默胜于雄辩。而且，正因为是所谓“内部”的记载，所以不能不使人感觉到应该有所隐瞒。另一方面，流传下来的可使用的主要记载就是北宋和南宋所编纂的东西了。因为是由“敌对势力”写成的，所以能够涉及己方人们无法记载的事情，反过来说，自然就会有单纯的误解、误记、无知和不足，还会出现故意的偏见、恶意、夸张、笔诛、捏造、虚构。

实际上，被认为是北宋名臣的欧阳修重大义名分、以所谓的“春秋笔法”编纂的《新五代史》（原名《五代史记》，完成于1053年）和《新唐书》（完成于1060年），后来虽然被广泛阅读，但是史实方面的误记很多，而且多带有“主观意识”，倾向性较强。同为北宋时期的编纂，薛居正等人于974年写成的《旧五代史》（原名《梁唐晋汉周书》，或作《五代史》）相对直接、朴素、杂乱，因此对于我们来说反而常常因“史料价值”高而成为好的参考。如前所述，北宋初年承接“五代”，974年之时北宋的前途尚未确定。契丹帝国和北宋和平共处已过半个世纪，与身处安定时期的欧阳修和他写两本书时的情况完全不同。

间隔大概三百几十年到南宋末期的13世纪中叶至后半叶完成的叶隆礼的《契丹国志》，引用了现在已经看不到的一些书，用起来比较方便，但是也常能看到误记、误会和错乱，“史料价值”因各部分而异。说来，撰写该书的真正目的在于为蒙古和南宋的交往敲响警钟，而北宋与大金国签订“海上之盟”时的契丹末期的事情才是关注的焦点。相反，对于契丹初期的事情，只能说是根本不关心，记述也很粗疏、随便。总之，史书有关阿保机夺权情况的记载本身确实靠不住。

打破三年轮换制

如前所述，阿保机夺权的“障碍”在于可汗选举制和三年轮换制。钦德即痕德堇可汗，如《新五代史》“四夷附录”所载改置“遥辇”那样，是属于辈出契丹联盟首领的遥辇氏一系。而作为夷离堇掌握实权的阿保机所属的迭剌部，如果所传不误的话，是个自古以来具有实力的名门，但是还不具有作为能出全契丹之首领的家族的资格。

《新五代史》说阿保机“亦不知其何部人也”，纯粹是明知事实却故意歪曲、贬低。对此，《旧五代史》“契丹传”记为：“及钦德政衰，有别部长耶律阿保机，最推雄劲，族帐渐盛，遂代钦德为主。”可以说直接地记载了基本事实。由于遥辇氏的钦德已经没有什么希望了，所以“别部”即迭剌部的首领耶律阿保机因“雄劲”而受到推举，成为夷离堇。其结果，契丹蒸蒸日上，阿保机遂取代了钦德。这样的解释，大体上符合事实。问题在于“代为主”。

梳理各书的记载可以看出，原本分为八部的契丹，各有号为“大人”的首领，习惯上推举其中一个大人，整顿旗鼓立为“主”，使其统领整个八部。旗和鼓是军权的象征，意味着立其人为军事首领。契丹联盟一遇灾害、牲畜减产，就会由八部“集议”，选出下一任首领。没有灾害的平常时期，定每三年进行选举轮换首领。不过，到阿保机成为“主”，恃强抵制轮换，终于自立为国王。总之，阿保机继承汗位乃至独霸政权是有问题的，可以说是凭借实力抵制轮换的产物。

与此相关，流传着非常有趣的三个故事。首先，据贾纬的《备史》，当初云州会盟之际曾发生过这样的事情。阿保机说："我蕃中酋长，旧法三年则罢，若他日见公，复相礼否？"李克用听罢此话回答说："我受朝命镇太原，亦有迁移之制，但不受代则可，何忧罢乎！"于是阿保机听了李克用的教唆，没有接受各族要求的轮换。李克用身为节度使，原则上也面临"迁转制"的任期，所谓可以无视其规、继任下去，是提醒藩镇权力应有的状态。实在可笑。李克用的意思是说，我实际上就是这么做的，你阿保机也努力吧。真是一针见血。人物、场景、时机都一应俱全了，然而事实究竟如何还不好说。

其次，赵志忠的《虏庭杂记》如是说：太祖番名谓阿保谨，天生智慧。八部之主爱其雄勇，遂退旧主阿辇氏（指遥辇氏），使归本部，立太祖为王。所说阿保机继位本身是基于其能力的和平换代，与前引《旧五代史》"契丹传"的说法基本一致。另外，《编遗录》说 908 年阴历五月契丹王阿保机和前国王钦德曾向朱全忠的后梁政权贡献方物。由此可以视为那是一次和平的换代，而且前国王平安无事。

然而《虏庭杂记》又这样说：因没有发生灾害、畜牧业生产兴旺，人们安居乐业，所以王的换代也就没有实施。是说如果自然条件允许、能得到民众的支持，不一定限定为三年必须换代，可以继续为王。从前王痕德堇可汗即钦德的在位时间来看，也显然重复了几个三年任期，因此汗位的连任是可能的。也就是说，只有阿保机独霸王位是有问题的。那么，前述所谓李克用的建议什么的，尽管很有意思，但只能是一种虚构。

另据《虏庭杂记》，当时契丹那里有韩知古、韩颖、康枚、王奏事、王郁等人，都是中华之人。据说他们曾共劝阿保机抵制换代。这的确似乎很有道理。就是说独霸汗位即把王位固定于阿保机一人身上的事，是由出身中华的人们提出来的。他们劝言就此打破契丹数百年来的传统、由特定的人物及其家族承袭王位即确立“王权”和王统才是最重要的。这对于任何中华文明框架内的人，都是很自然的思想表达。他们所追求的是建立安定的“国家”。这与阿保机的考虑是一致的。这个故事与下引《新五代史》的记载有关联。

谋杀诸部大人

以下这个故事发生的时期，是从幽州军阀刘仁恭被其子刘守光谋算、囚禁之后到907年以后。原文大意如下：

刘守光暴虐，其管下的幽州和涿州的百姓大多逃入了契丹。而阿保机也乘机侵入，攻略城池、俘获百姓而归，在契丹的领地内建筑城郭，予以安置。那些汉人对阿保机说：“中国之王无代立者。”于是阿保机愈发威慑诸部，不打算换代。这样，在阿保机即位后的九年，诸部一致谴责其久不换代之事。因此阿保机不得已归还了象征君主权的旗和鼓，说：“吾立九年，所得汉人多矣，吾欲自为一部以治汉城，可乎？”各部答应了。

所说的汉城，位于炭山东南、滦河之畔，具盐和铁之利。也就是从前北魏的滑盐县之地。那里五谷丰登，阿保机率汉人耕种，仿幽州的方式建筑了城郭、邑屋和廛市，因此汉人百姓安居于此，不思回归。阿保机一方面明白这样的百姓必将有用，另一方面采用夫人述律氏的计策，派使者通告各部大人，说："我有盐池，诸部所食。然诸部知食盐之利，而不知盐有主人，可乎？当来犒我。"诸部以为是，共携牛、酒会于盐池。阿保机设伏兵于盐地之侧，伺酒宴进入高潮，发伏兵尽杀诸部大人。由此自立为王，再无换代之事。

这究竟多大程度是真实的、多大程度是故事或传说呢？其中又有多少虚构和改编呢？至今无法确知。只是，故事的脉络本身与《资治通鉴》胡三省注中所引《汉高祖实录》、《唐余录》所述一致。《新五代史》的这一部分，显然沿袭了涉及"后唐"高祖李克用的两种失传的书等。《新五代史》尽管满眼可见欧阳修独特的笔触、改编和润色，不过在这里还是相应地依据严格的出处做了叙述。另外，无论是前引《备史》还是《虏庭杂记》，《通鉴》胡注都有所引述。假如没有胡三省的引述以及据其所做的考证，后世的我们将非常难办。

虽说如此，迄今为止注意到这个故事的人们大多认为，这是一个为阿保机权力的确立进行粉饰并使之正当化的奇谈。因此，即便有过这样的事情，也以为是阿保机第一次即位之前发生的事情而并不怀疑。然而事情果真如此吗？

实际上，故事的重点都很具体而明显。例如因刘守光而反映出来的时间限定、因他的暴虐而引起的百姓北走。这是不争的事实。还有，汉城的存在以及位于炭山和滦河地方之事，为蒙古时代的一大史料即王恽的《秋涧先生大全文集》特别是收入其中的《中堂事纪》所明言，可以证实其真实性。而其附近的盐地也确实存在。

"九年"之义

然而最具意味的是"称王以后九年"的说法。胡注所引《汉高祖实录》、《唐余录》也视为阿保机的话，说他说"我为长九年"。按照契丹联盟的习惯，每三年举行一回选举或换代，如前所述这原本很有可能再选出同一个人，而以三年为单位，九年恰好是三个回合。这里最为关键的是，从第一次即位的907年至第二次即位的916年，正好也是九年。

顺带说一下，阿保机在这九年间勤于"内政"，对外活动方面相对保守。值得注意的是，在916年之前的912年至915年的四年间，阿保机完全没有对外进行远征。好像忙于稳固基础的"内政"而无暇考虑"外征"等事一样。而且，连外国和属国的来贡，除了"初年"907年和州（高昌）回鹘来贡之外，直到神册元年再无动静。这一事实也不容忽视。

在此，显示了一种可能性。就是阿保机虽然于907年当上了契丹联盟的"可汗"，但是与直到痕德堇可汗为止的历代可汗们一样，也不过是以三年改选为原则之选举换代制下的君主。大概阿保机是在几次再选后遭到了契丹各部落不断增长的不满，为了巩固自身和家族的君主权不致旁落而采取了什么行动。很有可能就是在盐地诛杀各部大人，那么他的夺权则充满了血腥味。

仅此来看，具有近六百年历史的契丹八部制的结构曾经是强有力的。阿保机迈向权力巅峰的步伐不得不经历了 907 年和 916 年的两个阶段，这是不容否定的。欧阳修的《新五代史》，或许可以说是在充分意识到对北宋造成有形或无形压力的契丹帝国的基础上，就契丹帝室不愿触及的、阿保机身上围绕“建国”所发生的不祥的事情，冷静地做了记述。

阿保机与李存勖

“父”与“子”

那么阿保机和沙陀的缘分是否就此完全中断了呢？实际上并非如此。这一点很有趣。云州会盟之后，阿保机忙于执掌自己的权力；沙陀也经历了绝地重生、奉为精神“领袖”的唐室的衰微、夙敌朱全忠颁布皇帝诏书、李克用的去世等等，局势也不稳定。可就在第二年即 908 年正月，李存勖的使者前去拜访已成为契丹“可汗”的阿保机，并正式通报了晋王李克用去世的消息。

使者的“告哀”与李克用的去世发生在同一个月内，说明李存勖几乎没有耽搁地立即通知了阿保机。对此，阿保机也立刻派使者前往已袭晋王位的李存勖处吊唁。这也发生在同一个月内，说明沙陀和契丹相继互派使节进行往来。契丹和沙陀的关系，似断非断。李克用对阿保机的仇恨，没有传给儿子李存勖吗？

在相继遣使往来的过程中，意味颇深的是，二十四岁承袭亡父之位的李存勖向阿保机提出了新建议。《旧五代史》“契丹传”记载的情形如下：

那是李存勖遣使告哀时的事情。李存勖的使者向阿保机献上“金缯”即黄金和丝绸，请求他率骑兵前往救援伸入朱全忠政权之地而形成孤岛的潞州。对此，阿保机的回答令人惊讶：“我与先王为兄弟，儿即吾儿也，宁有父不助子耶！”

李存勖遣使是为了求得与阿保机的合作。转告父亲去世的“告哀”，可以说是一种借口。至少，李存勖不想和已经成为契丹联盟之“可汗”的阿保机结怨。于是想要通过“父”“子”的形式重修三年前的“旧好”。以前李克用是“兄”、阿保机是“弟”，沙陀处于上风。但是现在阿保机是“父”、李存勖是“子”，已经成为契丹可汗的阿保机很顺利地处于了绝对上风。

危机与打算

李存勖领导下的沙陀，危机已经迫在眉睫。“军神”李克用去世之后，当时谁都不清楚年轻的李存勖是个怎样的将领。他看上去不过是个熟知音律、喜好歌舞的不折不扣的“纨绔子弟”。他的特殊能力和雄才大略，只有父亲李克用知晓，他人当中也只有被朱全忠所杀的唐昭宗看出过。

另一方面，朱全忠刚一得知妨碍自己称霸的夙敌李克用已经去世，就立即发兵攻打了上升为双方攻防焦点的潞州，是自然的及早应对。李克用是正月四日去世的，而这是其后不久发生的事情。事态十分紧迫。

李存勖甚至没有时间服丧。因监军使张承业对他讲在此危机时刻挺身而出即为“行孝”，李存勖于是决心全面掌权。他拉拢握有实力的叔父李克宁推戴自己，后来觉察到叔父心中的不满，遂于次年二月诛杀了李克宁等人，控制了沙陀内部。李存勖遣使告哀是在那之前，即经历了父亲去世和服丧期、奋起反击汴军进攻之时。这时一旦遭到契丹来自背后的袭击，则万事休矣。反之，假如能够得到阿保机的援助，就能赢得将来。李存勖提出合作和援助的请求，或许出于真心，也或许是背水一搏。

阿保机爽快地答应了李存勖冒险提出的建议。同意出兵可能也是认真的。这与同李克用订立的“盟约”，既相似又有不同。阿保机在当上可汗的基础上，庇护一个前途未卜的青年、援助不得不以那个人为首领的沙陀，可以间接控制沙陀军阀、进而达到统治的地步。根据情况，还有可能将沙陀完全变成自己的“属国”。实际上如后所述，在二十八年后的936年，阿保机的继承人尧骨乘沙陀军阀发生内讧，支援驻留太原的首领石敬瑭，协助他推翻后唐第四代皇帝李从珂，催生出石氏为首领的沙陀第二王朝“后晋”，使之属国化。

“父亲”要援助“儿子”，阿保机这漂亮的话语让人感动。而且如后所述，实际上很有可能在阿保机和李存勖之间弥漫着这样一种感情。即便如此，从政治策略来看，这对于阿保机也是利多于弊的合作。如果不提供援助、视而不见，一旦朱全忠吞并了沙陀，华北就只剩下从父亲刘仁恭手中夺取幽州军阀的刘守光。尽管人数不多，但是假如朱全忠现在以沙陀的精锐作战部队和骑兵打“先锋”，去进攻幽州的话，幽州将会怎样应对？究竟会不会抵抗呢？

一旦刘守光不战而与之联合，朱全忠称霸华北的态势将会一气达成，最坏的情况下，可能朱全忠会让沙陀、幽州的两军打头阵，而他的梁军会直接进攻契丹。假使朱全忠足智多谋，他会轻而易举地动员契丹背后的室韦七部族和东北的渤海国。对于刚刚启程的新生的契丹国来说，这无疑是一场噩梦。阿保机当然会有所盘算。

“超新星”李存勖

对于朱全忠，这的确是一次极好的机会。以各个击破的方式控制华北，顺势肢解契丹或使其归顺，甚至可以恢复往昔唐帝国那样的势力范围。他一定想到了不具备强大军事力量的华中和华南的那些中小“王国”会轻易地俯首称臣。那么，大梁帝国的出现就是必然的了。

然而，年轻首领李存勖是超乎阿保机、朱全忠等大概所有人

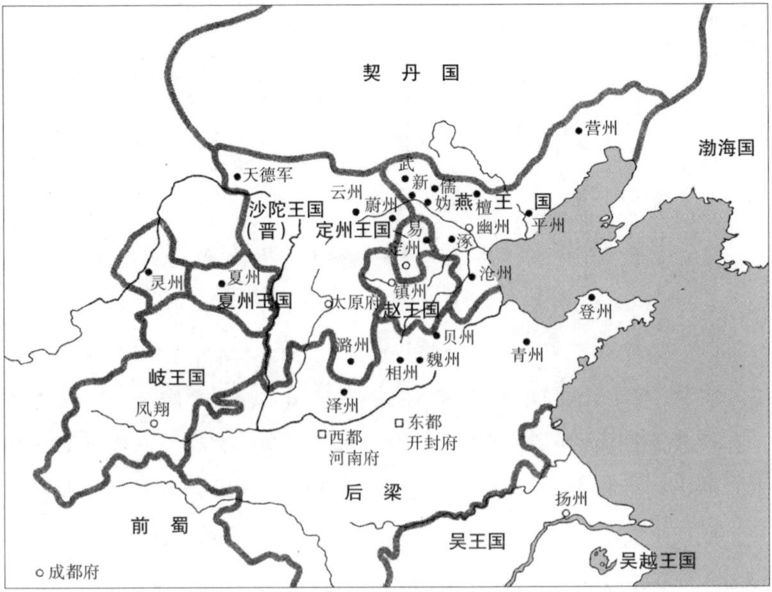

11 后梁占据优势的中华

意料的军事将领。在潞州，沙陀将领周德威和梁将李思安交战，相持不下，到了三月，朱全忠终于亲率大军赶到了邻近的泽州，再整军队、部署消灭沙陀的大阵，驻营长子县。李存勖命孤陷敌阵的周德威军撤回到太原。勇将周德威的撤军，被梁军认为是沙陀因李克用去世和“大丧”而丧失了战斗意志，他们觉得潞州的陷落不在话下，沙陀军更不会出击，恐怕还想到了不久即可将其征服吧。就这样彻底放了心。朱全忠以为战事已经结束，甚至没有继续安排哨探，就自己渡河回到了洛阳。他根本没把李存勖放在眼里。

李存勖得知梁军未设防备，遂对部将们说：“汴人闻我有丧，必谓不能兴师；又以我少年嗣位，未习戎事，必有骄怠之心。若简练兵甲，倍道兼行，出其不意，以吾愤激之众，击彼骄惰之师，拉朽摧枯，未云其易，解围定霸，在此一役。”

从太原出发的沙陀军，用五天时间赶到潞州以北。五月一日拂晓时分，大雾弥漫，李存勖亲率军队埋伏于三垂岗。到了早上，雾气依然遮天蔽日，于是乘机向敌阵移动。李存璋和王霸带领属下烧毁敌寨；周德威和李存审二人分道进攻；率领亲卫军的李嗣源率先冲击，就这样从三个方面向梁军发动了袭击。梁军惊恐万状，向南败退。一路散落武器、铠甲，被杀人数逾万，主将符道昭以下大将级的将领三百人被俘，粮草百万斤被劫获。梁军大败。

形势发生了逆转。朱全忠得知战败的消息，哀叹道："生子当如是，李氏不亡矣！吾家诸子乃豚犬尔。"

关于这场战役，有逸闻流传下来。说是在十九年前李存勖五岁那年的龙纪元年（889），父亲李克用上三垂岗打猎，岗上有玄宗皇帝之庙。李克用在庙前供酒、令人奏乐之时，"伶人"即乐师奏响《百年歌》，说唱起玄宗年迈时的情形，声音悲切。李克用捻着胡须指着年幼的李存勖说："老夫壮心未已，二十年后，此子必战于此。"结果真的发生了这场战役，应验了李克用的话。李克用和李存勖父子，非常适合戏剧性编排。

三极命运

命运实在是令人不可思议。朱氏的后梁因这一仗而走上了下坡路。相反，沙陀在李存勖这个超人般的指挥官的带领下，显示了超过李克用初期时迅速出击的优势，占据了华北政局的中心位置。

阿保机原本打算“出兵”，可是在转瞬即逝的潞州之战中，不仅谈不上庇护沙陀，还明白了原来视为“子”的李存勖竟然是个“超新星”。他的打算像虚幻的梦一样消失了。

此后八年多，在华北只能见到李存勖恣意纵横的活跃身影，而年长他十三岁的阿保机却陷入了忙于应付兄弟和族人们不断叛乱的境地。这些“叛乱”显然是要效仿阿保机的“夺权”。契丹可汗的地位愈发不稳了。从 907 年的第一次即位至 916 年的第二次即位，对于阿保机来说，确立君主权依然是一条“荆棘之路”。

另一方面，朱全忠把财权委托给养子博王朱友文，把行政权、军权交托心腹敬翔，自己集中精力与沙陀、幽州以及淮南的杨行密、杨渥父子展开军事对决。潞州之战三年后，朱全忠在洛阳卧病不起，命朱友文之妻王氏从汴州召回朱友文，准备逐出郢王朱友珪。此举的背景与朱全忠以众儿媳们为情人、王氏和朱友珪之妻张氏争宠的惊人事件有关。出于恐惧，朱友珪于 912 年六月杀死朱全忠，加罪于朱友文而将其杀害，随后即位。但是禁军发动叛乱，朱全忠的第三子朱友贞乘机与驻守洛阳的侍卫亲军都指挥使袁象先联手杀了朱友珪，自己即位，称为后梁的末帝。以后梁为名的汴梁军阀，其惨淡之状预示着自己的灭亡。

阿保机和李存勖这两颗巨星发生正面冲突，是916年以后的事情。此前阿保机忙于镇压内乱以巩固基础，没有展开大的攻势，但是一直注视着李存勖的进展。从这一年的秋天开始他一下子转为攻势。只能又一次说明916年二月“再即位”的意义是很清楚的。就是说，阿保机好不容易在这个时候才作为契丹国的真正君主站稳了脚跟。

不可避免的冲突

李存勖主要以华北平原为战场反复与后梁军作战，逐渐逼得敌方走投无路。尤其是在朱全忠还活着的911年正月，在发生于河朔平原中心地区柏乡一带的两军主力的决战中，取得了比潞州之战还要大的胜利，缴获了更多的战利品。而且，从同年的十二月起，与李克用遗言中提到的复仇对象幽州军阀刘守光开战，如前所述，李存勖将其彻底消灭，吞并了燕地。

就这样，到了此前已谈及的916年。到这一年的三月，与梁军的华北争夺战已经度过了最艰难的时期，沙陀居于上风的形势显而易见。另一方面，由王檀率领的后梁同盟军期盼局势一下逆转，企图从西南方向突袭李存勖暂时不在的大本营太原，但是最终也被击退。梁帝朱友贞不得不叹息道：“吾事去矣！”结果，这一年之内位于黄河以北的河朔之地尽落沙陀之手。

短时期内，在“时代”宠儿李存勖的麾下，除了以勇猛著名的原有沙陀兵之外，还出现了“蕃落劲骑”的身影，这是些异族游牧民骑兵。他们每逢战斗，都尽情发挥铺开作战的优势，充分显示了骑兵部队的威力。自李克用以来沙陀军一直是司令官亲自冲锋在前，以惨烈的肉搏战威慑敌人。现在因此又增加了一张王牌。

在此前很长的一段时间内，梁军凭借丰富的财源为基础、发动大量兵员并配备辎重充实的物力大规模投入作战，一直在诸军阀中处于优势。但是面对从“面”上可铺开、从“点”上可突击、或两种方式并用的新沙陀军，梁军也只能甘拜下风。而且朱全忠又卧病不起，不久被杀，后梁一时在精神和物质方面都失去了中心，只能衰败下去。

按照汉文说法被形容为“部落帐族”、“驰马励兵”的新加入的游牧系部队，就是908年李存勖提出与阿保机合作之际另以重金收买的“北蕃诸部”。看来不仅是室韦、吐谷浑，甚至包括奚和契丹在内的各方面的人中，因阿保机的统一、建国和夺权等活动而受到挤压、不被新生的契丹国认可的人们不在少数。

阿保机答应了李存勖的请求，可是他自己和契丹国的军队没有直接出动，于是包括对他本人心怀不满和反对的势力在内，各种游牧系的骑兵投到了李存勖的麾下。对此阿保机竟没有什么反应，也没有专门去干涉。在这一点上，阿保机遵守了盟约，间接地为沙陀解了燃眉之急，对于908年以后李存勖的迅速发迹也基本上保持了“善意”的态度。

但是出乎意料，李存勖壮大起来了。沙陀已不是从前的沙陀了。不仅仅是沙陀的属民，就是周围的大小政权也都不可否认地期待着统治中华的“中央权力”的出现。

而阿保机方面态势也已具备。阿保机和李存勖两个人之间的交情究竟如何，恐怕已经没有什么关系了，契丹和沙陀作为国家和组织，它们两个初升的朝阳之间发生冲突，已在所难免。这是贯穿草原和华北的两大势力之间的激烈碰撞。

阿保机的南进与策略

首先行动的是阿保机。916 年初秋的阴历七月，他亲征突厥、吐谷浑、党项、小蕃沙陀，尽数降服。俘获大小头目以及百姓一万五六千人，缴获铠甲、武器、军服九十多万件；宝物、马匹、牛羊无算。表面上不易知其出征目的地的这次军事行动，成为进攻沙陀领地的第一步。

当时，这些游牧部族分散为各个小规模的部落，游动在草原和中华地带之间。其中，从阴山一带到鄂尔多斯和云州北境，活动着不少半归属沙陀又保持相对独立的人群。他们基本上属于“无组织”的武装势力，对于沙陀军阀来说，大概就是游牧骑兵的供应源之一。

阿保机首先进攻了这些势力，将其纳入自己的军队，从而消除了南进时的不安定因素。之后于八月，明智地放弃直接进攻沙陀北部守卫重地云州，出其不意地暂且迂回至黄河西岸的“河曲”之地胜州和麟州，从那里再东渡黄河。一时间，同属大同盆地但位置偏北的朔州，部队蜂拥而至。

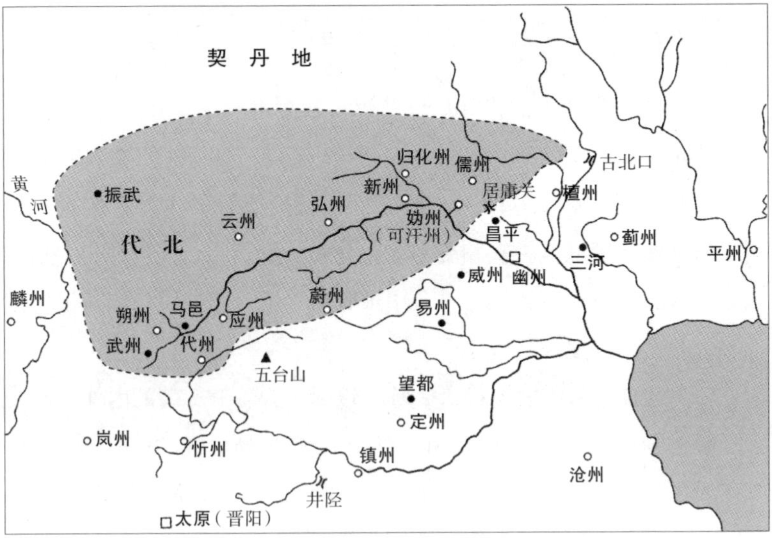

12 山后地

朔州当时由李克用的养子振武节度使李嗣本驻守。他平常强硬得好像是个很威严的可汗，然而当契丹军迅速攻克朔州时，就成了俘虏。阿保机一边寻机勒石记功，一边派使臣前往已成孤城的云州。然而使臣被朔州防御使李存璋斩杀，为此契丹军包围了云州，李存璋拼死固守。自朱邪赤心以来一直是沙陀之地的大同盆地及其周边地区，眼看就要一下子落入契丹之手。

稳定了河朔方面的局势、九月刚刚返回大本营太原的李存勖，就接到了云州吃紧的战报，他立即亲自北上救援。然而走到位于朔州之南的代州时得知契丹军已撤退，遂放心地返回了太原。但那不过是阿保机的虚晃一枪。

在冬季到来的十月，契丹军大举东进。十一月，进攻蔚州、新州、武州、妫州、儒州等五州，斩首一万四千七百余级。华北平原和蒙古高原这两大平原之间，是恰似阶梯式舞台那样延伸的盆地状区域。将武州更名为归化州、妫州更名为可汗州，是因为这两个州已在契丹的攻袭中被收服，或许可以说已经成了阿保机的直辖领地。

这样，从阴山、鄂尔多斯一带起，为后来所谓的内外长城线所包围的“山后”或“山北”之地的大部分地区，一度成了契丹的领地。顺带说一句，那时后梁和吴越的通好使臣同时来到了契丹军营。阿保机让他们作为“观战武官”参观了契丹军的武力和战果。

新州之崩

阿保机率领的契丹军不曾北还，就在原地过冬。进入 917 年，局势更加动荡。

负责该地防御的沙陀方面的最高指挥官李存矩，以威塞军防御使驻守新州，抵御契丹军，但被部下叛杀，主谋是能干的部将卢文进，他举所部投降了契丹。李存矩是李存勖的爱弟。这对沙陀方面是一个莫大的打击。

此前李存勖消灭幽州军阀刘守光之后，派骁将周德威驻守其地，将西边与幽州相望的“山后地”交弟弟李存矩把守，想以此铸成铜墙铁壁之阵。然而李存矩骄横怠惰，将分内政事推给宠爱的侍女，在部下当中信誉大失。另外，李存勖为与梁军抗衡命弟弟李存矩在“山后地”招募劲兵，更引发了从百姓中乱征的事件，军人和百姓怨声载道。

大概就是在契丹军即将东进之前，李存矩派幽州军阀降将卢文进为统帅，送五百人的骑兵南行到他兄长那里去，并且亲自同行至半路。但是被派送的那些人都不愿意远行，为此李存矩也没有采取特别的补救措施。这只能说他别说当什么将领了，就连当一个前线指挥者都不够格。

这些骑兵当中，有一个名叫宫彦璋的小校，他半夜与士卒们商议，说：“闻晋王与梁人确斗，骑兵死伤不少。吾侪捐父母妻子，为人客战，千里送死，而使长复不矜恤，奈何？”

于是，经众人决议，乘李存矩在营帐内熟睡之时袭杀了他。众人又推举不受欢迎的卢文进为首领进攻新州，但被击退。转而进攻武州，也未获成功，失去了容身之地，只好随卢文进投降了契丹。这是 917 年阴历二月发生的事。

李存勖的抗议

至此，李存勖致书阿保机，指责他既“与武皇（李克用）屡盟于云中，既又约为兄弟，急难相救，至是容纳叛将，违盟犯塞”，乃毁约之举。这是《旧五代史》所载内容，可是多少有些奇怪。事实上，一直是李存勖一方在接受阿保机的援助。相反，自上代的李克用以来阿保机从未得到过沙陀的援救，常常是沙陀为打破困境就提出合作。阿保机的反应是随机应变。

假如李存勖这番话是真的，说明李存勖曾相当信任阿保机，或者说明他是个非常自我、任性的人。不过按中华本位的记载，身为“夷狄”的阿保机自然是要被否定的。但是如果按照这样的逻辑，就有过分偏袒李存勖的嫌疑。尽管还不清楚其中真伪，然而李存勖为阿保机自如的进退所摆弄、加上爱弟又去世，看上去他似乎处于一种歇斯底里的状态。

李存勖是个少见的人才，但又是个过分自信、过分看重名誉的人。即便成功不是源于自己的决策，他也会把部下的功绩贪为己有。此前一年，当后梁的王檀突袭太原之时，留守部队人数太少，情况危急。监军使张承业等人意识到若太原就此陷落则沙陀无梦而终，遂拼死固守，连已退役为预备役的安金全也奋起作战，终于击退了敌军。尽管如此，回来后的李存勖毫无反应，似乎什么都没有发生过一样。

过分自负、不重视他人，自李克用以来就是这个家族的品质。特别喜欢被人尊崇，却非常缺乏对他人的关爱。战场上鬼神般不寻常的活跃，与平日里缺少心理平衡的感觉迟钝，竟然共存于同一人之身。尤其是李存勖，他在进入政局后从未尝过失败的味道。他的精神也许就这样不得不一步步地远离了常人。

第三章

走向南北共存的时代

两轮升起的朝日

两军的激战

契丹与沙陀之间的进攻和防御，就此正式拉开。熟知地形的卢文进作为契丹军的向导进攻了新州。沙陀守将刺史安金全虽然八年前曾解太原之危，但是这次却不抵契丹军的猛烈攻击，弃城而逃。契丹以卢文进的部将刘殷为刺史驻守新州。

针对“山后地”已尽入契丹的事态，晋王李存勖令幽州的周德威集聚燕、并（河东）、镇、定、魏等五镇之兵，率三万人出兵居庸关之西，奔新州而去。镇、定、魏是分别与沙陀政权结盟的河朔地方的大军阀。收拢其地援军的周德威军可称为一支联军。阿保机也亲率数万契丹军，号称三十万，向东挺进，两军

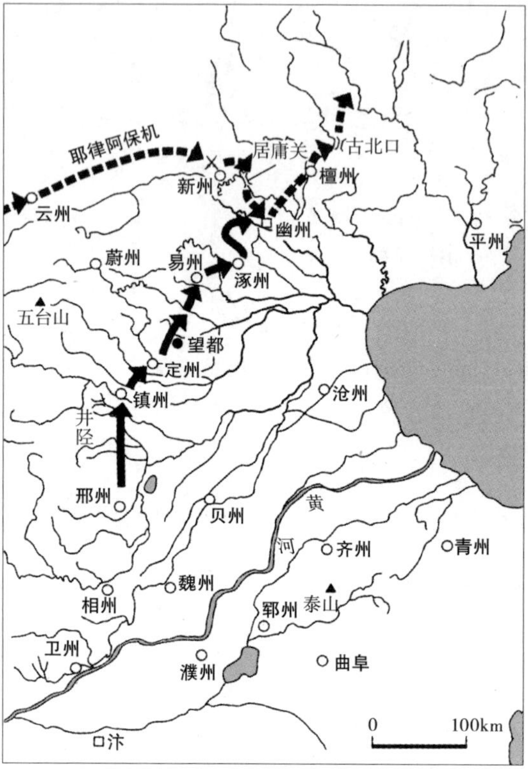

13 第一次契丹—沙陀之战

在新州东郊展开了激战。这是契丹与沙陀之间的第一场战役。

结果，面对压倒多数的契丹军力，那样身经百战的周德威也寡不敌众，惨败得几乎全军覆没。取得斩首三万余级大胜的契丹军，追击敌方残兵赶至河北平原。阿保机一方面命皇后述律氏的一个弟弟阿骨只（阿古只）为统军、一个弟弟实鲁（室鲁）为先锋，率领一支部队扫荡了河朔地方；另一方面亲率主力包围了幽州。此时，契丹故意声称拥兵五十万或百万，以示威慑。实际上在幽州、蓟州北面一带，平原和山谷之间布满了契丹军的幌马车和帐篷，还有羊、马。

幽州的攻防

本为燕地之人的卢文进，教给契丹人如何制造各种攻城用具，如称为飞梯的特制梯子、称为冲车的突击战车等，契丹人将其列布于幽州城下。并挖通地道，昼夜不停地从城的四周一起攻城，而城中的人们一旦发现地道口，立即点燃油脂投入洞口，以此应战。契丹方面更垒起土台，打算借此翻越城墙，但是城中的人们化了铜水浇向契丹兵。半月之间，奇策百出，日死上千人，可是攻城仍未停止。幽州的军民已疲惫不堪，但总算勉强保住了城池。

周德威派使者抄近道至李存勖处告急。而那时李存勖正与梁军隔黄河相峙，他考虑到如果分兵则援兵自然不多，但是如果不去救援将失掉幽州，于是询问诸将。只有李嗣源、李存审、阎宝三人主张救援。李存勖大喜，说："昔太宗（李世民）得一李靖犹擒颉利，今吾有猛将三人，复何忧哉！"

李存审、阎宝二人说："虏（契丹）无辎重，势不能久，俟其野无所掠，食尽自还，然后踵而击之。"但李嗣源说："周德威社稷之臣，今幽州朝夕不保，恐变生于中，何暇待虏之衰！臣请身为前锋以赴之。"李存勖亦称是，遂立即开始做出兵的准备。到了四月，李存勖命李嗣源首发、阎宝率盟军镇州、定州之兵殿后。

幽州的周德威再次派人向正北上而来的李嗣源传话说："契丹三十万，马牛不知其数，近日所食羊马过半，安巴坚（阿保机）责让卢文进，深悔其来。契丹胜兵散布射猎，安巴坚帐前不满万人，宜夜出奇兵，掩其不备。"李嗣源将此话立即上报了李存勖。

阿保机的决断

就这样终于到了阴历六月。契丹军一方从头一年起兵以来也过去了将近一年的时间。拿幽州来说，已被围困三个月左右，可是周德威仍在力守不降。阿保机望见城中弥漫着炊烟般的烟气，觉得暂时还无法将其攻克。

已是盛夏时节，酷暑和连阴雨接踵而来。阿保机决定撤兵。若一直阻于幽州，犹豫不决地久留下去是危险的。而在南边，沙陀的李嗣源和阎宝正伺机待动。

阿保机命发小挚友、现任最高指挥官“于越”（大概相当于游牧官制的üge）的“从堂兄弟”耶律曷鲁彻底代替自己担任攻城军的主将，与熟知燕地的卢文进一同留守，命其他所有部队总撤军。他的决定是正确的。

彼此的差异

即便如此，幽州的困境还是不断加剧。初秋七月，李存勖拨兵给李存审令其北进、与此前进入幽州以南的李嗣源等人在易州会合。沙陀军因此步兵、骑兵共达七万。

李存审说：“虏众吾寡，虏多骑，吾多步，若平原相遇，虏以万骑蹂吾陈，吾无遗类矣。”他深知契丹骑兵的厉害。他的话就像是直接代表沙陀将士心情的一种直率的看法。

但是李嗣源却这样回答：“虏无辎重，吾行必载粮食自随，若平原相遇，虏抄吾粮，吾不战自溃矣。不若自山中潜行趣幽州，与城中合势，若中道遇虏，则据险拒之。”

平原遭遇战确实可怕。战争的关键之一在于粮食。契丹军也正陷入困境。一旦粮食眼睁睁地被契丹人夺去，万事休矣。即便如此也得前往，那么只能在幽州的西山一带潜行。即使在途中遭遇契丹军，但由于是在山中，契丹骑兵的威力会减半，自己也会寻找到便于作战的据点或阵地。

这是在冷静分析战况的全貌和彼此间差异后做出的鼓舞自己士气的建议。于是沙陀军按照这一方案翻山越岭，寻山谷之路而进。

沙陀的大逆转

李嗣源和养子李从珂共率三千骑，打前锋。这是沙陀的王牌骑兵精锐部队。在距离幽州六十里的地方与契丹军遭遇，按照预定方案力战，击退了敌人又回身上路。来到山谷的出口，已有契丹军万骑横断前方。沙陀将士见此不禁大惊失色。

但是李嗣源以百余骑强攻，他摘掉头盔、高扬马鞭，用契丹语大声喊道："汝无故犯我疆场，晋王命我将百万众直抵西楼，灭汝种族！"所说"西楼"，是契丹国行政中心所在的地域名称，在这一年的次年正式扩充为首都上京临潢府。李嗣源喊话之后，策马奋战，三次冲入契丹阵地，斩杀了契丹的头目。

由精选的骑兵精锐组成密集阵或密集队（所谓的flanks，侧翼部队）、形成黑压压的一个固体方阵急驰突袭敌军的战术，是沙陀最有力的武器。虽说同为骑兵，但是与广泛散开、随意进退、擅长骑射的契丹军相比，特征不同。由于遭遇了契丹的大部队，因此除了以少数兵力组成骑兵的密集编队决死突袭，以从敌军中央撕开出路之外，别无他法。李嗣源的拼死进攻立见成效。他们绝地逢生了。沙陀军就这样成功地走出了山口。

只是，接下来平原作战的问题在等待着他们。李存审令沙陀军的主力、那些步兵们伐木当做鹿角阵，每人手持着行进。一旦遇到契丹的机动部队来袭，遂令士兵停止前进，立即用鹿角搭建临时木寨并守在里面，用弩和弓箭射向从四面驰骋而来的契丹骑兵，将其一个个地射倒。

在临近幽州的地方，契丹军的主力依旧严阵以待。在这种形势下，仅凭以少数的密集骑兵突进无异于杯水车薪，已无济于事。要想打开局面，似乎也无计可施了。不过，李存审命令步兵列于后阵、不得擅动，又命令弱兵拖来灌木条点燃丛草，迎契丹军而进。烟尘遮蔽了天空，契丹军一时难以确认沙陀军究竟有多少人。于是李存审令众人一齐击鼓、高声呐喊，诱使敌军产生仿佛大军存在的错觉。待看出契丹兵人心动摇，立即下令列于后阵的步兵部队进攻。

契丹军完全为这种狡猾的战术所蒙骗，结果大败，纷纷从古北口北撤。契丹军散落的车帐、武器、羊马遍野皆是。沙陀军取得了意外的胜利。李嗣源等人精神抖擞地进入幽州城，与周德威相见，二人见面双手紧握、泪流满面，共幸双方平安无事、共祝沙陀安康太平。

余录：记录和历史

在此，想写下一段稍长的余录。实际观察，阿保机的盟友曷鲁所率领的契丹军并没有沙陀军以为的那样人数众多。本来阿保机所领有的契丹军，人数总共才几万。当时的记载之一也明确说那是一个具体数字。

契丹自称人口三十万、五十万或百万，正如诸书所说不过是一种“号称”，即为了虚张声势的一种宣传。欧阳修《新五代史》“数十万”、司马光《资治通鉴》“三十万”的说法，是基于敌方必须是庞大而丑恶的这样一种情绪。从前后的情形分析，留下来围困幽州的契丹部队，充其量也就在两万以内。不过，假如是装备齐全的骑兵部队达到两万人的规模，在近代以前的时代是可以发挥巨大威力的。

北伐的沙陀军是总数七万。对此各书记载一致。在这种场合，沙陀一方无论从实际上还是从心情上讲，宁肯少记也没有虚张声势多记的必要。而且，“七万”这个数字毕竟不伦不类，还应该属于号称、声称之类。幽州的周德威竭尽全力才聚集了三万人，从这一点也可以看出按沙陀当时的情况这是非常接近实际的数字。就是说，沙陀北伐军的真实情况，应该是兵力远远超过幽州城下由曷鲁指挥的契丹军大部队的。

客观地讲，沙陀获胜或许是理所当然之事。因为他们既熟悉地形，兵马也没有那么劳顿。而契丹一方经过长途跋涉，且陷入了粮草之荒。据说不只是羊，连马匹的半数都被吃掉了。情况即使说对了一半，也已经相当严重。也许是契丹非常想得到包括幽州在内的燕地吧。

契丹军是在 917 年的阴历八月辛丑日离开幽州的。幽州之围“且二百日”的写法诚然是汉式风格的，但是围城确实达五个月之久。一般来说，汉文文献在记述偏袒方的苦难时尽量加以“渲染”。在讲述围城中城内的饥饿状况时，仍然使用的是套路的手法。这是执笔人很愿意下“工夫”描绘的场景。

然而，完全不见有关幽州城内粮困的记载。而李嗣源等人的随行粮草是自带自用的。假如到了必须为幽州城民输送粮食的地步，那么事态就会全然不同。在这种情况下，在山中潜行就是不可能的。就是说，周德威治下的幽州军民尽管生活在恐怖之中，但并未食不果腹。

不过正如下文所述，沙陀统治下的幽州这时已到了没有南方的运粮就无法维持下去的地步。果真是这样的话，那么当时幽州城内不就是只有基本的作战人员而几乎无“民”吗？换言之，是否周德威没有把辖境内的人们都接入城中呢？与其这样倒不如说幽州一带的人们或许没有逃入城中的必要，也或许原本就没想逃进去。这不就成了疑点很多的围城之战了吗？不管怎么说，幽州城内并没有出现饥荒。

或许更有可能的是，攻城的一方力量衰弱了。双方部队的人数也好、两军的状况也好，契丹军和沙陀军的实际情况，很有可能不像北宋以来诸书所描述的那样。“勇敢的”南边中华防卫军以少胜多、击退了来自北方草原的强大的入侵者，这种撰写模式只能是一种“美化”或是类似“创作”。

记载原本偏向于沙陀一方。事件发生四百多年后写成的《辽史》，其记载本来理应偏向契丹，但是正如下一章将谈及的那样，在蒙古帝国统治下以汉人文官为主编纂的该书，从本意上就没打算把契丹往好里写，对蒙古政权这种非常间接的“不纯”情绪隐含其中。何况《辽史》以外的其他基本史料，包括司马光的《资治通鉴》，如前所述全都是在北宋乃至南宋时期编写的。那么，契丹无条件地就是“夷狄”，而沙陀自称“唐”，北宋从其一连串的“政权”当中产生，那沙陀这一方就必定是“中华”。

由“夷狄”和“中华”的简单标签所带来的烙印，以后一直延续，至今留存。总之，是想把沙陀所建立的“政权”认为是中华王朝。还因为其“政权”的所在地和统治范围是在华北。控制“中原”且外表身着“中华”式时装的“政权”即“中华”的认识，既简单明快又易懂。只是，不论是基本文献本身、还是将其作为史料来阅读的后世之人，假如在拼接文字和文章或者从那些文献中感受到什么时，一开始头脑中就有了根深蒂固的先入为主的印象，那么由此产生的想法就会脱离实际，偏向“中华”一边。

事实上沙陀和属下的人们确实十分野蛮。他们满不在乎地杀人、相视大笑。即使是偏袒他们的北宋和南宋期间的汉文文献也不得不承认这一事实。关于沙陀联盟，照实说其中的大多数与近代精神所言“文明”等大概还相距甚远。将其视为“中华”的话，所谓“中华”不就仅剩一个名分、一个空喊的“无稽之谈”了吗?

沙陀和契丹之间到底有多大区别?相比而言，契丹方面不还算相当有“文化”吗?起码契丹少有随意杀戮部落成员和领地居民那样的“蛮行”。毕竟契丹已经历了几百年多部族联盟的历史，只要不是什么大事，一般是禁止杀戮部落成员和领地居民的。

而沙陀是在杂乱无序的群雄兴衰当中幸存下来和发迹的。得以生存的关键在于其强势。也可以说是强暴。总之，“暴力”是它的标签。

他们不像契丹那样是植根于畜牧业生产社会的人。沙陀人的“职业”就是单纯的军事。战争是漂亮的买卖。他们整个父子、兄弟、家族，甚至整个联盟都是职业军人。不过，这样的“实际情况”即使在近现代的世界中也可以举出一些例子。

沙陀的问题在于自身人数不多。作为军事力量，“寡势”是致命的。因此，朱邪赤心、李克用、李存勖三代“族长”只要见到中意的少年和力大超群的年轻人，就会不问“族属”将其一一提拔，拉入自己一伙。其时，双方结为“父子”之约。对于这样的假儿子或是养子，顾名思义称为“假子”、“养子”、“犹子”、“义子”、“义儿”等。

这作为当时整个华北被广泛认可的历史现象，自古以来受到中国史家的关注。不过这种状况在争斗、战争频发的社会里自然很容易发生，在古今东西方世界也可以见到程度不一、各种各样类似的例子。话虽如此，沙陀的情况是格外明显。例如，李嗣源、李嗣昭、李嗣本、李存璋等人都是如此。李嗣源（等人）本是生于代北之地的无姓之人（即至少不是汉人），十三岁时因骑射出众而被朱邪赤心发现、选作“近侍”，随后进入其子李克用的帐下。后来在千军万马中成长，锻炼为神勇之将，以至于比他年龄大不了一轮的李克用称赞道：“吾儿神人也。”幽州救援之际，他虽然已经五十一岁，但是其无比强悍仍然声振草原和中华，他以对“族长家族”三代人的无限忠诚和耿直的人品，受到了所有人的爱戴。而且，李嗣源本人也是一见到中意的人，就会一个个地认作自己的“儿子”。

这种“几何级数增加算法”式的保证人数、结为同伙的做法，对于沙陀联盟来说是缺之不可的。但是另一面，沙陀联盟必然会成为难以对付的胆大妄为者的聚合体。说来还是在其发迹初期，即李克用镇压黄巢起兵、被誉为“功居第一”之时，他曾取悦部下的将士，任其放纵。为此，本来就粗野残暴的沙陀整个就变成了无法无天者的联盟。官员等目中无人、恣意抢夺士兵和百姓的财物；光天化日下行窃、酗酒、赌博、斗殴等，已成家常便饭。总之，变得为所欲为。以首领李克用为首，都在口头上高喊振兴“唐”朝、装作喜好大义名分，但是其实质却是一个无序的暴力集团。

代北和太原等地的居民，恐怕会因为沙陀军的异地出征而大松一口气吧。沙陀本是流动民，偶尔会顺势移动到山西北部。可能因为与当地的居民没有渊源关系，所以毫无顾忌地变得蛮横无理了。不难想象他们在根据地山西以外的地方是如何恣意妄为的。沙陀为人所怕的原因，恐怕不仅在于其精悍强势。像李嗣源那样耿直、质朴且心地善良的人不多。正因为如此，李嗣源才得到了来自士兵和百姓的一致欢迎。

以这样的沙陀为“中华”、加以美化的文献，总让人觉得危险。原因之一是，北宋和南宋时期格外喜好虚谈名分。在这种情况下，与两种基本文献有关的欧阳修显然试图宣扬“中华”，就想说北宋是最美好的。作为对内对外的一种政治手段，可以说那是以这种文化政策为先导的一次演出。由于连后世的人们都要“骗”，他们真是不得了的人物。反过来说，北宋的士大夫官僚们对于与其和平共处的北方契丹帝国，实际上不是感觉到了某种“风压”吗？风压不仅来自政治和军事方面。

将北宋捧为文化国家，其心情很可以理解，但作者不想无条件苟同。仅举一例，可说明北宋时期还是相当野蛮残酷的。所谓将犯人从四肢到每一根指头一块块地切刮、肢解杀死的“凌迟”刑，其用语已进入近代日本语中，作 rinchi 私刑，是现在仍在使用的一个词汇（一般认为 rinchi 一词源于美国审判官威廉·林齐之名。汉语的“凌迟”是否碰巧与其发音相同或发音相近呢？还是发音和词义相互影响、印象产生联动而带来的结果呢？对于这一点不十分清楚，还请各方指教），这种刑法在北宋时期很盛行。然而,《唐律》中并无“凌迟”之刑。即使是叛乱的大罪，也只是立即执行斩刑。就是在后来的蒙古时代，“凌迟”什么的也是不可能的。岂止如此，本来就很少判死罪。指责蒙古的统治野蛮、不文明，基本上是在19世纪以后的事。

关于北宋时期的“凌迟”，清代中期的大学者钱大昕在其札记《十驾斋养新录》中，以“凌迟”为题目做了精彩的考据。简而言之，唐代不曾存在的这种极其残酷的死刑，到野蛮的五代时期作为“法外之法”得到了特别设立。北宋时期虽然在制度上并不存在，但是在真宗以后实际上已经很普遍。真宗正是决定同契丹和平共处的皇帝。也就是说，在一般被赞誉为文化国家的北宋的“全盛期”，一直在实施着这种极刑。大概，钱大昕这位中国历史上最高成就的学者，是想给打算全盘“圣化”北宋的清代学者头上浇一盆冷水。他想指出的正是那些人的盲从和无端指责吧。

根据所谓记载这一文字的使用，轻易将其视为史实的史家和历史学者，大概都是心灵淳朴的人吧。可是事实有时与记载正相反。例如，“现代人”一名之下，其实大概仅在十几个发达国家中有很小一部分人享受着“现代文明”生活，可称得上是人类史上幸福而悠闲的存在吧。我也是其中的一员。然而，即使是在现代，非洲的孩子们又是怎样的状态呢？说是地球社会，可是不得不生活在远离“地球市民”的生活水准、艰苦环境中的人们，他们的人数不是更多吗？

过去的人们大致都处在更为暴露的“生”的环境中。多数情况下是与人道不沾边的“生”。试图用美好的面貌去描写过去，想法本身是动人的。但是事实中既有美好的东西，也有丑陋的东西，而往往是过于残酷的情况更多。

大凡文献史料，尤其是由“中华”文明不断制造出来的汉文记载，充满着惊人的表现力。不怕被误解地来说，古希腊、罗马文字圈所创造的虚构，与之相比则要稳静得多，其虚构程度也相当小。在自称为其后继者的欧洲和欧洲人所创造的“新大陆”，文字表现在创作力和想象力以及伦理的构筑力方面是非常出色的，但是与能够轻而易举地变丑陋为美丽的汉文文献的大手笔和周密性相比，还是“更逊一筹”。具有古老传统的屈指可数的波斯语文献，尽管也因惊人的虚构和高超的润饰技巧而充满夸张和编造，但是仍不及“中华”的文献。日本语的记载，更是过于率直，以至于让人怀疑这个列岛上是否根本不曾有过什么“文明”。

汉文文献的可怕性，无可比拟。欲加以美化、圣化，则极力粉饰；欲加以贬毁、诬蔑，则竭力丑化。很大一部分原因大概在于汉字这种具体性、传达性过强的文字所具有的技巧吧。然而作为史料来看，程度如此“性质恶劣”的记载很稀少。对于使用历史文献的人来说，记载实在是很难对付的。

南北并立的模式

“中间项”卢文进

契丹是否由于从幽州撤退就尽失远征的成果了呢？其实并不尽然。对于一度到手的“山后地”和幽州附近区域，确实是没能守住。但是阿保机命卢文进留在幽州一带，赐其卢龙节度使之职，让他率领一支部队驻扎幽州、蓟州以东的平州，旨在控制整个燕地。也就是说已经确保了燕地东面三分之一的地区，在长城线南侧钉入了可称为今后桥头堡的楔子。

在幽州攻防战后不久，卢文进再次作为契丹军的向导，攻打了“山后地”的要冲新州。其后，卢文进每年都和契丹军过来，把燕地和山后两地的男女带回契丹本土，教会契丹纺织和制作工艺，结果“中华”的产品几乎都由契丹国内来生产了。

原来，燕地归刘仁恭、刘守光父子；山后地归李存矩，他们都施行暴政，百姓人心不振，早就有很多人逃往契丹的领地。总之，在以军事为上的沙陀系的统治下，两地的形势变得一片混乱。那个周德威虽然作为指挥官表现很出色，但是一味恃勇，毫不关心行政、民政之事。卢文进深知这一点，凭借将两地的百姓引入契丹方面而取得了实质上的控制。揪住此事，司马光的《资治通鉴》指责他“杀掠吏民”，这只能说是一种偷换事实的刻意“歪曲”。

卢文进又率领奚族骑兵劲旅闪电般地扫荡了河朔北部。幽州进一步孤立了。百姓的身影从这一带渐渐消失了。当然，粮食的自给也已经很困难。沙陀方面，派一支部队留守涿州，将来自南部边境瓦桥的粮食经涿州运往幽州。年年如此，不得不在途中沿线部署精兵强将护送粮车。但还是遭到了卢文进所率奚族铁骑的袭击，粮草被劫。沙陀方面疲于奔波。为了保住幽州这个军事“据点”，付出了太大的代价，为卢文进所摆布，只得任他一人逞强。

附带说一句，司马光在上引部分接着说，燕地一带“残敝”的状况应归罪于卢文进和契丹。然而蒙古时代为《通鉴》做注的胡三省在同一处反问道：“卢龙诸州，自唐中世以来自为一域，外而捍御两蕃，内而连兵河朔，其力常有余。及并于晋，则岁遣粮援继之而不足，此其故何也？”尽管没有直接挑明，但还是补充说总而言之是沙陀的统治不行。

沙陀只知一味搜刮百姓，作为统治者、管理者完全不合格。燕地之民大多自发地投契丹而去。因为比起强行黥面、奴役百姓的沙陀统治，在契丹的领地内没有剧烈的战乱和苛捐杂税，可以平安地生活，这一点远远胜过沙陀。司马光的著述往往局限于“中华”和“夷狄”这一名分，仅从出发点单一即可知其存在不少歪曲史实之处。

幽州的教训

在经略代北和山后地、新州会战、幽州攻防等一连串契丹和沙陀的较量中，阿保机重新认识了契丹在平原作战方面的优势和攻城战中的困难。他也一定深切感受到了组织几万人规模的大部队长期滞留“中华”的不易吧。尤其是感受到必须避免通常在春季至夏季展开的进攻。

那么沙陀方面的情况又怎么样了呢？契丹骑兵部队的确让他们着实感受到了厉害。沙陀勇将周德威的部队在平原作战中一举被歼的记忆，太深刻了。幽州攻防战时李嗣源、李存审等人的话，说明恐怖的印象已经深深刻入沙陀人的头脑。只是，在近距离战、肉搏战方面沙陀的密集骑兵还是无敌的，对这一点他们还存有一些自信吧。他们还意识到攻城战对草原集团和华北集团都不易。就是说，不能为契丹骑兵创造可供其迅速铺开的场地，最好是坚守城池或阵地，将战事拖入近距离战再决出胜负——这大概就是教训吧。

幽州攻防战之后发生了颇具意味的事情。第二年即918年二月，扩建“皇都”即上京临潢府的工程已经开始，阿保机处这时除了此前一直通好的后梁和吴越外，还有晋王李存勖、渤海、高丽、回鹘、阻卜、党项等政权各自遣使来贡，另外竟有幽、镇、定、魏、潞等州的使者赶来。幽州等州是华北的军事建置，其中幽、潞属沙陀，镇、定、魏暂时与沙陀维持着友邦或同盟的关系。就是说，在历经一年又一个月的契丹—沙陀之战后半年，李存勖麾下的沙陀军阀及其同党尽管各自为政，但还是凑在一起向契丹皇帝耶律阿保机派遣了使臣。这是此前不曾有过的事情。

契丹—沙陀之战的始末，不仅给事件的直接当事人、而且给中华方面的各种势力也留下了极深刻的印象。即最强者不是沙陀。至少，不是仅关注沙陀的动向就可以了。从这个意义上说，契丹国已成为中华诸势力最应该防备的力量了。各方认为即使是从试探情况的角度去暂且与之通好，对自己来说也没有什么损失。李存勖本人也不想再与契丹发生什么事了。

李存勖的南伐

沙陀军阀的使者从阿保机处返回之后，李存勖于同年即918年的秋八月一日，在距黄河较近的魏州郊外阅兵。沙陀自身的部队、由友邦组成的华北十镇诸部队、还有来自河曲、代北和山后等地的奚、契丹、室韦、吐谷浑的游牧骑兵，兵力共达十余万人，场面之壮观为中华那些年所未见。对李存勖来说，是组织了一次最大的军团。

半年前与阿保机的集体通好，也是为了了解他对后梁采取大举进攻的态度。阿保机表示了赞同。奚、契丹等游牧军此前虽然曾是李存勖笼络的对象，但是没有阿保机的首肯李存勖也很难行动。不知当时阿保机是否曾出兵相助。

不管怎么说，李存勖的此次南伐是以先前的“父子之约”为前提进行的。在前几年阿保机大举进攻时，李存勖本人没有与阿保机直接交手，也是为了履约吧。起码阿保机在那之后的一段时间内没有向“中华”出过兵。阿保机和李存勖二人之间的关系，真可谓不可思议。

受到侵攻的后梁“政权”准备决一死战。针对沙陀军在麻家渡扎营，后梁在濮州的行台村设下阵地。双方都构筑了野战阵地，对峙百余天后，李存勖为打破相持状态，亲率数百骑突袭，不想遭遇伏兵而身陷重围，因李存审来援才勉强脱身。这种情况下，勇将和蛮将的区别仅为毫厘之差。李存勖总是身处这样的险境当中。

十二月，李存勖欲直取敌人的根据地汴，冲出阵地前进，与尾随而来的梁军战于胡柳坡。虽曾一度击退追兵，但是由于沙陀的辎重部队误以为战败而溃逃，沙陀军吃了大败仗，幽州的骁将周德威战死在那里。不过李存勖没有受挫，他袭击了在小高地上休息的梁军，最终获得大胜。当时，沙陀军与在幽州作战时一样，还是让人拖着灌木条扬起灰尘，扰乱了梁军的判断。这是惯用的一种战术。

经过这一仗，只有不到千人的梁军得以返回汴，就此大局基本已定。在第二年的 919 年，围绕黄河渡口展开了水战，但是仍然挽救不了后梁的颓势。921 年正月“传国宝”出现，李存勖屡次被劝即位。顺带说一句，刻有“受命于天、子孙宝之”之文的传国宝，据说是来自魏州开元寺的传真和尚。他在 880 年黄巢军起兵暴乱时从长安弄到手的，已秘藏了四十年。传国宝或传国玺，在中国史上常常应政治之需而出现。

激战前的伏笔

契丹与沙陀的再度冲突，以一次意外事件为导火索。在传国宝出现的二月，沙陀的友邻镇州军阀总帅“赵王”王镕被部下大将王德明谋杀，王氏一族被灭门。德明恢复原名张文礼，于三月遣使联盟军首领晋王李存勖，以求得对自己的承认。

当时李存勖正与各位将领饮宴正酣，获此消息掷杯垂泪，打算为割腕结盟的赵王讨敌报仇。但是众将领们说眼下正与后梁相争，腹背树敌实非上策，劝阻了他。张文礼虽然得到了李存勖的任命，但是心中依然不安，遂向卢文进派去密使，请求契丹的支援。又向彻底衰败的后梁的末帝朱友贞派去了密使，提出北联契丹、南联后梁，共灭沙陀，但遭到了拒绝。

八月，李存勖已不能再容忍张文礼，下令已故赵王的部下符习率镇州、冀州之兵讨伐张文礼，命老将阎宝增援，并令以藩汉总管、威名大振的史建瑭打前锋。可是，位于镇州东北的定州总帅王处直考虑到镇州与定州乃唇齿关系、一旦镇州被灭定州将孤立无守，于是同张文礼协商，暗中联系担任新州防御使要职的儿子王郁，让他动员北边的阿保机南伐。事态向复杂且激烈的方向发展了。

增援符习的沙陀军一路北上，破赵州城、抵镇州城下。张文礼一直为腹部肿物所苦，听说部下赵州刺史投降后被李存勖留用现职，受到刺激，就在沙陀军兵临城下之时死去。其子张处瑾秘不发丧，抵抗着沙陀军。九月，在镇州的攻防战中，沙陀的前锋将领史建瑭中流矢而死。李存勖为这个消息所激怒，虽身在南方，决定亲自北上进攻镇州。在黄河渡口一带对阵的后梁军得知这一情况，与之展开了激战。李存勖直接统领的三千铁骑奋勇作战，后梁军再次败北，最终被逼到了末路。

定州的爱憎剧

长期处于兴衰乱离之中的华北，终于迎着统一迈向了下一个地平线。十月，定州又发生了异变。定州节度使王处直被养子王都幽禁，篡权的王都与沙陀结好。对此，曾流传着耸人听闻的说法。

从前王处直没有儿子，妖人李应之得到一个名叫刘云郎的孩子，对王处直说，“此子生而有异”，把孩子送王处直给做了养子。可是这个孩子即王都成人后，满口奉承和谎话，王处直完全被他所蒙骗。王处直另有一子，名叫王郁，因不被父亲所爱，投奔了沙陀。李克用把女儿许配给他，连连提拔，一直让他做到了新州防御使。他就是那个打算与阿保机结好的王郁。

王处直在打算从沙陀的觊觎中保住定州时，意识到王郁才是可以倚赖的人。因王处直已被自己曾经宠爱的王都篡了权，这事很具讽刺意味。假如说以王都发动叛乱为由，其父王处直才决定与契丹通好，但未得到定州军府赞同的话，总觉得有些不真实。因为，已经说王都在叛乱中把王处直的子孙和心腹将僚们全都杀了。如果所说定州的核心人物们讨厌契丹而选择了沙陀的话，就理应没有必要把他们都杀掉。然而，李存勖对王都的自我推销大为欢迎。只要对沙陀的称霸有益，恶人也可以接受。另外，司马光的《资治通鉴》详细记载此事，或许隐含什么意图。

在河朔之地，正当大骚乱以镇州和定州为中心蔓延开来之际，可称为“中华”最北境的山后地与其北邻的草原之间，也在做着交易。在契丹国神册六年（921）冬十月一日，沙陀的新州防御使王郁举自己管辖的山后地的兵马宣布向阿保机投诚。王郁抛弃了曾经关照自己的沙陀，把自己的命运赌在了父亲和契丹身上。对于沙陀军阀来说，这意味着就在实现称霸华北的前夜，重地镇州和定州相继叛离，而在北边防卫的中枢新州总帅亲自投靠了契丹。

困惑的二人

幽州已因卢文进变成了人烟萧条的荒地，而沙陀的干将周德威也已死去。山后地这回都入了敌手。沙陀的北部区域，除了自古以来的据点代北外，都已不在掌控之内，北边的防卫可以说基本上已经崩坏。对于李存勖来说，镇州所发生的张文礼政变使事态发展得不可预料。

作为心眼过多、喜怒无常、精神状态常易不稳的人，这种突变不能不对李存勖产生刺激。只是他越是陷入困境反而越会发挥出能力，这也就是他这个人令人感兴趣的地方吧。

这对于阿保机来说也是一个未曾预料的变化。沙陀联盟之乱本身应该是受欢迎的，不过似乎也有些令他难办之处。之所以这样说，是因为当李存勖的力量大多用于南方的后梁方面之时，阿保机也正忙于国制整备等“内政”。

首先，继续装点新都上京，同时又着手辽宁平原的开发，例如至辽东修复辽阳故城、迁移汉民和渤海的“俘户”等。接着，创制并颁布契丹大字、重新组成以爱弟耶律苏为首宰（南府宰相）的政府机构、亲自制定法律并确定爵位等，逐一完成了契丹国基本框架的建设。即正处在一边遵循草原游牧国家的传统、一边适当引入中华的国家形式、摸索草原和中华相结合的国家形式和理想方式的最高潮阶段。

阿保机迅速做出了决断和转换。在王郁决定归附的同月即十月的二十四日，阿保机为了接应王郁身在定州的父亲王处直，亲自率军南下，大概一度经由山后地，从居庸关下到河北平原。十一月二十一日，破要冲古北口，二十五日，将契丹军分为几个小分队，从幽州境内的檀州、顺州、安远、三河经幽州以南的良乡、遂城、满城，席卷了定州附近望都等十几座城池，虏获居民迁往契丹境内。

总之，契丹此时在直接确立对山后地控制的同时，席卷而过幽州一带，迫近了目的地定州。但是由于王都已经发动政变，只好暂时退兵。本打算立即与定州军阀会合并谋求更大发展的计划，此时离成功仅一步之遥。

十二月，王郁率部众来到阿保机的驻地。阿保机称王郁为“子”，大加赏赐，将其部众安置于西拉木伦河以南广阔的沃土上。因为是安置在契丹本土的南邻之地，所以可谓一种殊遇。这是向内外显示了对举部来归的王郁信赖的姿态。

就王郁的归附有一些怪话流传。据说王郁对阿保机说："镇州美女如云，金帛如山，天皇王速往，则皆己物也，不然，为晋王所有矣。"阿保机以为是，决意举众南行。不想述律皇后谏言道："吾有西楼羊马之富，其乐不可胜穷也，何必劳师远出以乘危徼利乎！吾闻晋王用兵，天下莫敌，脱有危败，悔之何及！"但是阿保机听不进去。

——阿保机是个无聊卑贱之人、一个不知深浅的蠢家伙；怂恿他的王郁是个能说会道的卑鄙小人、典型的墙头草。而述律皇后是个明智的女人，尽管有些讨厌糊涂的丈夫，也有些妒忌，但还是决定出手制止。不管怎么说，正像对方皇后所夸奖的那样，李存勖确实是个出众的名将。契丹的注定失败连女人都看出来了，可是糊涂的人正是契丹皇帝。——对不起，实在忍不住想这样说。

这段内容见于《资治通鉴》，《契丹国志》几乎未做任何修改补充，原样移录。司马光的天性与其说是中华主义的，不如说很幼稚。因为司马光所依据的欧阳修的《新五代史》还没有如此卑贱、粗俗。

《新五代史》先介绍说，王郁之父王处直眼看镇州要亡，担心镇州一旦陷落、定州会成为沙陀下一个吞并的目标，于是就让王郁与契丹通好。然后记载：王郁对阿保机这样说："故赵王王镕，王赵六世，镇州金城汤池，金帛山积，燕姬赵女，罗绮盈廷。张文礼得之而为晋所攻，惧死不暇，故皆留以待皇帝。"阿保机大喜。

但是其妻述律不肯，说道："我有羊马之富，西楼足以娱乐，今舍此而远赴人之急，我闻晋兵强天下，且战有胜败，后悔何追？"

出发点的倾向是一致的，对王郁归附的缘由和情况的说明也还算可以。用词和表述多少还有些收敛。尽管如此，当时张文礼已经死去三个多月，所记载的内容都出自欧阳修的创作，这本身就证明了这一点。而且这段内容不见于先出的《旧五代史》。《旧五代史》和《新五代史》之间差距还是很大的。

述律皇后是个不让须眉的巾帼英雄，事实上给阿保机出了很多良策，后来到了北宋时期仍作为故事流传着。契丹帝国杰出的女性很多，本来就与男尊女卑现象严重的"中华"不同，女权主义俨然存在。为皇后所谏这一情节，虽然在北宋被视为不足道的笑话，但是在游牧社会的契丹情况却不同。总之，这是社会和文化方面的本质区别。很清楚，这是对此缺乏了解的人所写的东西。欧阳修编的内容是很过分，但作为时代和环境的产物，怎么说也有令人回味的地方。即使这样司马光的浅见也还是显得有些可怜。

相矛盾的记载

十二月，契丹军和王郁一同南下，进攻幽州。守将李绍宏全力固守。契丹军暂时放过幽州，继续南进，攻陷涿州，活捉了刺史李嗣弼。又从易州进攻定州。大概他们认为能够推翻定州的王都，解救出被幽禁的王处直，如果顺手的话，根据华北形势的变换情形还可以有更大的作为。

然而，这回契丹军的主帅，据《辽史》是阿保机的长子皇太子突欲。他后来做了东丹王，一生坎坷。而包括《旧五代史》在内的北宋和南宋的记载都一致说是阿保机亲征。另外，关于契丹军与李存勖所率沙陀军的会战时间，《辽史》记为921年十二月之内的事情。而《旧五代史》等两宋的记载说是在第二年的正月。就所记相当具体的一个个战斗场面，各自的内容大致相同，但是日期的干支却大不同。仍据《辽史》，进入922年以后，契丹军于二月和四月出击了河朔地区，但是宋朝方面的记载则对此保持沉默。或许各有不便明说的地方。究竟是什么不便明说，很遗憾，目前的确不清楚。

就连阿保机是否真的亲征，也有可能存在几种说法。结果，会战以契丹一方的失败告终。为此，根据契丹方面的原始记载写成的《辽史》尽可能地隐瞒阿保机的亲征。相反，站在获胜的沙陀一方立场上的两宋时期的记载，无论如何也是要说阿保机是上了阵的。首先，这样的心理在发挥着作用。

只是，与那时照例冲在战斗最前线顽强作战的李存勖不同，一般被认为极少在前线现身的阿保机是否真的亲临战场了呢？至少沙陀方面不可能知道。另一方面，皇太子突欲于919年十月契丹军北击乌古部之际，率领先锋队出征，积累了实战经验，920年九月代替忙于内政的父亲阿保机和叔父苏，以迭剌部夷离堇污里轸为副帅，出兵阴山，取得赫赫战果，在那一年内班师。那么，青年王子突欲作为主帅，接替921年十月至十一月一度出兵华北、席卷大部分地区而还的父亲阿保机，紧接着在次月第二次出兵时，以刚刚归附的王郁为副帅出征，是很可以理解的。从事情本身来说，也是可以说得通的。

本来对任何事情都非常谨慎的阿保机，假如完全信任新归附的王郁，作为皇帝不顾一切地投入危境的话，结果会怎样？如果是李存勖，肯定得亲自打头阵吧。对他来说，不存在替代之人。然而阿保机一方，“国家”的体制正按部就班地健全着，能够代替自己指挥战斗的人起码有儿子突欲和尧骨、胞弟苏这三个人。再说，阿保机已年届五十。对于较早进入老年的游牧民来说，短时期内连续两次远征是有些难以想象。而且在第一次出征时，他已经亲眼目睹了定州的陷落。就算为了维护政权的平安，他自己留在本土等待时机，而委任长子指挥远征军，不是很自然的事情吗？虽然缺乏确凿的证据，但是《辽史》所载突欲为主将的说法还是合适的。

二次激战

第二次激战的具体过程如下。面对契丹军的进攻，已占据定州的王都遣使向李存勖告急。李存勖对镇州久攻不下已失去忍耐，十一月就任阵前指挥，这时在镇州行营接见了来使。

契丹军的主力在定州城下扎营，而王都缩在城内固守。正在此时，沙陀的前方侦察部队向大本营报告契丹军已经渡过沙河。沙河的河道形成镇州和定州之间的分界线，对于镇州来说，可以

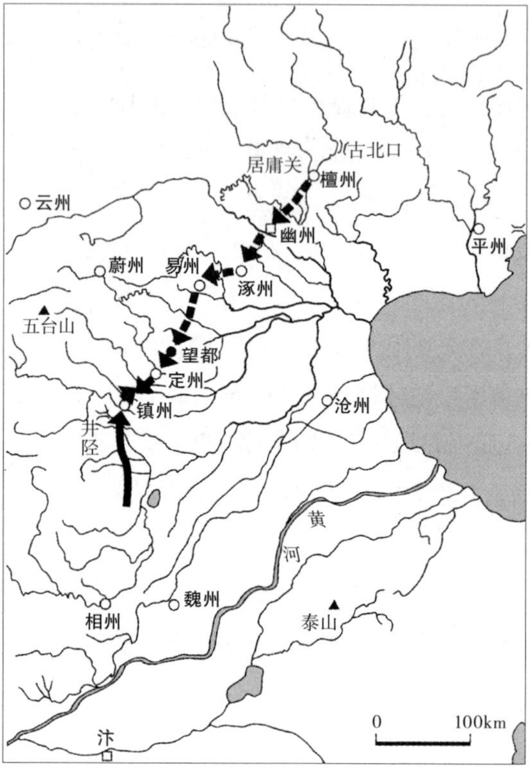

14 第二次契丹—沙陀之战

说是它北部的防卫线。原本为了防备契丹的袭击，还修建了城楼。一旦那里被突破，定州说不定就立刻陷落，距其不远的镇州也会兵锋突抵。

恐惧感在包围镇州的沙陀部队中蔓延。考虑到如果镇州长期不破，一旦发生变故，在持续艰苦攻城之际遭契丹大部队来袭，就会因契丹军和镇州城内守军里应外合之势受到夹击。于是有人建议暂且就在这里解围撤兵，避开契丹的兵锋。也就在此时，南边发生了梁将戴思远趁李存勖出征之隙北上、突袭沙陀经营河朔地区的战略要地魏州的突发事件。形势一下子变得紧张起来，沙陀很有可能死在镇州城外。

众人都在请求撤兵，李存勖却说："霸王举事，自有天道，契丹其如我何！国初，突厥入寇，至于渭北，高祖欲弃长安，迁都樊、邓，太宗曰：‘猃狁孔炽，自古有之，未闻迁移都邑。霍去病，汉廷将帅，犹且志灭匈奴，况帝王应运，而欲移都避寇哉！’文皇雄武，不数年俘二突厥为卫士。今吾以数万之众安集山东，王德明厮养小人，安巴坚（阿保机）生长边地，岂有退避之理，吾何面视苍生哉！尔曹但驾马同行，看吾破之。”《旧五代史》的记载的确令人怀念李存勖。李存勖确实是把自己比作了大唐帝国事实上的创立者李世民。李存勖出身突厥系的沙陀，而李世民出身鲜卑系的拓跋。或许二人在身为“异族”却号“中华”这一点上有同感吧。英雄的气概、雄才的自豪感，这是李存勖的支柱。

李存勖立即亲率五千铁骑抵达新城，与正在不断南下的三千契丹先头部队相遇。李存勖部署了拿手的精骑密集队突袭的战术。从桑树林中突奔而出之时，有如天佑神助般阳光灿烂，契丹骑兵措手不及，慌乱之中纷纷逃窜。

沙陀军乘胜追击，不少契丹兵落入结薄冰的沙河中溺水而死。在定州城下扎营的契丹主力见到败兵退来，认为定州危险不可久留，为与沙陀军保持距离，退至东北方的望都。目的是想保全主力、观察事态发展。在不同于近代战争、难以准确掌握战况的当时，这不失为一种明智的对策。

李存勖来到定州，脱离险境的王都到马前迎接。当晚，李存勖下榻开元寺。第二天，他立即率兵赶往望都。他是想乘契丹军人心不稳，一举结束战斗。李存勖毕竟明白，不拖入契丹擅长的平原铺开战、而发动全军直攻和近距离突袭，才是取得胜利的唯一途径。

途中，与奚的族长秃馁所率五千骑兵遭遇，李存勖以亲军一千骑应战。但是，被人数和铺开力上占优势的奚军所败，陷入了重围。李存勖四次亲自挺身突围，但都未能成功。正在这时，李克用时期的老将李嗣昭听说李存勖身陷危急，率三百骑来救援。李嗣昭流泪冲入奚军包围圈，总算把李存勖救了出来，李存勖遂返回自己的阵地。

丧气的契丹军决定撤退。当时寒流从北方袭来，平地积起了五尺高的雪。粮草匮乏的契丹军，大多连人带马一起死在了途中。撤退得很是悲惨。李存勖追击契丹军，直抵幽州。追击途中，每到一处契丹军曾经的营地，都可见稻草铺地、方形的阵地井然有序。根本看不到撤退时的凌乱现象。李存勖对左右的人叹息道："蕃人法令如是，岂中国所及！"

抵达幽州后，李存勖令二百骑兵前往侦察契丹军的情况，反被契丹全部抓获。契丹军在长城线附近的檀州扎营，幽州的沙陀军立即前来袭击。契丹军击退沙陀军的进攻，活捉了其裨将。李存勖感到已经无法再给契丹军什么打击，遂放弃追击，转而追向南边的梁将戴思远，日夜兼行。

《旧五代史》和《新五代史》都说契丹撤退之时，人在军中的阿保机指天说道，"天未令我到此"，然后撤兵。是说他已经看出沙陀的实力不过如此，感叹自己虽有实力，但天运不济。还补充说契丹此后就变得小视"中国"了。

沙陀的唐王朝

可以称为第二次契丹—沙陀之战的这一系列战斗，客观上到底结果如何？那就是契丹方面因沙陀阵营的突然崩溃而被拉进了河朔地区。然而，因碰巧的机遇产生的“野心”以短暂的梦而告终。不过契丹国本身并没有受到撼动。

远征军的主力究竟遭受了多大损失，具体情况不得而知。因为归根到底记载基本上都是向着沙陀的。战斗的情况、因积雪而路死等说法，说来都不过是从沙陀传入北宋的“主办方发布”。就连欧阳修的《新五代史》也说契丹撤退时营地整齐有序，对于当时不知是否人在军中的阿保机，就差照《旧五代史》所言补充剩余的内容了。恐怕这里就是事情的真相所在吧。总的来说，很可能是契丹方面并非大多数士兵都曾实际参战，而是尽量避免内耗，松散地多处扎营，有条不紊地撤了兵。

沙陀方面也真的拼死一搏了。包括盟主李存勖本人，把命都赌上了，无论如何要闯过险境。部队的损失，也很有可能是沙陀方面的更大。总之，没有卷入与契丹主力军的决战是“获胜的原因”。尽管如此，沙陀的将士重新认识了狂暴军神李存勖盲目冒进的可怕性，同时大概也感到了契丹军迅速铺开的威力、漂亮而出色地完成艰难的雪中撤退的控制和组织能力，远不是自己所能及的。总之，契丹和沙陀双方谁都没有太大的损失，也都没有什么大的获利，战争以双方承认现状拉上了帷幕。

据《辽史》，此后的一段时间内，契丹曾向河朔地区几次出兵。还在雪中撤退之时，就曾携幽州北边檀州、顺州的百姓而归，安置在辽宁平原。接着，进攻幽、蓟二州，在契丹天赞元年（922）四月，攻克蓟州，活捉了刺史胡琼。继续进攻，令王族的迭烈（又写作迭列、迭剌，都是音译用字，音或许与 dere 相近）和可能出身粟特系的将军康末怛，进至沙陀军反复猛攻的镇州城下。为了表示感谢，身处围城中的镇州主帅张处瑾在下一个月派人去阿保机跟前致意。

这一年的三月，沙陀曾一度大败于镇州。沙陀方面的攻城军主帅阎宝围镇州城修建了堡垒，引滹沱河水进行水攻，并断其粮草。不料，三月丙午之日，镇州方面先放出五百多人假装投降，麻痹对方，然后突然从城中一起冲出，捣毁沙陀的堡垒，火攻阎宝的营地，夺了沙陀军的粮草。因粮荒奄奄一息的镇州，重又恢复了生气。李存勖为了修复毁坏的战线，命仅存的干将之一李嗣昭为主帅。但是李嗣昭中流矢而死，退至赵州的阎宝也于同月在懊悔失败的郁闷中死去。又是在同月，连云州的李存璋也撒手人寰。元老们一个个地接连去世，李存勖不得已指派驻代北的振武节度使李存进为北边的主帅，继续攻打镇州。

当时，李存勖命令战死的李嗣昭的遗嗣在太原举行葬礼并服丧，李嗣昭的一个儿子李继能大怒，带领父亲的数千亲兵脱离战场，回到李嗣昭家族的本居地潞州。慌了神的李存勖派胞弟李存渥去劝服，李嗣昭的遗嗣们更加愤怒，差点没杀了李存渥。死去的李嗣昭本来固守潞州，阻止了沙陀的各个击破，将那里治理得井井有条，又从战场上救下李存勖的性命，自己却战死镇州，是个功劳无人能比的人。但是李存勖不仅没有给予什么特殊的抚恤，还收回其潞州的指挥权，令下葬太原，因此必然惹怒其子。之后，李嗣昭的儿子们在潞州举旗反叛，与后梁相通。

李存勖的过分自信和自大，还有奢侈的生活，使将士们心生隔阂。阎宝之死也可以归罪为李存勖的漠不关心。而且，李存勖热衷于军事扩张，在领地内肆无忌惮地强征暴敛。为此，怨声自河朔地区蔓延开来。其结果之一就是，八月，被李存勖提拔为卫州刺史的俳优李存儒遵其主子之命强征暴敛，为百姓所弃，后在梁军的进攻中被俘。九月，李存进也在镇州战死。李存勖无奈，将仅存的老将李存审派往镇州。此时镇州已断粮，终于开城。这场攻防战前后竟持续了一年多。仅从这点来说，镇州军阀的能力是一流的。张处瑾一家及其随从均被杀，遭腌制后被吃掉。一时间杀气笼罩了华北。

不管怎么说，镇州终于被解决了。李存勖决定即帝位。为防御契丹，派干将李存审驻守幽州。已卧病不起的李存审，不得已乘车前往幽州赴任。这样，在923年的阴历四月，李存勖在魏州筑坛即位。自907年唐室断绝以来，沙陀一直使用其最后的年号“天祐”，至此改天祐二十年为同光元年。国号自然继前朝为“唐”。为了区别，史称“后唐”。是突厥系之沙陀建立的唐王朝。

李存勖的倒台

李存勖在称帝半年后，于923年十月终于灭了后梁。其中另一张王牌老将李嗣源的能量和谋臣郭崇韬的参战发挥了重要作用。李存勖将后梁的政府机构原封不动地纳入了自己的政府。

但是，李存勖不断监禁、判杀已经投降的后梁人完全是不明智的暴行。这是他本性中的残忍和复仇之心使然，让他在政治判断上失误。朱全忠以来的后梁政权，虽然奢靡之风盛行，但是政治上本身是实用主义的，并没有沙陀那样严酷和残暴。刚刚出现的唐王朝，自身就向世人表明它是一个血腥的、残酷的政权。

灭后梁而称霸华北的李存勖，在安于现状和自满中很快走上了下坡路。不知是因为近二十年连日不断血战所产生的反作用，还是因为铲除了自父亲李克用以来的夙敌、实现了称霸愿望后产生的疏忽，他的精神明显懈怠，进而引发了大的异常。他在都城洛阳及其周边过着放纵的生活，令太监、伶人们整日陪侍左右，言听计从，而对于沙陀一直以来的骨干老将和臣僚们的建议却根本听不进去。

实际上，父亲李克用留下的养子、义子们对称"帝"的李存勖来说，既难以驾驭又让人心生厌恶。他们又各自豢养着以养子、义子为核心的武装势力，居功自傲，在国内我行我素、横行霸道。很可能像潞州李嗣昭的儿子们那样形成一个个新的"藩镇"。李存勖与这些养子们之间关系不断冷淡下去的势头，已经在所难免。另一方面，李存勖也缺乏巧妙处理与他们之间的对立、不断设法使自己掌握主动所需要的智慧、度量和应变能力。

李存勖只是个军官，离政治家还相差甚远。战场上的紧张、激动驱使他变成了一个“超常之人”，然而在需要稳健和冷静的日常的政治环境中，其“超常之人”的做派只能起消极作用。李存勖由着性子和感情办事，往往招致臣僚和士兵们的不信任。而且更为恶劣的是，包括李存勖在内的沙陀首领家族的通病是“吝啬”，或者说是名誉意识和物欲极强，只顾自己捞而不愿与周围的人和部下分享。

史称后唐的沙陀王朝，作为一个国家和政权，正当应该巩固自身基础时，却几乎没有任何举措地虚度过去了。可以说就没有进行过什么“国家建设”。倒是作为从前唐王朝弊端的宦官政治得到了复活。它成了一个消极面太多的政权。

李存勖的无道引发了整个政权的动荡。继谋臣郭崇韬之后，因太监和伶人而死于非命的高官接连不断。对蛮横的李存勖极度不满的将士们不断在各地发动“叛乱”，皇帝李存勖的身边渐渐没什么可用之人了。父亲李克用时期的元老李嗣源为官兵所敬重，被叛军推举为推翻李存勖的首领。

混乱当中，在沙陀同光四年（926）的四月一日，被禁卫军抛弃的李存勖，中来袭之兵的流矢死在了洛阳城内。享年四十三岁。在位时间，称帝后三年、灭后梁后两年半。他的一生，光和影的落差真是太过强烈。其庙号为庄宗（后唐）。

在李存勖之后，被众人期待为混乱平息者的李嗣源，不得已在四月之内即了位。已然是六十岁的老皇帝了。周围的人认为“唐”字不吉利，推荐了其他国号。但是李嗣源念及沙陀的恩顾，说：“武皇（李克用）功业即予功业，先帝（李存勖）天下即予天下也。兄亡弟绍，于义何嫌？”还是坚持使用了“唐”这一国号。实际上远比李存勖年长的李嗣源称己为弟，是说作为亲生儿子的李存勖才能是“兄”，而作为养子的李嗣源和其他养子们都只能是“弟”。是指这样的“父子”、这样的“兄弟”。经验丰富的李嗣源奉行稳健的政治，在其八年左右的统治期内，沙陀政权才得以安定。

阿保机之死

阿保机在灭了渤海国返回契丹本土的途中，六月于镇州正式听到了李存勖去世的消息。是继为沙陀之唐王朝新帝的李嗣源，派遣供奉官姚坤向阿保机报的丧。宫帐之内，体高九尺的阿保机身着锦袍接见了姚坤。

阿保机一听说李存勖已死，放声痛哭，说道：“我与河东先世约为兄弟，河南天子吾儿也。近闻汉地兵乱，点得甲马五万骑，比欲自往洛阳救助我儿，又缘渤海未下，我儿果致如此，冤哉！”

阿保机一时哭泣不止，最后终于问起李嗣源没有救助李存勖的原因以及他帝位的正统性。姚坤回答说：李存勖的倒台，在于养了两千宫女、一千乐人，平日里放鹰走犬、沉溺酒色女色，搜刮百姓毫不留情，朝政交人代理，招致了天下的共怒。于是阿保机说：

“我自闻如斯，常忧倾覆，一月前已有人来报，知我儿有事，我便举家断酒，解放鹰犬，休罢乐官。我亦有诸部家乐千人，非公宴未尝妄举。我若所为似我儿，亦应不能持久矣，自此愿以为戒。”

交谈继续进行。阿保机虽然和“汉国之儿”李存勖为父子关系，但同时二人又是仇敌，都怀有害人之心。不过与当今的天子李嗣源没有旧怨。阿保机提出双方订立盟约，如果李嗣源给自己让出幽州，他就不入侵“汉界”。阿保机还说自己的汉语很好，此事在部落内尚保密。姚坤住了三天，据说那期间阿保机染上了伤寒或是急性的发热症。一天傍晚，阿保机的宫帐前有颗星星陨落。其后不久，阿保机突然死于扶余城。那一天是七月二十七日。

阿保机的死因，其实并不清楚。不为所知的阴影似乎暗示着什么。说来，扶余城位于契丹和渤海的国境上。阿保机三月已踏上归途，可是过了约四个月，还在渤海国境内磨蹭，慢悠悠地西行。这究竟是为什么呢？刚刚被任命为新建东丹国之左大相的弟弟迭剌，先于阿保机十一天去世。阿保机去世两个月后，任政府首宰的爱弟苏也死了。就在灭渤海后不久，契丹国奇怪地为雾一样的东西所笼罩。很遗憾现在还不知道那究竟是什么东西。

阿保机及其智囊团所构想的是，既发挥匈奴帝国以来游牧国家的长处和优势，又补足并克服其短处和弱势；在保持国家的军事力量和能动性的同时，又提供安定性和持续性的那样一条道路。具体地说，就是以由移动的游牧宫廷和不动的首都二者构成的中央机构为核心，把包括由多部落组成的契丹、奚、霫、室韦等各游牧部族及其活动地域，还有移居境内的定居人口及其固定设施等生活空间，以及开发振兴人烟稀少的辽宁平原等这样多重发展的多种族、多地域，连接为一个关系紧密的大系统。这可以说是一种全新的历史创作。

附带说一下，据此轻易指责这是草原和中华的妥协，结果会如何呢？而所谓将中华方式全盘引入文化盲区之草原的说法，要么是出于过分崇拜中华，要么是出于太不了解草原世界生生不息的国家体系。

阿保机所开辟的新道路，很快就在契丹帝国的历史中得到了扩展和巩固。在更大的历史转折点，成为跨时代跨地域的国家和社会的应有状态，为后世所继承下去。阿保机的创业，又是时代的创业。他怎么说都不是个单纯意义上的英雄。可以说他既是战士、军事指挥官那样的英雄，又是政治和建设方面的英雄。这就是耶律阿保机此人在历史上能够与众不同的最重要原因。

东丹王的传说

刚强的未亡人月里朵

阿保机刚一去世，次日即七月二十八日，述律皇后立即开始亲自代行国家的军政大权。她很果断。以前，当阿保机出征党项时，室韦的两个部落乘虚来袭，她接到战报后整兵迎战，大破来犯之军，威名声震草原。

一国之主的开国皇帝死于远征前线后，若政策上稍有闪失，一代人所开创的契丹国乃至阿保机家族的王权，很可能就会烟消云散。危机当前，她应对得十分漂亮。十几天之间，她忙于控制人心、安排各方面的事务。然后带领政府机构和远征军的主力，护送阿保机的灵柩，故意缓缓退行，走了一个多月，肃静而平安地返回到根据地上京临潢府。

述律皇后名叫月里朵。她的名字确实字美音美，但是脾气也很大。父系四代以上祖先，实际上是回鹘人。与契丹国通婚的述律氏一族，可以说就是属回鹘系的。她的母亲是契丹王的女儿、又是阿保机的姑母，因此她和丈夫为表兄妹关系。她的霸业是由哥哥敌鲁、弟弟阿古只和实鲁共同辅佐的。

契丹国可以说是以阿保机和月里朵夫妇二人（包括阿保机之弟苏）为核心的、由“堂表兄弟”和“重堂表兄弟”们建立的。从前李存勖也曾称她为“婶母”，以表示敬意。那不单单是为了与阿保机结盟而摆出的姿态吧。从后来的事态分析，也可以说阿保机的继承人多半其实就是未亡人月里朵。

总而言之，阿保机继任者的人选就握在月里朵手中。阿保机和月里朵生有三子，长子是刚刚被任命为渤海国后身东丹国之首领的突欲；次子是在阿保机晚年以“大元帅”之名任出征华北军主帅的尧骨；幼子是备受宠爱的李胡。月里朵选择了次子尧骨。

竟然撇开本应当选的“皇太子”突欲，看来是一场硬性的候选人指派。如果仅从记载的表面文字分析，不由得使人感到某种程度上似乎是遵循了既定的方针。选突欲还是尧骨，这是关系到契丹国之命运和未来的影响深远的抉择。

东丹王突欲的晦气

这与征渤海国有很深的关系，这里稍做倒叙。在接受渤海国的大諲譔再度投降的下一个月，即926年二月，阿保机在军中举行以青牛白马祭祀天地的契丹传统仪式，大赦天下，改元“天显”，并遣使至后唐的李存勖通报平定渤海国之事。

十四天后，改渤海国为东丹国，更其首都忽汗城之名为天福，册封皇太子突欲为“人皇王”，立他为国主。相对于父亲阿保机的“天皇帝”和母亲月里朵的“地皇后”称号，突欲得到了位列天、地、人顺序中第三位的特殊称号。可以说突欲在权力结构方面站到了一个特别的位置上。

当天，新“东丹”王国的首领们会合，定阿保机之弟迭刺为左大相、渤海国的老相为右大相、曾任渤海国司徒的大素贤为左次相、契丹的耶律羽之（阿保机的重堂弟，本名寅底哂，或许音近 indišen）为右次相。契丹和渤海双方的王族和要人两人分别搭配任职，显然是想建成一个结合二者的“新国家”。另外，阿保机将渤海国的大諲譔一家带回契丹本土，在上京临潢府城西为其筑城以居，为他起契丹名“乌鲁古”、为其妻起契丹名“阿里只”。

大諲譔等人肯定是不情愿的。但是反过来说，阿保机无意杀死作为被征服者的渤海国王及其王族和臣僚，他就是以这种“特殊待遇”来接受他们的。看来，阿保机为首的契丹领导集体似乎是想建立不是单靠武力吞并而是融合契丹与渤海的一种联合国家或联合王国。本来，双方之间就一直是契丹为主人、渤海处于从属地位的一种联盟。

以往契丹和奚保持着松散的部落联盟的关系，阿保机建国以后，成为更加明确的联合政权。形成了阿保机之八部契丹拧成的“统一王权”凌驾于奚之五部分散的“部族王权”的结构。阿保机等人不就是想与渤海王族之间建立一种类似的关系吗?

旧渤海国境内的东丹国，正是这种融合双方的复合国家。而在契丹本土，渤海国的王族和臣僚们与契丹和奚的王族、族长、显贵们共同聚合成为一个权力复合体。总之，是构想了一种以阿保机的血脉为共同的君主，贯通契丹、奚、渤海三者的多元复合的广域国家。也可以说是一种近乎“共主联盟”的构想。

另外值得注意的是，在四位相官之外，新设了东丹国的百官，授予突欲天子的冠服，建元“甘露”，决定每年向契丹本土进贡十五万匹布和一千匹马。在道理上，东丹国主突欲被定位为“天子”，组成拥有不同于契丹本国新年号“天显”之年号的独立国家、同时具有进贡义务的“属国”。

确定了新国家的基本姿态，阿保机说道：“此地濒海，非可久居，留汝抚治，以见朕爱民之心。”离别之际又说：“得汝治东土，吾复何忧。”据说突欲大哭而退。

阿保机和突欲之间，没见到有什么矛盾。这对父子看上去反倒像是一直相互信赖的。不正是因为突欲沉着冷静，阿保机才把风俗习惯和传统迥异的渤海地区交给他去统治吗？突欲深知那是一条极其困难的“荆棘之路”，又深感父亲一贯的评价和信赖。这对于突欲是无上的幸福，但也成了他日后不幸的起因。

被推翻的设想

即便如此，突欲的不幸也来得太频繁了。首先，虽说暂时以东丹国的形式建了国，但那仅仅是改组了渤海国的宫廷和政府，事实上政权交替仅限于首都这一“点”上。在契丹军来攻之前已大乱的渤海国境内，现在混乱转化为对东丹国的反叛。

起初，契丹进攻渤海时采取的是迂回突破的战术。先攻打渤海西部边境与契丹相望的战略据点扶余府，然后一鼓作气进攻首都忽汗城。在此之前，攻下扶余城时，阿保机打算调查人口数字，唯有皇太子突欲进言道：“今始得地而料民，民必不安。若乘破竹之势，径造忽汗城，克之必矣。”听从其言，契丹军立即东进。在攻下扶余城仅六天后，以阿保机之弟安端和月里朵之弟阿古只为统帅带领的一万骑兵的先头部队，就击破了大諲譔的老相所统领的三万渤海主力军。于是，由皇太子突欲、大元帅尧骨、前南府宰相苏等人率领的先遣部队，当夜包围了忽汗城。据说大諲譔在三天后求降。真可谓靠闪电战打开了渤海首都的城门。

可是，八天后大諲譔又改变了主意。阿保机遂于当天武力攻下忽汗城，亲自入城，令大諲譔在自己马前彻底请罪。其间，阿保机向渤海国的各州县宣布首都已陷落、国王已投降，并送去招降书。结果，在大諲譔再次投降后的二月，渤海的将军和首领们从境内各地赶来表示投降。看上去似乎渤海各地服服帖帖地接受了契丹的霸权。因此得以施行大赦、改元、组建东丹国等一系列政治举措。回过来看，从上一年闰十二月着手攻略扶余城后仅用二十天的时间就再次制服了大諲譔，又在五十天内改组出东丹国，真是动作神速。

但也正是因为如此，渤海境内依旧不安定。阿保机等人或许以为占据了最大的军事据点和首都、制服了王族和政府这个“头”，渤海各地就会自然而然地归附。可是事与愿违。暂且称降的人们接连举起了反旗。更为棘手的是，在渤海国及其周边散布着独立或半独立的部落，虽然濊貊、铁骊、靺鞨等部首先来贡，然而最强的女真诸部即尚未被统一的 Jusin 各部族就没想与契丹联合。

这样一来，东丹国实际上有名无实。契丹军不得不四处作战展开镇压。其中有些战役打得似乎相当艰苦。东丹国的突欲已经出不了首都忽汗城即新天福城了。诸将当中，大元帅尧骨自然成了讨伐战的主将。他主要向北，制服了离契丹领土最近的达卢古部，震慑并牵制了达卢古部后面以完颜部为首的女真联盟。实际上，分散在各部的女真（诸部）的潜在力量，正是契丹国在东方

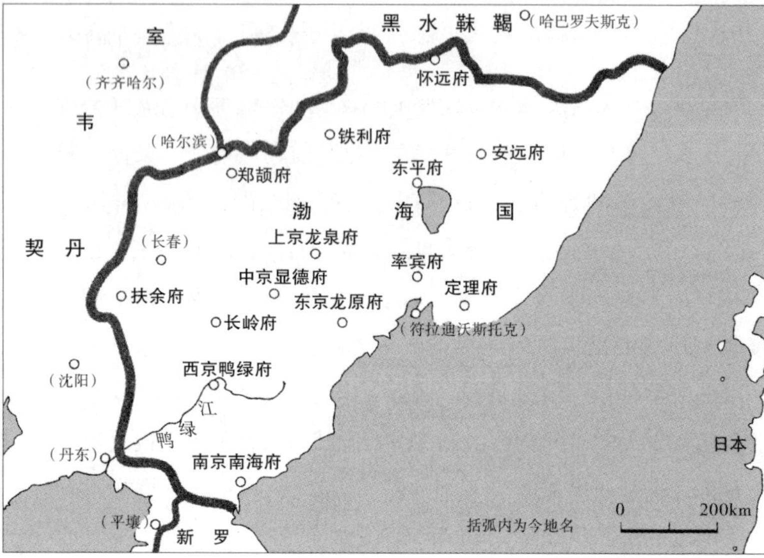

15 渤海国的疆域

的最大军事威胁。月里朵之弟阿古只稍向南，击溃了来自鸭绿江方面的大批人马，进而破了回跋城。可是也就在那时死于手伤或疾病。

总之，对渤海国的军事行动，无论是前半期漂亮的闪电战还是后半期略显艰苦的讨伐战，都是由构成契丹国之核心的阿保机和月里朵的近亲们全体参与进行的。即便如此，也没能最终将渤海全境纳入契丹的势力范围。而且，在渤海国故地的东部，此后有一股以"渤海"自称的势力尽管微弱但一直存在着。如果将断断续续的记载串联起来看，它有可能一直持续到北宋末期即女真族所建立的大金国（通称为金朝）出现时。

阿保机的本意

可以说突欲在精神上有所准备，但是对于已经背上了东丹国这个沉重负担的他，更大的不幸还是随之而来。那就是父亲阿保机的去世。当瞬间击毁渤海国的核心部分、改建为东丹国时，阿保机根本没想到自己会死吧。他不是还踌躇满志地准备南伐中华吗？

在开始派兵征讨和镇压渤海境内各反叛势力的926年三月，阿保机决定“班师”，即准备撤兵。可以说，阿保机之弟安端首先带着讨伐战的最初战果回师了。时机显示要彻底消灭各反叛势力还需要相当长的时间。明知如此，阿保机还是下令主力军撤兵。那是因为什么呢？答案只有一个，就是为了武装干涉陷入混乱的沙陀政权即所谓的后唐。

此前，从前年（924）至去年完成大西征，继而东进征讨渤海，都是为在不远的将来大举入侵中华做准备。然而，华北的局势难以置信地急转直下。如上所述，李存勖的异常转为整个后唐的混乱。在阿保机所率契丹军展开闪电战时，沙陀政权已经开始崩溃，且崩溃程度与日俱增。这方面的消息应该不时地传到远征途中阿保机的耳中。新情况已远远超出了阿保机的预想。

时机在向阿保机微笑。不管怎么说，已经没有时间再一味泡在渤海方面的事情上了。首先必须率主力军转向西行，无论如何不能白白错过天赐良机。然后根据华北局势的发展，一鼓作气南进。阿保机平生最大的机会似乎就要出现了。

可是命运更加令人啼笑皆非。准备西还的阿保机，在入夏之前的四月五日与随行而来的突欲及其属下的官员们做了最后的告别。中华方面的局势变化得实在惊人，李嗣源刚于上个月不得已举兵反事，而在混乱的旋涡中李存勖已经丢了性命。他死得也太简单了，可怜到几乎没有什么抵抗。假如李存勖再有一点毅力和耐性的话，后来的事态发展恐怕就完全不同了。

对沙陀和李嗣源来说，窝囊反倒成全了幸运。假如李存勖积极应战，沙陀政权就会分裂、华北就会变成动乱的战场，那对契丹和阿保机是幸运之事。无论是从当时的形势还是李存勖曾经的勇猛形象出发，那种看法都是很自然的。然而李存勖独自我行我素，很快就自行谢幕退出了历史舞台。在这个意义上或许可以说，他没有给沙陀军阀和华北的百姓带来大的麻烦。而阿保机的希望落空了。李存勖直到最后仍然给他制造着麻烦。

意外之死

关于阿保机何时得到李存勖悲惨而死和李嗣源顺利即位消息的确切时间，史料中没有明确记载。如前所述，李嗣源所派报告皇帝李存勖去世消息的使团，就好像已有准备似的迅速来到阿保机的驻地，那时已是六月份了。在和使者姚坤的交谈中，阿保机说他已于上月得知此事。情况究竟如何呢？从当时危急的形势、契丹和沙陀之间紧张的关系来分析，阿保机早在四月份就得知李存勖已死，但是他很可能一直在观望“其后”的动向。然而整个华北在李嗣源的统治下迅速得到安定，阿保机也只能是大失所望。

李嗣源统领的沙陀也十分清楚阿保机的意图，正由于最担心契丹军的南侵，所以当即派使者北上“告哀”，特地赶到阿保机远征途中的营地请求接见。总之，姚坤是想表达阿保机的期望已经很难实现之意。而阿保机挖苦说李嗣源的行为说到底难道不是篡权吗？他不断牵制对方，向李嗣源提出重新订立盟约、并以之为代价割让土地的要求，施加压力。当时，阿保机手中理应还握有契丹军大举南进这张牌。他对姚坤所说去华北看看嗣源也行的话，就是这个意思。

可是阿保机自己却出现了问题，那就是伤寒。原因之一在于，从前年开始西征、紧接着又是东征，长时间的行军积劳成疾。另外，正如他对长子突欲所说的那样，“此地濒海，非可久居”，或许渤海国东半部地区的水土损害了他的身体。阿保机很有可能是在与渤海的交战当中发的病。不过就像他和姚坤交谈时所反映出来的情况那样，阿保机虽说已经病了，但是精神头依然十足。可以设想，他一面冷眼观察着制服渤海的战斗，一面分析着华北形势的走向，在契丹和东丹的边境上度夏，等待着身体的康复。

死是很难预测的。到底人能预知自己的死吗？阿保机大概也没有料到自己的死吧。他没有留下关于继承人的遗嘱。不过，就阿保机来说，自己只要不让已当了十年皇太子的突欲“退避”，就无须担心突欲当不上继承人。但是，父亲阿保机没有留下明确的遗诏就意外地去世了，这对于突欲来说是第二个不幸。

另外，《资治通鉴》和因袭它的《契丹国志》说阿保机去世时发生了如下的事情。月里朵把诸将领和族长中难调之人的妻子们召集过来，说道："我今寡居，汝不可不效我。"然后召集来她们的丈夫，边哭边问："汝思先帝乎？"那些人回答说："受先帝恩，岂得不思？"月里朵随即说道："果思之，宜往见之。"于是都杀了。真是个令人叹息的故事。可是相关内容照例仍然只见于这两种书。司马光所虚构的故事，充分反映了他的精神世界。

月里朵的选择

东丹王突欲更大的不幸在于和母亲月里朵之间"关系不和"。这只能说是一种宿命。

在月里朵的指挥下，护送阿保机灵柩的契丹主力军离开扶余城西行，八天后，大元帅尧骨结束讨伐，与之会合于途中营地。三天后，人皇王突欲从东边赶来。而在西还的路途中，契丹政府的首宰苏去世了。

阿保机、其爱弟苏和月里朵之弟阿古只这三位构成契丹国顶梁柱的人一旦去世，"堂表兄弟政权"中就仅剩月里朵一人了。九月，在上京临潢府为阿保机"入殓"，并举行了葬礼和其他一系列国事活动。这些都是在她的主持下完成的。天显元年（926），契丹国在接受保留渤海国形式的同时，被很大的一片阴影和不安所笼罩，没有选定继承人度过了这一年。

月里朵很可能正在分析形势。实际上她本人似乎也不清楚该定谁为继承人。927年秋八月，按中华习惯庙号被称为太祖的阿保机的皇陵"祖陵"竣工，阿保机的遗体被葬在了那里。当时，月里朵欲殉葬，为左右所阻止，于是她切断右腕放入丈夫的棺木中。她是想与亡夫同去，但是那样一来契丹国的前途就危险了，所以她以右腕做了自己的替身。真是个令人惊异的刚烈女子。

总之，契丹内外的人们都聚集在这里了。已经不能再任帝位空虚下去了。不惜身留单臂、尽力代掌国家大权的月里朵，内心已向尧骨倾斜。

尧骨确实是个单纯素朴的人，外表威严而内心豁达，对母亲的话言听计从。对母亲来说，是个孝顺的孩子。他又是个不辞辛劳的勇将，这一点也使尚武的月里朵对这个孩子很是中意。

而突欲自幼聪敏好学，也是一个将才。自十八岁当上皇太子以来越发沉稳。在跟随父亲阿保机、叔父苏、舅父阿古只学习理政的过程中，迅速地长成了大人。仅此一点就使他和母亲月里朵之间关系疏远了。大概她觉得这是个喜欢生活在别人当中的“他人之子”吧。

再者，突欲在和沙陀的第二次决战时遭到狡猾的李存勖的算计，无奈成了败将。而且征服渤海后不断发生的“叛乱”，也被归咎为突欲之过。相反，尧骨却显然战功累累，成为代表契丹军事实力的人物，深得诸将领的信赖。尧骨显然已胜运在握。

察觉到月里朵的这种心思，阿保机的股肱之臣耶律迭里进言道：“帝位宜先嫡长；今东丹王赴朝，当立。”身居政府要职的他，直率地说出了宰相苏和阿古只若仍在世将会说的话。然而明知是这么回事的月里朵，反被这样直截了当的话激怒了。她以预谋和东丹王结党之名将其下狱，百般折磨，终因未能获取对突欲不利的口供而将其杀害。

事情发展到这里，就看月里朵的演技了。她命令突欲和尧骨二人一同骑马立于帐前，对族长和部将们说道："二子吾皆爱之，莫知所立，汝曹择可立者执其辔。"谁都明白月里朵的心思，争相说道："愿事元帅太子。"月里朵说："众之所欲，吾安敢违？"遂决定拥立尧骨。

很快，这场表演有了回应。突欲也召集契丹国的要人，对他们说："大元帅功德及人神，中外攸属，宜主社稷。"率群臣拜见太后月里朵，自请让位。这本身也是一种自我保护的举动。月里朵准其请，于是尧骨即位。时为927年阴历十一月壬戌日。

东丹王之渡海

但是事情并没有就此结束。新皇帝尧骨和东丹王突欲之间的关系已超越不和，逐渐变得凶险、非同一般起来。

在即位一年多后的天显三年（928）十二月，尧骨终于出手了。他将东丹国原封不动地整个迁往契丹本土的西拉木伦河最下游即现在的辽宁平原。将原称东平的辽阳改名为"南京"，定为副都，令兄长突欲驻其地。这个新方案是根据任东丹国右次相的耶律羽之的奏言做出的，理由之一是渤海境内尚未平服。还有，当时的辽宁平原尽管本是一方沃野，但是由于变成政治上的缓冲地带而长期人烟稀少，此前阿保机已从中华大量移民至该地，这回是要靠渤海的百姓来正式开发了。

理由本身很正当，令人难以抗拒。但是，在放弃不稳定的东方、巩固东丹国以及经济开发等表面上说得通的有利之处以外，还有另一个目的。不用说就是把不放心的突欲连东丹国一起迁到契丹本土的近处、控制其行动。突欲的一举一动，都在尧骨所派卫兵的眼皮底下。

突欲已成笼中之鸟。

其结果，曾经被誉为“海东盛国”的旧渤海国的大半领土变成了弃地，往日的繁荣丧失殆尽。只是，如前所述，可称为其“依靠”的残存势力还在那片故土上隐约地活动着。而辽宁平原一带出现了以渤海移民为主的聚居地，所谓的“辽东”之地就此复苏，其首邑辽阳后来成为契丹帝国“五京”之一的东京。随着时间的推移，发展成为包括渤海系居民和女真、蒙古、汉、朝鲜等各种人群杂居的多种族社会。蒙古时代和努尔哈赤初期引人注目的辽东“国际社会”的状况，可以追溯至以东丹国之名大量迁入渤海移民之时。

突欲在“新都”辽阳的西宫内建了书楼，写下《乐田园诗》。扮起了隐士。他并未就此满足，又在位于国土南边的辽西名山医巫闾山的山顶上建了另一个书楼“望海楼”，藏入从前手头收集的一万卷书，每天眺望远方的大海度日，俨然一副仙人或隐士的样子。

不过，突欲未必只是装装样子，他是个地地道道、出类拔萃的文人。他通晓契丹文和汉文，身上洋溢着中华文化的素养，尤其擅长绘画，在描绘契丹的人物、动物和风景方面，可谓绝世高手。来自中华之地的商人到此竞相求购他的画作，据说，他的画作在开封和洛阳可以卖到非常高的价钱。后来在宋朝的秘府也有收藏。欣赏他的流传至今的作品，能感到其具有准确的构图和下笔的能力。虽然不能说突欲是绝对的绘画天才，但总给人一种清澈明快的感觉，应该是某种类型的才子吧。

突欲并没有安于现状。在母亲和弟弟的压制下坚持活下去之余，他还有别的生存方式。他也没有放弃政治上的抱负。930 年，东丹王突欲终于登上后唐李嗣源从南边派来的海船，驶向大海。突欲带了四十多人的随从、万卷书和渤海妃子高美人随行，在山东半岛的登州登陆，按天子之礼受到迎接。

东丹王就这样流亡而去。李嗣源大为欢迎，他先劝突欲改姓“东丹”、改名“赞华”，接着又给他赐名“李赞华”。

新名的意思一目了然。或为“钦慕中华”之义，或为“赞赏中华”之义，二者异曲同工，都表达了仰慕中华的心情。的确，东丹王的流亡表面上是以憧憬中华为理由的。这一点毋庸置疑。但是，假如是突欲自己起的名字则另当别论，如果是李嗣源提出来的话，就真的有些奇怪而逗笑了。很可能大半是出于戏弄和玩笑，也很可能是做戏般地起名。

“李”姓本为后唐沙陀王朝的“国姓”。李嗣源为投己而来的契丹皇兄推荐这个“李”姓，以此表示视他为己方“唐朝”的同族，是一种犒劳之举。而且就在第二年，李嗣源顶住反对意见任命突欲

16 东丹王耶律突欲所绘契丹贵族和马（台北故宫博物院藏）

为滑州节度使，即地方军阀，所谓的“藩镇”，使他不仅具有后唐王族的名分，而且成了拥有独立的军事和行政权力的一种“诸侯”。

这无疑是一种厚遇。李嗣源的目的很明确。他是要通过把契丹的实力派人物东丹王突欲拢入自己的怀抱，为北方大国契丹的坚固阵地钉入一只楔子。在尽可能削弱其威胁的同时，恢复难以控制的局面，将形势转向有利的方向，起码要使他成为牵制月里朵和尧骨的砝码。

就突欲来说，他渡海投“中华”也有自己的目的，就是期待弟弟尧骨一旦一败涂地，他可以反攻。看来如果沙陀军阀以新的华北政权的力量北伐，突欲很有可能作为契丹皇帝东山再起。所以绝不是什么简单的“慕华”、“赞华”。而是他料定后唐会欢迎自己，才选择了渡海。

沙陀之混乱

在突欲渡海事件三年后的933年，李嗣源死去了。后唐政权立刻陷入了混乱。李嗣源的亲生儿子李从厚成为继承人，但李嗣源的养子李从珂杀死李从厚，在洛阳称帝。这又是前述那种基于假父子关系的“义子”、“义儿”、“假子”之类的实例。李嗣源麾下著名的勇将李从珂就是他的“义子”。

可是，东丹王突欲此时却做出了奇怪的举动。他竟然给弟弟即契丹皇帝尧骨送去密报，说：“从珂弑君，盍讨之。”因骨肉相争而流亡别国，却从流亡之地给仇人出主意、谋划侵略那个国家——这不由得使人联想到日本战国末期时的武田信虎和儿子晴信（信玄）的故事，不同的只是他们为父子关系。

父亲信虎因儿子的阴谋遭到邻国骏河的今川氏的囚禁，可是他在今川义元死于桶狭间后，立即向驱逐自己的儿子即甲斐国主派去密使，告知他此时是侵入骏河的绝好机会。这个奇闻广为人知。也许原本就是江户时期虚构的故事。日本的信虎，比儿子信玄活得时间长，他在京都得到了儿子的死讯。可是东丹王却具有讽刺意味地搭上了性命。

却说，石敬瑭虽然有个汉式的姓名，但仍然是沙陀族。他既是已故李嗣源的女婿，也是他少有的心腹。此前，他作为防御契丹南进的北面驻屯军的将领，镇守沙陀军阀起初的根据地山西太原。如果单个计算，可以说他手里掌握着后唐国内最强的军力。他和李从珂是冤家对头，关系一直紧张，这种情况因李嗣源

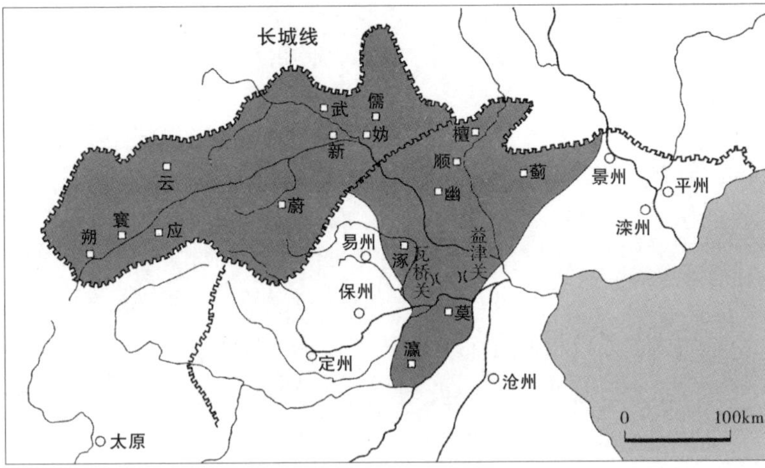

17 燕云十六州 □表示十六州 ○长城线是明朝时期的

的去世而立刻表面化了。已经称帝的李从珂，在石敬瑭看来宛如眼中钉。李从珂清楚若不将其除掉，此人将危及自己的政权。于是立即派兵北上。

石敬瑭遭到李从珂的进攻后，向北边的帝王即契丹国主耶律尧骨请求援兵。说明他即便掌握着再强的部队，可是要靠一己之力与如今拥有皇帝之名、能号令军队的李从珂抗争，还是很困难的。更何况，一旦李从珂与北边的契丹帝国联手、形成“夹击”之势，自己根本无法对付。眼下已经腹背受敌，没有了退路。

石敬瑭和契丹就割让燕云之地和行父子之礼达成了协议。总的来说就是，当时石敬瑭提出献上中华本土北部边境线一带的区域、降为属国。这些条件，耶律尧骨清楚，并同意了。史上著名的“燕云十六州”，此后就成了契丹的领土。

契丹帝国的抱负

契丹南进

尧骨得到兄长突欲的密报，认为这是实现父亲阿保机进入中华之夙愿的良机，决定介入沙陀政权的内讧，于是立即亲自率军出发。以骑兵为主力的契丹机动部队一路奔驰，沿黄土高原而下，于 936 年九月击破了围太原城布阵的后唐各部队，实际上只此一战即一举击垮了后唐政权。

同年十一月，石敬瑭因契丹皇帝尧骨的册立而即帝位，基本上就是一个傀儡皇帝。闰十一月，尧骨援父亲阿保机和李存勖的旧例，直接签订了以年少的自己为“父”、以年长的石敬瑭为“子”的协约。契丹和沙陀的缘分还持续着。

同月，李从珂带着上文提到过的“传国宝”在洛阳自刎而死。之前，他曾召唤东丹王，打算让他一同赴死。尽管李从珂称“帝”，但是仍然沉浸在希望之梦当中的突欲，是不会和李从珂这类人一起自杀的，东丹王自然拒绝了他。

因绝望而发狂的李从珂，派自己的“铁炮玉”李彦绅前往开封的东丹王府邸刺杀突欲。那是最后的礼物。曾经活跃于契丹、渤海和中华的东丹王突欲，就这样走完了他奇特而波澜起伏的一生，年仅三十八岁。

不过突欲死后也很热闹。某个和尚在开封发现他的遗体，暂且埋葬起来。接着，当时在契丹的庇护下当上“中华”之主的石敬瑭，身着丧服临哭，依王礼举行了临时的葬仪。后来，名副其实的东亚唯一的真皇帝耶律尧骨迎回兄长的遗体，重新将兄长安葬于和他有缘的医巫闾山，上其谥号为“文武元皇帝”。石敬瑭和尧骨虽立场不同，但在有意识地向周围做出姿态这一点上是相同的。东丹王太过富于戏剧性的一生，由此渐渐变成了传说。

沙陀之属国化

石敬瑭的政权，是继承李存勖的政权和李嗣源家族的政权，实际上应该称为沙陀第三王朝。也可以说是沙陀军阀搞的轮流坐庄。由于是以沙陀军阀起初的根据地山西太原即晋阳为基地，所以按中华习惯定国号为“晋”，史称“后晋”。据此视这一政权为“中华”，究竟是否合适呢？石敬瑭原本是李存勖麾下的一员部将，宿将李嗣源手下擅长密集阵突袭的骑兵队队长。作为粗暴野蛮的沙陀头目之一，石敬瑭同李嗣源及其亲生儿子或养子们毫无区别。

这里最关键的是，沙陀政权变成了契丹国的属国或者是说卫星国。对于这一点，如果从契丹的角度看，就会认为与渤海国改为东丹国是一样的。关于这一时期的历史，最好不要按照“中华”、“夷狄”那样的模式去考虑问题。另外，尽管李嗣源在位时期曾设立“三司使”这一财务机构、建立了皇帝的卫队“侍卫亲军”，但是这些举措只不过成了北宋朝制度方面的渊源而已，最终并没有进行像样的“建国”，只是在同伙之间无休止地展开徒劳的夺权斗争而已。

937年，石敬瑭把首都从洛阳迁回了开封。可是几乎就在同时，连本应是政权之基地的华北各地也不断发生有实力的军阀间的叛乱和独立，根本无法形成一个可称得上“统一政权”的局面。本来就是拼凑起来的沙陀军阀，又从几个恢复到十个左右。

况且，吴、南唐等江南的中小王国明显地蔑视混乱中的华北。总之，中华地域的实际情况，从哪个方面讲，都离统一差得太远。在亚洲的东方，只有契丹像个领土广袤的国家。这就是事实。

大同之梦

徒有“皇帝”之名的可怜的石敬瑭，在即帝位仅五年半后，于942年五月病逝。宰相冯道和实权派人物景延广无视石敬瑭指名幼子重睿为继承人的遗嘱，拥立石敬瑭哥哥的儿子重贵为帝。因景延广的灌输，他们谋划脱离契丹而独立。契丹皇帝尧骨对此给予了强有力的打击。先是于944年两次出兵，扫荡了沙陀的北半部地区，接着于946年七月决定亲自大举南伐，为此在国内广泛征兵。

八月，从进入秋季的契丹本土出发，到达已是契丹南部中心城市的幽州即新的南京析津府休整，然后于十一月全面南下河北平原。衰弱的后晋军基本上无力抵抗。华北各地有实力的军阀们只图自保，无人愿意援助后晋政府，拿出一副见死不救的态度。黄河成了唯一的依赖。然而防御薄弱的滑州白马津被契丹军攻克，开封很快就于十二月无条件投降了。手握实权、自负的景延广，是推行不切实际的愚蠢的强硬路线的罪魁祸首，他在被押解上京临潢府的途中自杀了。仅坚持了一个多月就溃散而去的后晋政府的官员们，转而为契丹效劳。

947年的正月初一，尧骨整驾进入开封城，接受百官之贺。命运比叔父更悲惨的皇帝石重贵，被送往阿保机的去世之地扶余府即新的黄龙府。二月一日，尧骨改国号为“大辽”，大赦天下，改元“大同”。将固有的国名“大契丹国”改为中华式的“大辽”，是主动宣告涵盖中华世界的大帝国已经出现。而年号“大同”包含使草原和中华的土地和人民实现大同的寓意。阿保机以来契丹帝国的梦想似乎就要实现了。尧骨不禁得意洋洋。

单纯素朴、天生武者性格的尧骨，其缺点在关键时刻显露了出来。他完全不具备对占领区实施行政管理所必需的慎重、周到和关怀之心。后晋过于短促的自灭，反而带来了副作用。尧骨因史无前例的成功而心潮澎湃、飘飘然起来。后晋政府本身没有彻底平服华北的后果，现在落到了契丹占领军的身上。事态的发展就像征讨渤海国时的光和影再现、扩大了一样。

在改国名为“大辽”的同一个月，沙陀军阀的首领之一、以山西为属地的刘知远自立为“帝”，建国号为“汉”。假如到此为止，实际上什么样的事也不会发生。但是，契丹骑兵粮草供应不足，尧骨允许部下随意劫取。他不只放任契丹兵征收粮草，还对他们的暴行、强夺和杀戮视而不见。“打草谷”士兵们的这些野蛮行径，引起了华北民众的激烈反抗和反叛。

为了妥善应对各种事务，开封政府清理了冗员，但是无能到家的官员们全然不能胜任职守。调集各地军阀的举措也有失考虑，军事上的平稳过渡也未能成功。而且，契丹国内本来就有母亲月里朵等人主张南进应慎重，在远征军内部，随着驻留时间的延长，质疑和要求回国的声音也高涨起来。

军事上出色、治理上柔弱、即便达到了成功的顶点，可还是栽得非常狠，或许可以说尧骨在这一点上有些像李存勖。孤军留守中华本土中心地区的尧骨麾下的契丹军，在占领其地三个月后，于947年四月一日撤离开封北还。不料尧骨在途中突然病倒，死于栾城。时年四十六岁。他头脑中所描绘的大同美梦，随着转瞬间的辉煌消失了。

东丹王之血脉

皇帝尧骨意外死去，远征军遂拥立军中随行的东丹王突欲的长子兀欲。包括尧骨的神秘死亡，这基本上就是一场政变。兀欲在视己如子、疼爱自己有加的叔父尧骨的灵柩前即位。有了“新帝”的远征军，这回转向契丹本土进攻。

尧骨去世、兀欲即位的消息立即传到了契丹本土，月里朵一听大怒。她就在那个四月内令爱子李胡率兵南下迎击兀欲的“叛军”，却为经南京析津府北上而来的兀欲军所败。已是六十八岁的月里朵，精神不减当年，亲自整兵和李胡一同赶到西拉木伦河的渡口等候来兵。两军相持数日，终因耶律屋质的冒死斡旋而避免了骨肉相残的最坏局面。根本原因是月里朵的士兵战斗力远不及兀欲麾下的部队。

这样，契丹的帝位转到了东丹王突欲一系。月里朵怒气未消，暗地策划扶李胡即帝位。但无奈被孙子即新帝兀欲下令迁居亡夫阿保机长眠的祖陵之奉陵邑祖州。她在那里过了七年，于953年去世，享年七十五岁，葬于亡夫的祖陵之侧。对于契丹帝国，一个时代终结了。

后来，契丹的王统因兀欲遭政变被杀，曾一度回到尧骨的长子述律身上，可是述律又遭暗杀，兀欲的次子明扆即位。其后，东丹王突欲的血脉连传六代，迎来了契丹帝国的稳定期。

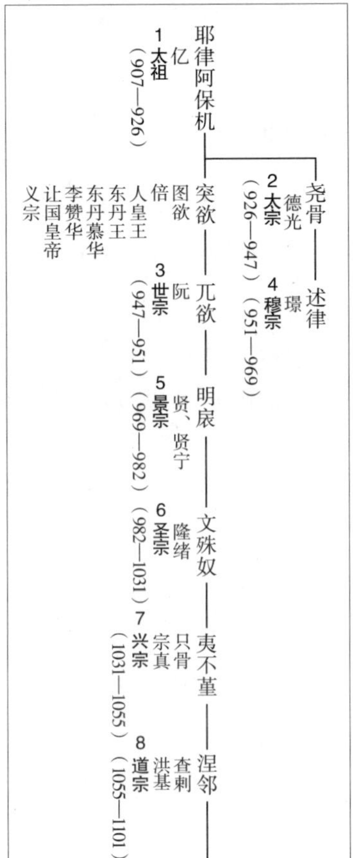

18 契丹皇帝图表

契丹军撤退之后，山西军阀刘知远拣了个便宜，轻松进入已成空城的开封城，建立了史称“后汉”的政权，也可以称为沙陀第四王朝。不过其自身很不稳固。才过了一年，刘知远就死了。后来几经周折，碰巧由汉人军阀郭威掌了权，于950年发动政变即位。史称“后周”。统治系谱仍属沙陀军阀一系。

自称承续“后汉”正统的刘崇，也于太原自行即位，与后周相争。其政权史称“北汉”。这个山西政权以契丹为靠山，实际上成为其前沿阵地或是卫星国。后周在郭威之后，由其养子、又是皇后外甥的柴荣即位，即威名赫赫的世宗。很想就他的事迹多说几句，无奈篇幅有限。柴荣霸业未果，于959年离世，享年三十九岁。他刚去世，又发生了常见的近卫军政变，960年赵匡胤登基。包括北宋在内，这期间的任何政权，都完全不具备权力的正统性。

即使从其建立的情形来说，北宋也只不过是沙陀军阀序列上的一个成员。像个政权的样子稳定下来，不过是在980年左右。北宋之所以没有像先前的那几个政权一样超短命，首先在于柴荣所打下的基础，还有赵普那样国家建设和政权建设的杰出设计师。假如没有他，凭赵匡胤及其追随者们那样粗暴的军人，根本谈不上什么把握政权方向、国家建设。

与此相比，契丹帝国其实已经先于北宋具有国家的形式，早已建立和巩固。作为国家，二者在历史、传统、经验和设置方面都没有可比之处。况且，赵普所进行的“国家建设”不也是以契丹为实例学习了很多吗？总之，北宋是个后进国。如果无视这一简单事实，就会看不到真相。

北宋的真正确立，是 1004 年与契丹帝国签订“澶渊之盟”以后的事情。摆脱了自父亲明扆以来内讧状态的契丹帝国的第六代皇帝文殊奴（汉式的名字为隆绪，中华式的庙号为圣宗），为了谋求契丹帝国的更大发展，提出了正式南进的策略。文殊奴率契丹骑兵南下河北平原，北宋守军采取惯用的紧闭城门的做法，任他们通过。契丹军一直进至黄河北岸。庙号为真宗的北宋第三代皇帝赵恒，是个胆小却好声张的人，听到契丹军来袭，顿时惊慌失措。北宋朝廷内，来自各方的南迁奏言也很多。此时如果南退，北宋政权也许就烟消云散了。

然而，强硬派寇准力主出击，他怂恿内心不情愿的真宗到黄河渡口的军事重地澶州，抵达黄河的双子要塞。真宗打算驻于南岸上的南城，却被他强拉至北岸上的北城。寇准达到了目的，尽管真宗吓得直打哆嗦，但是他“渡河”的举动还是鼓舞了北宋军队的士气。

形势真的很奇妙。基本上不战而抵黄河北岸的契丹军，没想到后方出现了情况。自阿保机时代以来一直以基本不带辎重、快速前进为宗旨的契丹军，也必然会避免长时期的对阵。另一方面，可能契丹根本看不起北宋，没想到北宋皇帝会像当年尧骨一举收服“后晋”一样，御驾亲征。虽然各有各的理由，可是都无心再战的双方终因北宋一方的求和建议而坐下来谈判。

双方订立的盟约称为“澶渊之盟”。其要点为，北宋每年送给契丹丝绸二十万匹、白银十万两；维持两国国境现状、不建军事设施等。由两位皇帝签订的这份和平共处的条约，后来在大金国兴起之时，被势利的北宋单方面撕毁，其间持续了一百多年的时间，为世界史上所罕见。

在军事上也处于弱势的北宋，借此保全了自身。北宋文化发展的最大原因，首先应归功于这个条约。可以称为“澶渊”模式的国与国之间和平共处的方式，即使对于将要谈到的后来的西夏和北宋以及再后来的金、宋、西夏，也是适用的。

南北共存的一百年

真宗是个贪图现实利益的人。见安全问题已经解决，就彻底放了心，头脑很快发起昏来。在“澶渊之盟”四年后的1008年，他热衷于把自己比作中华历代大帝王的“表演”，而导演是宰相王钦若。其时，都城开封的城门上落下“天书”，真宗为纪念此事而大赦天下，年号也改为“大中祥符”（中大祥符之义），还举国大办东岳泰山的“祭天”封禅仪式，那是自秦始皇以来时常举行的盛事。

有意思的是，真宗曾请求契丹皇帝耶律文殊奴允准此事。说此回自己将举行大祭，望默许。真是个卑贱又可笑的人。这就是当时契丹和北宋之间“国际关系”的事实。如果没有契丹方面的许可，北宋连国家祭典都办不成。之后，真宗又到山西西南部的汾阴举行了“祭地”仪式。还是一样地热闹。北宋和真宗都相当高兴。

北宋在真宗朝发展水平还是很低。仗着与契丹的和平共处，士大夫官僚们能高谈阔论，还是稍后的事情。北宋这个王朝国家是建立在文化或文化意识基础上的一个统一体，这一点在其鼎盛期十分典型。进一步说就是以汉文为共同点的统治阶层人们的统一体。其中的人们，如果综合具备汉文、以汉文为基础的文化意识和某种教养，就不管他是来自穷乡僻壤、还是出身蛮族或异族（用今天的话说就是人种和民族），都是一个统一体。这一点，唐朝和宋朝没有多大不同。

即便是在中华的中心，受统治的人们也不被视为这个统一体中的一员。如果不识字，那就是民。文化是由统治阶层的人支配的。他们自然就成了中华文化的宣传者。受统治的人们只有被动地接受。“教化”这种说教和强力兜售现象，在北宋和南宋时期非常显著。这大概和本与汉文化缘浅的“蛮地”江南乃至岭南的正式开发、统治阶层和被统治阶层都不得不热心于“汉化”有关。不过，这些地区的人们变成“汉族”，是更后来的事情了。

契丹方面在“澶渊之盟”以后，形势完全稳定下来。由北宋和契丹政府达成的南北共存的时代，确实是一个悠闲的时代。但是如后所述，北宋方面不断为西夏所苦，而契丹帝国没有受到来自任何方面的威胁，一百多年间一直享受着美梦般的生活。

另外，即使从文化和美术方面，例如耶律羽之墓和吐尔基山等处近年涌现的出土文物，也可以看出契丹是生活在较建国初期高得多的文化水平上，与来自欧亚大陆各地的多样文化进行着交流。一味推崇北宋的程式化观念，有必要通过现在这些丰富的实物本身，做一个根本的修正。总之，亚洲东方的10至12世纪是契丹所主导的时代。

第四章

访问已消失的契丹帝国
——眺望历史和现在

穿越千年的时空

小型之旅

2004 年 8 月 31 日至 9 月 9 日，我和七位同事为做集体调研，一起前往中华人民共和国内蒙古自治区的东部地区，那里曾是契丹帝国兴盛的根据地所在。那是一次短暂而小型的旅行。

作为我现在所属的京都大学文学研究科开展的“21 世纪 COE 项目”中的一个环节，此次旅行团的公开名称是“辽文化与庆陵一带历史、现状及环境学术调查”。临出发前台风十六号袭来、回国前又赶上台风十八号。台风给日本列岛各地带来了很大的灾害，然而我们所乘坐的航班幸运地仅以几个小时至半天的时间差躲过，都没有受到任何影响。在当地，也只是有一天在乘车行进途中碰上了下雨，其余日子一直享受到难得的大晴天，调研旅行有超出预想的收获。

说到具体所做的工作，就是“观察”。从中华人民共和国这个政治、经济显著发展的大国的首都——时时刻刻变化着的北京，向北四百至六百五十公里，那片广袤的农牧地带即蒙古高原的东南隅，是此次调研的目的地。是要踏入其“腹地”，去触摸契丹帝国及其文化、那九百至一千一百年前“过去之历史”的一端。同时也是为了探寻目前正在增长的中国经济大潮迅猛冲击下中国北方地区这一“现在之历史”的一角。

本来，在任何时代，历史总是和现实同在，而现实也和历史同在。话虽如此，此次踏查的目的地，其历史和现实的交错还是格外明显。在走访遗迹、遗址和遗物的同时，一同进入视线的还有当地的农业开发、社会变化的现状和现实。不管愿意与否，我们最终还是不得不成了“两个历史”的观察者或是超越“时空”的旅行者。

首见之“契丹本土”

在震撼中国的“文革”结束后，我曾于1980年代前半期几次赴中国各地进行调研，还在1986年携夫人和儿子在中国的内蒙古等地生活了半年时间。说是内蒙古自治区，实际上面积非常大，绕整个日本列岛一圈还有富余。我住在位于其西部的“首府”呼和浩特及其北部草原和西部地区，开展调研活动。之后，出国工作的重点转向欧

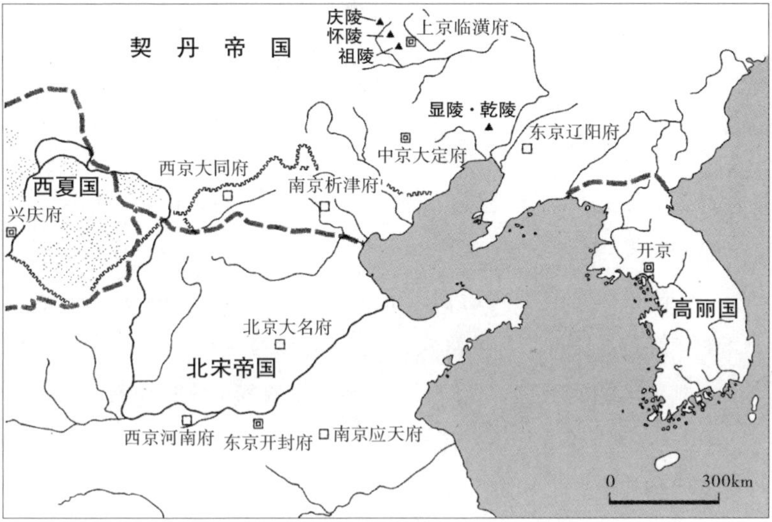

19 契丹帝国的五京和皇陵（据向井佑介图而作）

洲等地，在那里进行波斯语史书古写本的调查。因此很久没有到内蒙古做实地调研了。而且去内蒙古的东部地区，这还是第一次。

乘坐夜行列车离开北京后，所见都令我感到新鲜，而且各具自己的意义，总的来说很有意思。内蒙古东部草原的美丽，还有特别不同于呼和浩特一带的浓重的湿气，令人惊讶。当然，因地而异，这样适宜的地区也可以选来经营农业。很明显，这里与其他地区的草原相比，是片特质不同的世界。

这是令人感到意外且重要的事情。作为一个国家的契丹，在经营游牧的同时，也明显地向农耕和城市倾斜。历史上所见可称为牧农结合乃至牧农、都市结合的那种理想状态的形成，原因之一可能就在于其原有的土壤和环境……在由五个不同地区和人们聚合而成的多重联盟的契丹帝国中，成为其核心的“契丹故地”是否就是这样的地方呢？仅此一点并不十分特别的个人想法，也是一种发现、一种喜悦。

除了历史遗迹和遗物，还通过观察当地的地势、景色和植被，就昔日契丹帝国的真实情况，得以对其中迄今为止大多数尚模糊不清的问题有所理解，并找到了解决的思路和线索。对于我个人来说，如后所述，还有“冲击性的发现”。总之，耳闻与眼见大相径庭。

庆州白塔

此次调研行的重要目的地庆州、白塔和庆陵等处，也给人一种远远超出书本知识和影像资料的深刻印象，同时也获得了多方面的见识和构想。尤其是在正式开始调研的第一天即9月1日，坐上面包车一路颠簸，走了二百多公里，突然在黄昏的暮色中现出了白塔的身影，我不禁惊呆了。

契丹帝国灭亡后，虽然庆州和庆陵一带成了游牧民的理想牧地，但是据记载，在接下来的金朝初年庆州曾被使用过很短暂的一段时间。最后，正如历史上的空中气穴一样，似乎几百年间基本上被放置不用了。这究竟是因为什么呢？这是连接当地历史不可忽视的关键问题之一。

至少作为一种可能，我认为大概与这一带被视作某种“圣地”有关。白塔，蒙古语作 Čaγan suburγa(n)（白色佛塔之义），清代还附设有藏传佛教的“灵庙”。就是说，从反面证明了人们作为信奉者聚集于此的事实。从当地的习俗看，那些人应该是蒙古牧民。

20 庆州白塔的佛雕　内蒙古自治区巴林右旗

比起文献上所获的知识和据历史所做的推测等，亲眼所见白塔之令人敬畏的庄严，更可以说明一切。庆州城本身，除了仅有的一段城墙还可以令人联想到往昔之外，城内原有的各种设施和建筑物的地基早已化为垒垒土堆群长眠着。只有白塔独自耸立，异常寂静地闪烁着神圣的光芒。

尚无明确的证据可以说明白塔在清代之前已被改修。但是有一个很微妙的想法，大概从蒙古时代开始的历代重修使它成为今天这个样子吧。因此，除塔基下的地宫外，现存白塔的外部装饰自不必说，塔内的现状、摆设物等，很难随意地下定义说就只是契丹时代的东西。但是不管怎么说，它已成为这里牧民们的崇拜物和精神寄托，所以能够经久不息地得到认真的保护。

把行李一放到具有“边疆”开发第一线浓郁特色的旅店，就赶紧向白塔奔去。在晚霞的映照下天地尽染，来到白塔前面南而立，放眼望去，眼前的景色如同“净土”一般。直径大约四十至五十公里的这片盘状的小世界，整个笼罩在五彩斑斓的光线中。一种战栗的感动从头而贯。白塔及其周围的景色本身，正是契丹时代和后来一直推动一切的原因和根本的力量，这一点毫无疑问。这里，语言已经是多余的了。

为何现在研究契丹

那么，说到现在要调研契丹帝国的原因，是因为以前有过这方面的调研史。1930年以后，日本的鸟居龙藏携家人分三次进入内蒙古的腹地，寻找被遗忘了的辽代文化遗存，就庆陵这座皇陵进行了周密的考察。对地下墓室内精美的壁画进行了临摹，还拍了照。1939年，以田村实造、小林行雄等人为首的京都大学考察组，进行了更为正规的实地学术考察。这次考察是正值该地北边的边境上爆发“诺门罕事变”（在苏联和蒙古国称为“哈拉哈河战役”）时开展的。

从人们的记忆中消失已久的契丹帝国的形象，主要经日本学者之手得到了恢复。那也是日本向大陆发展国家、制造了“满洲国”这一怪胎的产物。帝国主义、日中战争和第二次世界大战——学术和政局，二者的关系始终若近若远、若远若近。

战后，京都大学文学部将考察的结果整理为大篇幅的《庆陵——东蒙古辽代帝王陵及壁画考古学调查报告》第一辑（研究篇，1953年）、第二辑（图版篇，1952年）出版，在国内外产生了巨大的反响。只是在刚建立的中华人民共和国看不到该书。其后，日中断交。这样，日本有关大陆的研究，特别是有关中国及其近边地区的学术研究，很长一段时间就只能在无法获得实地考察经验的状态中白白度过。

为此，京都大学文学部和人文科学研究所在战后久违地针对伊朗、阿富汗、巴基斯坦等中亚乃至中东地区的国家展开了以文科系为主的实地学术考察。以巴米扬、坎大拉为象征的考古学和美术学方面的考察活动，也属于这项考察序列。中国依旧是想去而去不成。对中国的念想，还有与之成反比的与中国的“距离”。这种距离存在于历史、考古和美术等各个方面的研究。然而，所谓的“文革”结束和改革开放政策的转轨，大大改变了中国。从那时至今，时间已经过去了大约四分之一世纪——时代变样了。

21 契丹的武士像（京都大学综合博物馆藏） 所说的庆陵，由东陵、中陵、西陵组成，中兴英主圣宗耶律文殊奴墓在中间，东边是其子兴宗耶律夷不堇墓，西边是其孙道宗耶律涅邻墓。在1939年京大考察队进行调查时，只有东陵还能进入。照片上是东陵（永兴陵）墓道西墙上所绘契丹的武士，可以认为是兴宗葬礼队列中的一人。也有人名为“门卫图”。被认为大致与真人等身，应该是相貌堂堂的大丈夫。用笔雄浑，是契丹和北宋时期杰出的壁画

在1939年之后六十五年的2004年，京都大学文学研究科的成员们基于几方面的想法，对庆陵等遗迹展开了探访之旅。首先，作为大前提的是，对遥远的契丹帝国和那个时代的热切向往，以及对历史的关注悄然但着实地再度在国内外兴盛、开展新研究的形势看涨。对于将六十五年前考察时的记忆和见识珍藏于心的京都大学来说，要重新投入

关注也是很自然的。

同时，也是要对鸟居一家人以及京大的前辈学者所做的考察进行修订，在实地认真检核确认，以保证将来的准确利用。另外，基本的想法还在于，期望在学术界和学者们之外也能和中国的各界人士展开广泛的交流，在学术上或国际关系方面共同展望未来。这一点，我愿特记于此。

辛苦与乐趣

契丹研究之苦涩

契丹帝国以及对其历史、文化的研究，应该说走过了相当独特的路程，而且受到了很大的限制。首先是作为原始资料的文献史料严重不足。这是最根本的制约。成为基本史料的，就只是所谓中国正史之一的《辽史》。说是一百一十六卷，乍一看以为是大部头的书，但是实际上每卷的分量很少，记载的内容也往往是不完整的，所以令人着急的时候也不少。因此，即使设定一些研究题目或课题，打算从表面的现象哪怕稍微深入地去开展适当的研究和考证，一般情况下也都会立刻在史料面前碰壁。

反过来，如果说每一个单独的记载才是珍贵的，那么在某个方面可能如此，但是即使把零碎的记载串联起来，仍然无法克服质量和数量上的绝对欠缺。例如，假如一位感觉和能力超群的特定的一个研究者，就算他能把整部《辽史》运用自如，然而不论是细节还是总体上，能进行相应的分析解释和重构，恐怕也只能停留在某种程度吧。

《辽史》之外，并不是没有其他文献史料。不过大多是出自战争对手的北宋方面的记载。除了《契丹国志》，大多为有关初期两国之间战争的记载、和平共处关系达成以后外交使节往来的情形以及当时的游记等。记载的总量，照实说非常少。契丹皇帝陵出土的哀册、王陵和墓葬出土的墓志铭、各种碑刻等，每一件都很重要，但是其数量至今仍然有限。

总之，与经历了两个世纪的岁月的洗礼以及与东起日本海沿岸西至中亚拥有辽阔"帝国"疆域的契丹帝国的历史相比，不得不承认它的相关史料少得惊人。除了必然的、较重要的个别情况，研究的界限已经清楚到了令人伤心的程度。与其说缺失的链条多，不如说了解的情况少。历史研究，更具体地说是文献史学方面的历史研究，实在是令人憋闷。

西方的契丹是历史的暗角

关于迄今习称"西辽"或"哈剌·契丹"的"另一个契丹国"，即耶律大石在中亚建立的第二次契丹帝国的历史，也只能说因缺少史料已经陷入深渊而停滞不前。关于这个所谓的"西辽"或"哈剌·契丹"，《辽史》只不过在本纪的末尾，即"东方契丹帝国"（几乎不为人所知，但是蒙古时代的汉文碑刻中甚至有"东辽”的表述）末代皇帝天祚帝的部分，以附记的形式和耶律淳的“北辽”放在一处，略作整理记载。虽说“有胜于无”，但这样一来真的就只能低头认输了。“西辽”或“哈剌·契丹”这一名称本身有一定的知名度，例如它是大学考试科目之一“世界史”中必背的内容。实际上，基本上连其国家和政权的大致轮廓都不清楚，的确不妨说它还处在“历史之阴影”中。

因此，一般说到契丹的研究，实际上都认为是指“辽”即第一次契丹帝国的研究。这可能与它无意识地变成相关研究者易于接受的“缄默的前提”、而脑海里几乎不出现“西契丹帝国”的概念有关。当然，这不能说是好的现象。

必然的可能性

由于文献史料呈现这样一种状况，因此对考古、美术方面的资料、数据、尝试所寄予的依赖和期待自然就高起来。或许可以说，没有考古学方面的考察，相关研究就根本不可能兴旺。鸟居龙藏和前京大考察队敢于进入“契丹故地”进行艰苦的实地考察，原因之一也在于此。这一点，说来也是必然的事情，即使是今天也基本上没有什么改变。

近年，中国相继出现涉及契丹的考古发掘报告，传递了相当新的信息，其中包括此前不为所知的陵墓、墓葬和遗址，以及那里出土的包括文字资料在内的各种文物、壁画、墓志、生活用品、木棺、陶器，还有与墓主人本人相关的东西。这些都是非常珍贵的资料。就是说，契丹研究在本质上具有打破历史、考古、美术、语言等框框的“综合学术研究”的一个侧面。因此，就明治时期至二战前和二战中在亚洲大陆和日本所做的各种研究和考察的“遗产”，当然应该展开全面、系统、详尽的了解并予以继承。在那些前人的业绩中，鸟居和前京大考察队的工作无疑是应当首先依据基础“典籍”。

总之，将广义的田野调查和游牧、植被、地质等相关的各领域的知识，组合成为“跨学科”或跨领域的课题型的研究，已必不可少。这需要非单一性的、经过长期的观察，以及与之相应的准备、人员和扩展，恐怕还需要能够世代传续。换句话说，就是必须成为一种具有前瞻性的操作。补充一句，从各种意义上说，本来就不可缺少国际性的合作和共同研究。那么，就此很有可能扭转契丹研究的困境。

负面印象

还有几个应当注意的方面。契丹确实有其独特的神奇魅力。那就是因为“了解的情况少”，所以可能成为一种诱惑力，引出人们带有“解谜”或是“挑战未知事物”意味的梦想。

不应忽视的是，与南边共存的北宋相比，契丹国一直被以一种非常逊色的印象谈及。总的说来，它在历史上的评价很低。这源于北宋乃出类拔萃的大国、契丹是尚武的素朴野蛮的边境王国这样一种套路。那么这样的“看法”究竟是否合适？先入为主的观点误导研究者是很可怕的。这是首先应该注意的一点。

实际上北宋和契丹之间是否存在那么大的差距，还很成问题。例如，看过包括庆陵的壁画等近年发现的东西，就不会认为契丹绘画的表现力不如北宋。即便是代表北宋高度发达文化的陶瓷器，随着契丹官窑的存在及其实际情况的判明，对北宋优越的说法就有必要进行修正了。这也正是今后研究的课题之一。

历史学者头脑中根深蒂固的人口绝对差观念，也是出自个别史家将记载中相当于一户的人口数放大约三倍得出的北宋一亿三千万人的说法。假如原原本本地依据史料，那么北宋被正式登记的总人口不会超过五千万。主张理应数字更多的观点，也常常见于对待其他王朝，不仅限于对北宋。关于契丹帝国，干脆没有人口登记数字的记载，因此即使是大致的户数和人口数也很难推算出来。以往的各种说法，说到底都还没有走出猜测的范围。尤其难的是游牧人口数字的估测。总之，所谓人口绝对差，其实不过是一种印象。夸大北宋、贬低契丹，与其说是源于中华主义，不如说是源于中华本土主义为好。对于那个时代的通史性的叙述，总是倾向于北宋。很少谈及契丹。有必要尊重北宋、契丹两帝国并立的史实，采取通盘观察的态度。

其次，有关契丹国的文献史料都是以汉文记载的，对此也希望予以充分的注意。由汉文文献引出的“无意识的中华主义”，确实很可怕。由于采用了汉字记载，本来面貌不同的事物显示出了被“汉化”后的样子。也不能忽视这种作用。这一点，与文献史料在质量和数量上的绝对缺乏，同样都是重要的值得注意的方面。

不愿记写契丹的蒙古人

上文提到的作为契丹国文献史料支柱的《辽史》，是在大元兀鲁思统治时期于1343年至1344年期间由国家组织编纂的，同时还编纂了《金史》和《宋史》。然而，当时的史官，包括畏吾儿族，基本上都具有汉文化的素养。编纂方针和史料利用，从一开始即遵循汉文主义。可是会讲契丹话的人，在蒙古时代还是大有人在的。大、小契丹字的情况也是如此。而且，契丹的实录那时还在。而关于那些实录究竟得到了多大程度的利用、或者是否得到了利用，现在还不得而知。大元兀鲁思朝廷和政府对于契丹国，可能是想淡化它的本来色彩，进而有意在量和质上使之显得微不足道。

就是不太想写出契丹国的真实面貌——这或许是蒙古帝国的真实意图。如果是这样，对《辽史》的处理方式就必须格外注意。契丹国自身，肯定远比现存文献史料所描绘的样子要更为“契丹化”。可以设想，其国家政权的整个体系可能更加庞大和充实。

正因为如此，用契丹语记写的哀册、墓志、碑刻等尽管数量少，但却具有非常重要的价值。尤其是近些年来，用拼音文字契

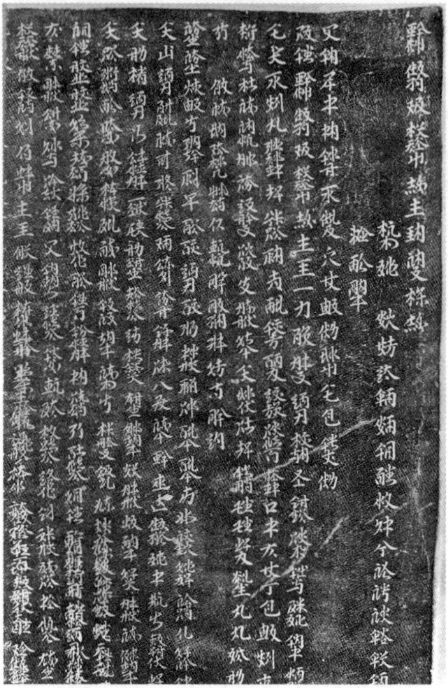

22 **契丹文哀册**　所谓契丹文，包括契丹帝国的创建者耶律阿保机于920年颁布的契丹大字、其弟耶律迭剌几年后创制的契丹小字两种，同为书写蒙古语族契丹语的文字。图版是第八代皇帝道宗耶律涅邻之正室宣懿皇后的契丹小字哀册之拓片。所谓哀册，是皇帝和皇后的悼文。乾统元年（1101）

丹小字所写的文字资料不断被发现。依据这些文字资料来进行契丹语的解读，是必不可少的、最重要的研究课题。如果契丹语的真正解读取得进展，那么从重读《辽史》开始，对契丹国的理解将发生根本的变化。不仅如此，它与先前的突厥和回鹘游牧国以及后继的蒙古世界帝国之间的脉络，也很有可能会自然地显现出来。所谓“欧亚大陆国家”的体系可能会更加明确。这是第三个值得注意的方面。

契丹的国号

与此相关，还有契丹的国号应该如何表示的问题。据载，契丹国在不同时期曾有“契丹国”、“大契丹国”和“大辽国”三种称呼。每一个名称产生的背景都有许多政治因素。

例如，如上所述，第二代皇帝耶律尧骨在制服华北、进入开封、建立横跨“华夷”的大帝国时，建新国号为“大辽”。当时（947）改年号为“大同”，改名的目的是一致的。总之，作为统一契丹和中华的新政体，有必要为其设计一个中华式的王朝名。后来，在统治中华失败后，决心复兴重蹈覆辙之契丹的第六代皇帝耶律文殊奴于983年改国号为“大契丹”，改年号为“统和”。构想和尧骨的相近，出发点却是契丹主义的，这是两者之间的不同之处。哪一种考虑都可以理解。

文殊奴后来与北宋开战，确立了此后和平共处的道路。称“大契丹国”的时间最长。每一次的改称，都使我们对历史上那一次次的改换称呼感到腻烦。这其中或许还有些卖弄学识的意味吧。

“契丹国”和“大契丹国”的称呼应该更符合事实。不管怎么说它们是基于契丹语的汉语表述，至少是面向南边的中华地区的用语。最理想的是，依据上文提到的契丹语资料，采用最为合适的称呼（应该是“大契丹国”的原语）。只是现在还未必能确定其原语的拼写形式。

原本契丹语中“国”的说法，也是个大问题。顺带说一下，我使用kitai（*契丹）的说法，可以说是一种图方便的权宜方案。之前的突厥碑文中有Qitany的写法，后来的蒙古帝国时期n音脱落，变成Qitai~Khitai。我的用语据此而来。希望在不远的将来，有朝一日能看到更加合适的“历史名称”。

旅途中的思索：中国还好吧

山与草原

这里想就旅行的具体情形稍做详述。从依旧留有夏季暑气的北京西站登上夜行列车，越过长城向东北行驶大约四百公里，到达了正在快速发展的地方城市赤峰（蒙古语作 Ula'anqada，即“红色山崖”之义。郊外可见漂亮的红色山地，因而得名。“赤峰”也是其译名），从那里乘坐租来的面包车向北驶去。

渡过蒙古语名为 Šira müren（西拉木伦）即黄色之河的辽河，进入巴林右旗和巴林左旗一带广阔的山和草原的世界。那里与迄今所知欧亚大陆各地的草原地带在风格上稍有不同。不属于一般所说的大草原，语言表述容易与实际脱离。还是把它视为中小草原的分布为好。

山，或者是平缓的丘陵，将大地细细分割开来，一块块盆地状的草原形成各自独立的小世界。所见多为岩石裸露、山形巍峨的“孤山”，也有山麓蜿蜒起伏的“假山”样子的丘陵。这样的地方，养育了鸟兽，在契丹时代曾是游牧民的王侯们围猎和娱乐的场所。另外，在旅行即将结束之时我隐约意识到，这样一个个形成独立单位的盆地状草原，不正是在契丹时代组成联盟的契丹王侯们各自原有的领地或分地吗？因为陵墓和城市配套、各成一体，可以视为各自的小世界。

当然，旅途上走的也不都是平坦的路。我们不时在剧烈晃动的面包车里被颠得东倒西歪；而要登上依山修建的王陵及其守护地奉陵邑（陵墓附设的小型城市），就不得不变成“登山队员”了。偶尔也会叹息道：“要是有越野车该多好呵！”由于这是一次节省经费的清贫之旅，所以不敢有太高的奢望。幸亏，陪伴我们大半行程的当地的司机师傅胆大技高，巧妙地安抚着长吁短叹的面包车，多次走出了困难的路段。

向日葵与波斯菊之路

蒙古高原东界的大山脉，即大兴安岭的舒缓的群山从北向南延伸的中国北部区域，是面积大得惊人的一片单作物产区。车子不断向前开，路两旁几乎都是向日葵和玉米地。正确的说法或许应该是“双作物产区”。

以我的经验，这两种作物确实是在东西横跨欧亚大陆干旱地区广泛种植的。在一部老电影里，是索菲娅·罗兰和马塞洛·马斯楚安尼联袂主演的《向日葵》中的一个镜头，一望无际伸展开的黄色向日葵地里主人公漫步的身影，给我留下的印象真是太深了。这样的景色，不仅在俄罗斯和东欧，就是在土耳其一带至遥远的东方整个欧亚大陆多能看到。可以说是欧亚大陆某种程度的标准。而在中国，可以种植大豆、高粱、稗子、小麦和荞麦等抗干旱的各种谷物，理应没有必要只限于向日葵和玉米。由于我对植物和农业是外行，所以说不太清楚。

面包车拖着路旁大波斯菊的摇曳，奔驰在“黄色的大地”上。只要是行进在柏油路上，那就是幸福的兜风了。地面上的向日葵和天空中的蔚蓝色交相辉映成一幅简单而壮观的景象，“大波斯菊之路”就在这样的景色中蜿蜒穿行。这种爽快在日本是很难体会到的。就在那时，一个同伴用口哨轻轻吹起了名曲《向日葵》。他的心情很可以理解。

草原的危机

道路再次变得难走起来。因泥泞湿滑或尘土飞扬的道路而愁闷时，切身感受到修路对中国经济交流所具有的意义。一天，上午出发时，因当时正在修路无奈绕了很大一段弯路，可是当下午完成任务返回时，就已经可以在新铺了沥青的道路上奔驰了，那沥青新鲜得似乎还没有干透。一去一来，所用的时间根本无法相比。

这个话题暂时说到这里。从车窗望去的风景，如前所述虽然有不少适合农耕的地方，但是总体来说基本上显示为游牧草原的地方仍占大多数。尽管如此，还是从南方集体迁来农民，让他们到显然不适宜农耕的地方，千篇一律地进行大规模的开垦。路旁连成片的农居和农民们的生活状态，实在是可怜。越是接近更像“草原地区”的地方，越是可以不时地看到除住宅区外耕地和人造林也围在土墙里的现象。说明这样的地方是极不适合农耕的。

假设在土壤肥沃的地方，是农耕、是游牧、还是畜牧，只是个选择的问题。然而在这样的地方，特别是占有其相当面积的“纯草原”上的农耕，只能说是一种负选择。表土层一旦挖掉，连草原都难以恢复了。这属于所谓的环境问题，沙尘的源头不只是在备受指责的甘肃。内蒙古草原的退化尚未得到足够重视。看来这里正在成为一个很说明问题的实例。

以农耕为“优”、以游牧为“劣”或“落后”这种程式化的概念所导致的失败，在苏联等国已有不少先例。对这种情况肯定不会一无所知吧。尤其是像近些年来在中国国内外所批评、报道的那样，是否说明中国对农业开发本身没有给予充分的注意呢？这是从过去的农业国褪色为完全的农本主义了。目前的情况暂时还说得过去，然而一旦雨水和地表水不足，为此不得不向已在地下一千米的深处、积存了数百年的“最后的”水资源伸手的话，危机就会在某个瞬间突然爆发。

不仅仅是为了应对眼前的状况，如果不规划一个顾全未来的完善的农业政策，通往经济大国的道路就会输在起跑线上。说不定现在已经处在危机的边缘了。至少在外行人的眼中，中国北部地区的现状似乎表明即将亮起红灯。

余录

就此还想多说几句。近两三年来，中华人民共和国突然出现了一种醒目的用语。它既是国家政策之一，也可以说是某种口号或宣传语之类的东西。那就是“生态移民”，一个听不太惯的词汇。

它的语义非常清楚。即为了恢复和保持原有的生态系统，将对其产生破坏和构成负面影响的从业人员迁移到其他地方。具体地说，在内陆的各地区，近年来骂声很高的沙尘暴的源头被归咎于所谓导致干旱化、沙漠化的人为因素——“过度放牧”。也就是说，由于牧民们散养式地放牧家畜，因此引发了草原沙漠化、生态破坏的严重事态。所以要迁出牧民、恢复草原生态。

所言很容易理解。在全球范围内气温变暖和干旱化拉响警笛的今天，保护生态系统和关注地球环境已成为超越国界的“大义”。“生态移民”包含着中华人民共和国面向全球化时代人类社会的未来正在实施相应的政策这一口信，是个很漂亮的四字用语。

“生态移民”这个词汇，听起来很美。生态学的氛围与时代很合拍，具有超越国界的魅力。然而，问题在于其内容如何。

中国内陆干旱化、沙漠化的进展，无疑已成事实。而且很严重。不仅对于中国是这样，就是对于世界也是如此。那么，其真正的原因是什么呢？总说是由于牧民的“过度放牧”，情况果真是那么回事吗？即使假设在某种程度上是那样的，可是在把那些牧民迁到别处之后，变成空地的“遗留地”情况又如何呢？是否得到了严格的管理、生态系统正在恢复呢？就是说，“其后”到底怎么样了呢？

关于“其后”的报道和数据，非常之少。耳闻的信息多半是负面的。当然，现实是多样性的，中国也在做着努力吧。希望一定会这么做。然而，在中国北部地区的一角即已消失的契丹帝国故地的旅行，所到之地也正是令人郁闷的农业大开发的前线。呈现出本是游牧草原的地方模样大变、迅速滑向更大变化的情形。而至少在鸟居龙藏和京大考察队造访之时，那里还确实是水草丰美的草原。

20 世纪 90 年代，当南方的长江一带屡屡遭受洪灾时，以预防长江沿岸堤坝崩塌为名，实施了大规模移民的政策。"退耕还林"即停止耕作、恢复为林这四字用语，成为当时的口号。从那以后，政策性的移民就正式开始了。适用到北方，就是"生态移民"，被迁移的对象也大多变成了牧民。

以上这些也许在终止"过度放牧"的层面上发挥了作用。但是另一方面，没有听说如何利用"遗留地"方面的农业规定。"生态移民"如果成为在特定地区圈地进行农业开发的同义词，那么"生态"等等又会如何呢?

玉米地的扩张

十九年前，我携夫人和儿子一起在中国的华北各地游历。目的是为了寻访石刻史料。当时与现在不同，中国的改革开放政策刚刚起步，那里的状况离现代化还很远。

去了中国本土的中央部分，即相当于过去中华文明中心区域的河南省。历史上，与契丹帝国并存的北宋正是以河南地区为根据地的，因此往往被誉为文化国家的典范。特别是其都城开封，被当做繁华的文化都市而加以形象化。可是，1986 年时的开封及其周围一带的情况，对于只有一些书本知识的我来说，那意外的感觉是太强烈了。

总的说来，土地太贫瘠了。除了稀稀拉拉、蔫蔫巴巴生长着的小麦，就只有漫无边际的玉米地。老实说，当时不由得心想：这是怎么回事呢？与北宋时期的差距究竟有多大呢？作为一个勉强可算作历史学者的人，我把它当做一个深刻的研究题目。

在后来所到的山东、山西、陕西等地，仍然是玉米占有明显的优势。那么，在玉米从美洲新大陆引进之前，中华地域到底是个什么样呢？而且，玉米的普及被认定为清代人口膨胀的原因，这妥当吗？这样的问题，一个接一个地进入脑海。

其后经过了十八年，到去年的旅行时，看到的却是仿佛覆盖了整个中国北部地区的玉米地的扩张。不管怎么说，总是有些惊人。其背景肯定和这些年来中国的大变化有关。

畜牧业会消失吗

中国本来是一个巨大的农业生产国，可是现在却变成了粮食进口国。与不断增长的中国经济不同，增加粮食产量已经成为国家亟待解决的问题。看上去缺乏计划的农业开发，实际上说明为了填饱肚子恐怕不能光说漂亮话。相对价低且丰富的粮食供应，对于带着各种矛盾和问题迅速发展的中国来说，是保证国内安定必不可少的关键，因此可以说更为重要。

另一方面，前文提到的中国本土的“中央地区”一带已经出现了农村衰败等现象，而现在农村的生产力明显低下。说到农业开发，一般是呈“面包圈现象”（原指大城市由于土地昂贵，市中心居住人口减少，周围近郊地区的居住人口增多的现象），而现实是正是在涵盖中国北部地区的“边疆地区”对它的期待反倒更多。而且由于人们生活水平的提高，以及随之而来的对肉食的进一步喜好和需求，肉食的增产和畜产品的效率化已成为内陆各地区必须完成的任务。

令人瞩目的玉米地的扩张，是在畜产方式从散养转为固定畜舍家养的背景下，为了提供其所需饲料而实现的。在生产性和效率性方面，圈养与贴近自然、悠然自得食草的游牧和散养应该是不一样的。然而，开垦游牧草原种植玉米，又用玉米来经营畜产，其中不是有些农耕至上主义的想法吗？之所以这样说，是因为如果游牧或散养能够在有秩序的系统内得到相应的完备的管理，那么家畜就会基本上按照“几何级数”的方式增长。

作为饲料的玉米，又是商品作物。一方面，迁移开垦农民、为其生产发放贷款、农民购买玉米种子等一系列的事情，都离不开现金。另一方面，牧民搭建畜舍、购买玉米饲料等，也同样始终需要现金。而且，这方面的现金，任何情况下都不可能靠个人的资金来支付，一般都是靠借贷。

成为生态移民之对象的那些牧民们，据说被要求在移居点修建畜舍、变成“定居”的畜产农户。其结果，他们被无奈地卷入了现金经济的浪潮中。这样，开垦农民也好，生态移民也好，最终可能会比从前更加贫困，陷入中国沿海地区的资金和资本之手。

两幅英雄的画像

耶律阿保机之像

旅程第五天的 9 月 4 日，在此次调研区域内的据点城市林东（今林东镇）稍作歇息，然后顺便到刚刚落成的辽上京博物馆去。

该市的郊外，过去契丹帝国的都城上京临潢府的遗址就近在咫尺，城墙、宫殿和各种建筑，都变成了一看就知其原状的大大小小的土堆，到处横卧着。博物馆也因此而得名。或许是林东这个城市不想破坏契丹帝国首都的梦境似的，紧挨着它的一旁选了址。

作为当地的博物馆，其源头可以追溯到“满洲国”时期的巴林左旗博物馆，后来也曾长期运作着。我们一行到访时，该博物馆正准备和众多的展品一起迁往新装修的辽上京博物馆。外观宏伟的新博物馆，即使在整个林东一带也显得格外壮观，洋溢着新文化的气息，美丽庄严。博物馆的正面，是一处面积相当大的广场，空荡荡的广场正中央矗立着一尊雕像。

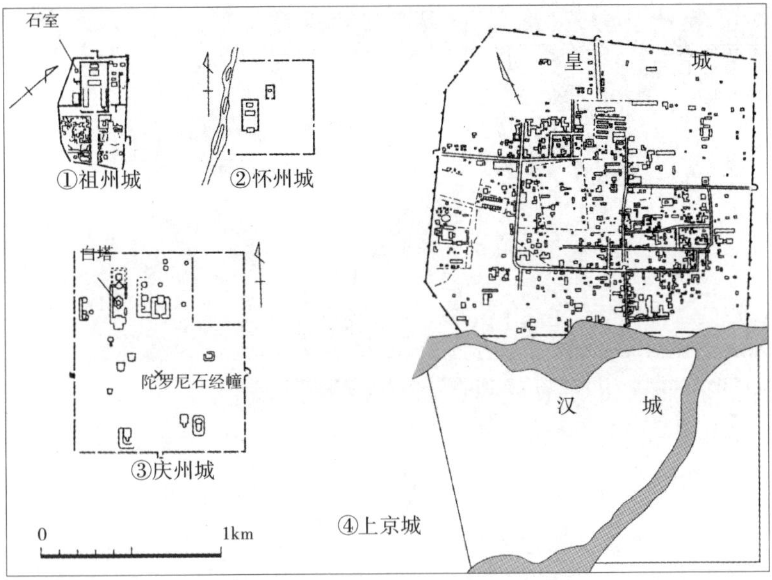

23 契丹帝国的四座城市　据向井佑介之再摹图所做平面概略图

那是契丹帝国的开国英主耶律阿保机的巨大铜像。他那跨在马背上的身姿，不仅仅是在夸耀什么“地方英雄”。当地的人们对已成往事的契丹帝国的期待和怀念，凝聚在这个巨大的雕像中。

向现代化的发问

就这个问题，需要稍作说明。林东城及其周围一带曾经是蒙古游牧民们的世界。一般称为清朝的 Daicing gurun（满语“大清国”之义）内，满族和蒙古族作为亲密的“统治阶层”，位于宽松的帝国统治的最上层。对于他们来说，那时简直就是牧歌般的时代。

24 东丹王出行图　辽代开国皇帝耶律阿保机长子李赞华的作品

进入 19 世纪，迎来了表现为“西方冲击”的欧美列强征服世界、侵略亚洲的时期。清朝皇帝统治下的中华本土和东北地区（西方人称为 Manchuria，“满洲”是其对应语）、内外蒙古、新疆、西藏地区（不只是现在的西藏自治区，而是另包括青海省全境和四川西半部等地的原来的西藏地区），进入了漫长的大“动荡”和“艰苦斗争”的时期。在局部地区，至今仍能看到这种情况在继续。

如果用“现代化”这个术语来概括，里面各种各样的振幅就太多了。而且还有复杂得难以用笔墨言辞表达的艰难而悲惨的事实。事情和现状，因地而异、因人而异。现在称为林东的这一带，昔日作为蒙古诸侯巴林王的游牧领地，归属于清朝皇帝，巴林王是大清帝国很小的一员。如果只问清朝体内流动的血液，则实际上包含了各种各样的人。纯粹的蒙古人、满族什么的，到底有过多少呢？可能有过吗？实际上，即便是统称为汉族的人们，情况也基本相同吧。

但是，“现代化”就是要针对难以区分的人们那种宽松的存在状态，强行插入区别和识别的手术刀。强行要求在那些原本难以确立分界线和疆界的地方制造所谓国家和国境这一“人造墙”。很明显，所谓的“国民国家”是在西欧某一时期的历史过程中产生的错觉或者是“心中的肖像”。

但是结果呢，在经历了100多年的世界风云变幻、亚洲动荡后的今天，呈现为“国际社会”的当今这个世界总之是以“国民国家”为名的国家单位在处理事务。在这种情况下，“国家”的实情和内容基本上是不被问及的。只要是成了“国家”就行。那么在“国家”之前，尚未形成“国家”的地区、社会和人们又如何呢？我在质疑“少数民族”这一用语在本质上所蕴涵的独特的感觉之外，对于所谓“现代化”的一百多年间“创造了前所未有的东西”的说法，以及不得不忍受其后果即现今世界的人们，想从人类史的角度广泛地予以重新审视。

西方的帖木儿之像

以上的说明有些冗长。现在回到耶律阿保机的铜像。在看到那座雕像的瞬间，一下子联想到了某样东西。那就是树立于中亚的乌兹别克斯坦共和国首都塔什干的帖木儿像，是在脱离苏联独立后树立的。同样也是骑在马上的威武的英雄形象，并因此而著名。

继承了蒙古帝国的衣钵、以中亚为中心建立了帖木儿帝国的帖木儿，生活于14世纪中叶至15世纪初。而耶律阿保机活跃于

25 帖木儿的铜像　位于乌兹别克斯坦的塔什干市内

9 世纪和 10 世纪之交。同为所谓帝国的开创者，为蒙古世界帝国所隔，一个是先行者，一个为后继者，两人相隔了近五百年。

帖木儿和他的帝国对于乌兹别克斯坦共和国来说，是“统一国民”或者是“制造国民”的象征。在蒙古帝国之后的历史发展过程中，同一方面的土耳其系的穆斯林们在经历了俄国、苏联长期的帝国统治后最终独立。当时该共和国到处可以看到包括俄罗斯人在内的多种面孔。作为领土内拥有曾在帖木儿帝国统治下繁荣昌盛的撒马尔罕和布哈拉这两座历史名城的乌兹别克斯坦，还拥有土耳其系和伊斯兰这两大不可或缺的因素，因此向往昔的帖木儿寻求国家认同之根，可以说是自然的趋势。

传奇的那边

以耶律阿保机为始祖的契丹帝国和现在的蒙古人之间，很难说有直接的血缘关系。不过，据说蒙古帝国的先人契丹族在语言、体质和习惯上都与蒙古人非常相近。从历史上来说，成吉思汗所统领的建国初期的蒙古，和契丹系的各部队一起继承了辽和西辽两个契丹帝国的经验和实际知识，开创了一条通往世界帝国的道路。那么，现在称为蒙古的人们当中，应该包含一些契丹的血缘（另外，内蒙古的达斡尔族被认为是契丹的后人，而且云南省靠近中缅边境线一带生活着蒙古帝国时代契丹驻军的后裔），如果说二者之间根本没有一点关系，也欠妥。

耶律阿保机像可能已经超越蒙古族、汉族这样的标志，成为大多数生活在当地的人们心中共同的希望之星。林东及其周围，分布着上京临潢府、阿保机的皇帝陵祖陵及奉陵邑祖州等不少契丹时期的历史遗迹。就是说，旅游资源丰富，地区振兴的招数是打着契丹旗号的旅游开发。

林东的街道，目前因改造而蜂拥上马搞建设，场面混乱。整个城市像个工地，因拆旧和新建而起的灰尘或者说是粉尘什么的，漫天飞扬，笼罩全城，令人难受得喘不上气来。这肯定对身体没有好处。令人印象深刻的是，在城市的中心区新建有名为“大契丹街”的豪华商业中心，给人一种就此开始的气氛。

西边的帖木儿像，说来是应建国需要而生的传说。而东边的耶律阿保机像，是应振兴地方需要而生的传说。然而，今后会变成什么样呢？如果能用“唯有神知”这句老话来结束，那就谢天谢地了。

给人冲击的皇帝陵

美丽的圣地

怎么说也是一次冲击。9月4日中午，那是在拜访契丹国的创始人耶律阿保机的皇帝陵祖陵时的事情。我有了要颠覆历史的想法。

林东城西南大约二十公里的地方。起初远远望见的岩质山脉，渐渐到了脚下，与周围情形迥然不同的绿油油的沃土随之映入眼帘。离开柏油路，沿着土路穿行在果实累累的各种作物的农田之间，一路缓慢地向西北驶去。起伏的山峦偏向东南开出一个口子，似乎要将我们一行人诱入其怀中。这条“山谷”以及它四边守护神般的山峰，覆盖在美丽的绿林之下。是形容为圣地还是仙地好呢？总之那里飘散着一种浓浓的奇异的气氛。此处与其他地方全然不同……

首先，祖陵的奉陵邑祖州城的遗址坐落在北侧的半山腰上，为的是保护这一特殊的“山谷”。尽管规模很小，但是将城特意建造在山坡上的意图一目了然。一是可以从高处远远望见进入山谷的人们，从而保护圣陵之地。二是无疑期待这样一种独特的效果——使进入山谷的人们看出这座城池整体是一个多层结构的建筑群。也就是说，它是一座集守卫和观赏于一体的城。这虽然只是我的一种“直觉”，但是当时同行的人谁也没有反驳，看来可能是说中了。

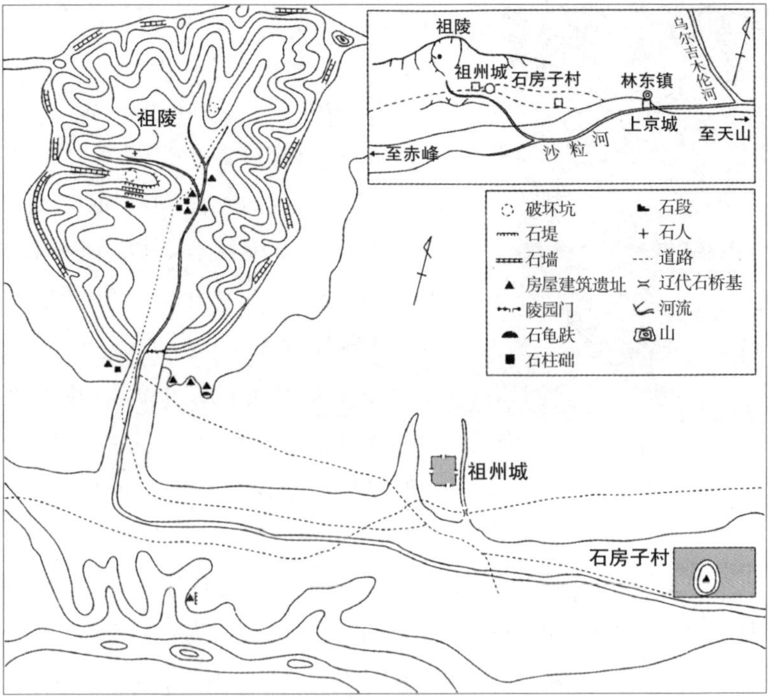

26 祖陵和祖州城及周边地形图　据向井佑介的再摹图

传说真实存在

然而，比起祖州城来，当位于它近旁或里边的祖陵渐渐显露出朦胧的身姿时，我的心顿时愈发激动起来。高层建筑般规模的两块巨大怪异的塔状岩石，宛如一对牌楼或门柱一样耸立在眼前。里面更是营造出一个直径约五百米的圆形或环状的、为大致等高的陡峭岩壁所环绕的与世隔绝的别样天地。像是被雷击中了似的，不由感到一阵冲击。传说，在那里真实地存在着。

27《史集》中的额儿古涅—崐传说　拉施都丁的《史集》本来是以插图本的形式完成的，这个画面是蒙古人化铁熔山走出额儿古涅—崐的场景。还带着马匹、骆驼等牲畜和财物。可以看出悬崖的画法受到了中国画的影响。（据巴黎法国国立图书馆藏《史集》写本）

那是额儿古涅—崐传说。就是拉施都丁用波斯语所记蒙古帝国“正史”《史集》中详细述说的蒙古开国传说。说到蒙古，“苍狼”的传说很著名，而额儿古涅—崐传说与它既有着微妙的联系，又自成一个别样的故事。

故事的基本内容是，蒙古人的始祖遁入称为额儿古涅—崐即“额儿古涅崖”的封闭世界，总算保住了性命。那里为险不可攀的铁质岩石所形成的断壁紧紧包围，与世隔绝。在那个空间里，人口不断增加，终于在掌握熔铁的技术后化开悬崖，奔向外面的世界。这就是蒙古人的祖先。

神话传说以及真实存在

这个传说中重叠着几个情节。它继承了蒙古之前流传于欧亚大陆各地的各种各样的神话和传说。例如，狼祖神话传说、被封闭的世界、在那里的繁衍生息、之后的奔向世界等情节，还有使用铁的情节，等等。作为走出封闭世界的这种印象，被认为是北魏的祖先所走出的嘎仙洞，拥有很高的知名度。

蒙古语的 Ergüne，即俄语的 Аргун 河，流经嘎仙洞所在的大兴安岭北麓。超越近千年的光阴，北魏的传说故事和额儿古涅—崐传说显然联系在了一起。至突厥帝国时期，为绝壁所环绕之封闭世界的故事上，又补充进了狼祖神话传说。《周书》“突厥传”中这一著名的神话传说向两种情节发展，但是结构基本上和额儿古涅—崐传说一致。与突厥的祖先为铁匠这一传说也有重合。附带说一句，成吉思汗的本名铁木真，众所周知意为“打铁之人”。

突厥帝国时期重整的开国神话传说的形式为回鹘国所继承这一事实，可由蒙古时期的史料证实。就是说，包括我本人在内，都认为蒙古帝国的额儿古涅—崐传说属于中央欧亚大陆的游牧民世界以及那里所建立的国家共同的“神话传说”体系。在这种情况下，契丹的情形究竟如何呢？尚不清楚。然而，岂止是“神话传说”，就连额儿古涅—崐本身的样子还真实存在。那就是契丹开国始祖耶律阿保机的陵墓。留给我们的只有惊异。

被营造出来的神圣力量

那么，这一现象如何解释呢？总之，是耶律阿保机本人或他的继承人耶律尧骨在自己的祖先曾经生活过的、又是“发祥地”的地方，建造了酷似突厥帝国和拓跋氏以来著名“开国传说”内容的皇帝陵。当然，那种自然天成的特殊形制的场地本来也会存在。

然而构成祖陵的岩石断壁，实际上就是沿其山脊各处堆放石块，营造出不折不扣的更完美的圆形“环围世界”。就是说，祖陵绝不是天然形成的，而是有人刻意地加工而成的。说不定前面提到的牌楼似的巨大岩柱也是人工修造的。另外，有人认为稍低于山脊线的地方所垒筑的石堆是“为了防卫”，这种看法只能说是不着边际的。垒筑石堆的目的应该还是为了修建得“完美”。

政治方面的意义诚然重要。在契丹国诞生之前的很久以来，对于欧亚大陆干旱地区的人们，“封闭的世界”成为一切发祥之源的神话和传说就已经广为人知了。而契丹国将其原景复制了。从距离契丹国的帝都上京临潢府很近的地方参谒契丹国开国皇帝陵的皇族、贵族和大臣等各方面的人们，是将神话和现实结合起来眺望祖陵的。恐怕来自北宋的使节和高昌回鹘等周边各地区的到访者也是同样吧。而且，当年蒙古帝国的先祖们可能也曾被要求这样来表示对耶律阿保机和契丹国的尊敬吧。

祖陵是契丹国真正的精神支柱，或者说是成为其力量之源的“神话的圣地”。祖陵和上京，甚至可以视为一套政治设施中的两个单位。相反，蒙古世界帝国的额儿古涅—崐传说，是由那些曾经亲眼目睹祖陵及其圣威的人们所“传承”的。契丹国的创建者们，或许是要将自己的国家视为可上溯至拓跋和突厥的内陆世界的“正统”，而为其在历史上定位吧。

以祖陵及其奉陵邑祖州城为起点来看，向西北方向基本上形成一条线，沿线首先是有第二代可汗耶律尧骨的怀陵及其奉陵邑怀州，再过去一些是葬有第六代皇帝中兴英主耶律文殊奴及儿、孙三代的庆陵和庆州一带。位于最里面的庆陵的附近，还有被契丹族视为圣山的黑山。从祖陵到庆州，大约有八十公里。阿保机、尧骨、文殊奴这三位特殊的帝王按照时间顺序长眠的这条线，是契丹帝国最为重要的中心地区。站在建于广袤平原中心的王城上京，向东眺望，祖陵至庆陵一带不正是契丹的中轴线吗？不管怎样，对我来说能够眺望祖陵，是此次旅行的最大收获。

契丹与桃花石、契丹与蒙古

与唐朝的联动

那么，契丹是否仅以内陆世界的继承者自居呢？不，恐怕不只是这样。它还自认为唐的继承者。

关于唐和契丹的互动和相像之处，有几件给人印象深刻的事。第一，如前所述，耶律阿保机于唐室灭亡的907年宣布即“帝位”。不仅如此，唐和契丹国的皇帝陵的情况实际上也是相同的。

秦汉以来的中华国家，其帝陵是建造在平地上的。然而唐是依山而建皇帝陵，作为“中华王朝”，明显是个例外。另一方面，契丹国的帝陵也恰恰是依山而建。连庆陵的东陵、中陵、西陵，也都是建在山峰隆起的山脚下的。这显然与唐朝事实上的开国皇帝李世民（太宗）著名的皇帝陵“昭陵”有联系，昭陵即以奇形怪状的岩峰为核心的象征。别说是庆陵，就连最重要的祖陵也不是“光是岩石”就是“自身乃岩石”。遗憾的是，没能实地考察耶律尧骨的怀陵，不过仅据中国的报道，怀陵和祖陵似乎同属一种皇帝陵类型。

就是说，契丹的皇帝陵之间存在程度上的差别，但是都和岩石有关系。其他的陵墓，尽管不是帝陵，也有类似情况，例如此次行程中有幸得到机会考察韩知古家族的“王陵”（韩知古家族享受准契丹王族的待遇），其王陵与庆陵山形相近，而且也和岩石有关。附带说一下，祖州城内有一座被认为是耶律阿保机“出殡”之地的、由几块巨石板搭建的Čulu'un Ger（čulu'un 即古蒙古语的 čila'un，意为“石”。čulu'un ger 即“石室”之义。当地人所称“石房子”为其汉译名），也可以作为契丹人对石头或岩石情有独钟的旁证。相反，与契丹国并存的北宋的帝陵，是“中华式”的。就皇帝陵来说，唐是被契丹所继承的。

唐朝即桃花石

唐朝在系谱上本来是接续拓跋北魏的。代国、北魏、东魏、西魏、北齐、北周、隋、唐，都是属于鲜卑拓跋氏系统的一系列的政权。我认为将它们统称为“拓跋国家”的看法与史实相当吻合。西方人称其为 Tabgač 是拓跋的音变。隋、唐成为“中华统一王朝”的结果，Tabgač 随之也具有了“中国”之义。说明曾经存在拓跋 = Tabgač = 唐 = 中国这种名称和实际状况相联系的想法。

总之，唐是非汉族出身的“中华王朝”。其祖源拓跋氏拥有起源于上述之嘎仙洞的“故事”。而且据记载，鲜卑拓跋联盟原本是生活于大兴安岭地区的“东胡”。先于额儿古涅—崐传说营造了“封闭的圆形世界”的契丹，据记载竟然也出自“东胡”。契丹和唐，不，是契丹和Tabgač，往大了看，它们盖为同系或发源于同一地区的人群。不只是山和岩石，二者可能还有自然的联系。

这样一来，就有可能出现究竟从哪里寻求中华王朝和北域国家之界线为好的问题。“中华”和“塞外”等区别，可能不过是后世的人们造出来的印象。另外，虽然属于纯粹的画蛇添足，但还是说明一下，“秦”的契丹语式发音chin、“拓跋”的契丹语式发音Tabgač，都是周边地区对第三者的“中国”的他称，广泛使用于中亚以西的欧亚大陆。还有，俄语中的Китай等形式，至今仍在使用。

蒙古的先导者

如果说契丹的先行者是Tabgač，那么它的后继者就是蒙古。正如已经几次写入论文的那样，蒙古帝国大多数的制度都是从契丹国学来的，并得以向全世界扩展。例如，历史上著名的“站赤”（驿传制度）等，可能就照搬自契丹。还有，蒙古时代明确区分使用可汗和汗的称号，也很有可能直接源自契丹。这类的例子举不胜举。

还不仅限于第一次契丹帝国，在其解体后立国于中亚的第二次契丹帝国，八十多年的岁月之间君临帕米尔高原东西，这也成为蒙古向东西扩张的直接诱因。这一点，毋庸置疑。再有，第二次契丹帝国的成员部落之一逃往伊朗的起儿漫地方，建立了所谓的“哈剌·契丹王朝”，最终生活于蒙古在伊朗政权的旭烈兀—兀鲁思统治下。以往这一点未必得到了充分的认识，然而作为蒙古的先导，契丹的意义在欧亚大陆史上别具一格。

发问欧亚大陆史

假如以“契丹和蒙古”为题撰写文章的话，大概马上就能写出一大本书吧。但是在这里，只想提到以下情况为止。即蒙古帝国统治时期契丹部队仍向多个方面扩大活动，向山西—陕西—四川—云南方面一支、向中亚和伊朗方面两支、向辽东和朝鲜半岛一支，至少有这四支部队扩散开去，而其中最后一支部队与被称为“蒙古袭来”的远征日本有关。

另外，蒙古时期用波斯语记写的世界史《史集》中，有关契丹的记载也很少，尤其是对于“西辽”即“哈剌·契丹”的记述，和《辽史》对待“西辽”的态度一样，非常冷漠（实际上，所谓“哈剌·契丹”是指契丹本身的自称，而“西辽”不过是蒙古帝国时期对第二次契丹帝国的汉语称呼）。蒙古帝国，从其总体来说，是想要在自己编纂的史书中尽可能地淡化契丹的形象。假如蒙古如实地记载了契丹的话，可能就没有我们挑战契丹研究的机会了。反过来说，也正因为如此，对契丹历史和文化的探讨才能超出中国史的范围，孕育出进一步向亚洲史、欧亚大陆史的发问。

第五章

亚洲东方的多国体系

西夏与李元昊

难以讲述的西夏

讲述西夏的历史，实在是很困难。最主要的原因是没有留下什么像样的、系统的记载。尽管多少有一些西夏文写成的文书和各种文献，但是多为残片一样的东西，远不足以据其重构历史的整体面貌。为此，不得不集中主要包括《资治通鉴》在内的中华方面的各种典籍史料中的记载，基本上采取间接了解的处理方式。总的来说，极难看到从西夏的立场撰写的历史。造成这种结果的主要责任，恐怕在于蒙古帝国。

在蒙古帝国东部，由大元兀鲁思政府组织文臣，就已被自己所灭的契丹、金国、宋朝的历史，编纂了《辽史》、《金史》、《宋史》三部正史，一般称为三史。（顺带说一下，其中关于契丹可能会出现这样的疑问，即蒙古为什么非得给契丹写正史不可呢？因为可以认为消灭契丹帝国的又不是蒙古，自契丹灭亡到蒙古出现已经隔了近一百年的时间。可那是因狭隘的中国史观所产生的想法。另一个契丹帝国即所谓的“西辽”，的确是为蒙古所灭的。当时的感觉，认为西辽无疑就是契丹国自身，是被认为灭于1125 年的东方契丹帝国即“辽”的直接后身，换言之，即“东辽”和“西辽”是同系列的国家。也就是说，为东西、前后两个契丹国整理历史，确实成了蒙古的责任。）如前简略所述，那是国家以三史各自“王朝史”的角度和方式，对 10 世纪至 13 世纪中华和草原的历史进行时代划分，采取在时间和内容上相互多有重合、相互妥协的方法所展开的修史。

在西部，旭烈兀—兀鲁思的宰相拉施都丁主编的 *Jāmi‘al-Tawārīkh* 即《史集》，作为蒙古帝国史成就了历史上最初的世界史。是想通过它讲述自古以来人类宏大的历史。这也属于国家修史，说是蒙古的“正史”也可以。就是说，在欧亚大陆的东西两边，依据汉文和波斯文这两种完全不同的语言和文明体系，同时编纂着史书乃至史集，它们在某种经过整理的“时代史”或“综合史”方面具有格外相像之处。这本身可以说是人类历史上空前绝后的事情。

这两个方面编纂的史书，对西夏都抱有极为蔑视的态度。在东部，始终就未曾打算编纂《西夏史》或《大夏史》这样的正史。

28 拉施都丁的《史集》所描绘的成吉思汗（法国国立图书馆藏） 1225年，远征中亚班师回到蒙古本土的成吉思汗，与前来迎接的两个孙子忽必烈和旭烈兀一起打猎，为他们在手指上涂抹了首获猎物的油脂。场面画的是成为善射手的仪式。其后，成吉思汗马不停蹄地对西夏发动最后的远征，神秘地死在了那里

只是在卷数达四百九十六卷的巨帙《宋史》接近卷尾处，作为“外国传”的开头部分，以上、下两卷篇幅的“夏国传”做了简略记述。在总卷数为一百一十六卷的《辽史》倒数第二卷即第一百一十五卷中，作为“二国外记”之一，被排在高丽的后面。在总卷数为一百三十五卷的《金史》中，也不过是在倒数第二卷即第一百三十四卷中为其立了个“西夏传”。

所有的记述几乎都拿西夏当“后娘的孩子”。而且内容极其粗制滥造，缺乏连贯性。视角也不可避免地是从以宋为“本”的资料出发，明显地偏向中华本位或契丹、金国本位。可能是不参考其他什么东西，只是片面地记述各自的事情。

在西边，《史集》卷首的“蒙古、突厥诸部族志”中，作为当时欧亚大陆内陆地区诸多存在的各式各样的部落之一，列有tankqūt一种。然而其记述却是寥寥数语。作为一个国家和王朝

的西夏国的历史，埋没在蒙古帝国历史的洪流中，在历史事件的记述中始终扮演“配角”，只是有必要时才偶露一下身姿。

在东、西两边由国家编纂的史书，也因作为基本史料的文献记载的数量，或者是说其使用程度而受到很大的影响。但是连国一起整体接收了西夏的蒙古，本应完整地继承西夏自身所做的记载。西夏的记载当时不可能已经被毁。从另一个角度说，蒙古帝国本身也不想过于详细认真地谈及契丹，那么对西夏就做得更为彻底了。尽管没有不理不睬，但是评价极低，最终不能不说发展到了“贬毁”的程度。

西夏语研究的关键作用

实际上，蒙古多少还是意识到了西夏。事实上蒙古在各个方面受到了来自西夏国的强烈影响。该如何把出身、来源不同的各种各样的混合人群整合为一个国家呢？蒙古在知识技能方面除了向契丹帝国及其后继者们学习之外，从西夏国那里也学习了不少东西。例如，在蒙古帝国受到明确认可的西藏文化，在很多方面是以党项族和西夏国为中介传入的。以忽必烈皇帝时期的八思巴为开端的历史上著名的国师和帝师制度，也是从西夏国学来的。

扫一眼蒙古帝国的历史进程，就能够看到很多西夏遗民的身影，例如曾任成吉思汗贴身宿卫长而发挥重要作用的察罕、将南宋的“流亡朝廷”沉入崖山之海的李恒，以及以他们为首的武将、士兵、行政官员、文人、宗教人士等。西夏王族，包括刚刚提到的李恒，依靠蒙古王权生存下来，西夏系的各部队被派驻到蒙古帝国的各个战略要地。例如，在安徽省的省会合肥市一带至今已有几千人被认定为西夏族后裔。他们的先人是在忽必烈出征南宋时进驻当地的，后来就定居在那里，后人一直传至今天。

假如将西夏史列为中国正史之一进行编纂的话，情况恐怕会截然不同吧。从反面来说，这关系到现有的中国史是如何遵从中华王朝史观的问题。其结果最终是以是否编纂了正史为标准。总之，说成是“正史”史观也行。就实际情况来说，正是被修了正史的各个王朝的断代史构成了中国史的骨架，而没有被修正史的国家和政权则受到轻视，更为严重的是连基本史实都无法弄清楚。西夏正是这方面的典型。

在分析亚洲东方的历史或向内陆世界的发展史时，西夏国及其各种来源的臣民所具有的意义正成为一大关键。但不得不说，其中的大多数仍然是未解之谜、处于梦想的阶段。

有关西夏的研究，进入了历史的暗区。其困难程度即使在整个亚洲史上也是很突出的。一个很大的障碍就是西夏语和西夏文。要想充分了解他们，就必须掌握藏语等相关的各种语言。就是说，尝试研究西夏，本身就已经要成为一种壮举了。

在日本，已有西田龙雄做出了重大贡献。继西田之后，尽管人数不多，还是出现了一些语言和历史研究方面的优秀学者。尤其近些年来，19 世纪末至 20 世纪初考察发现的各种西夏语的文

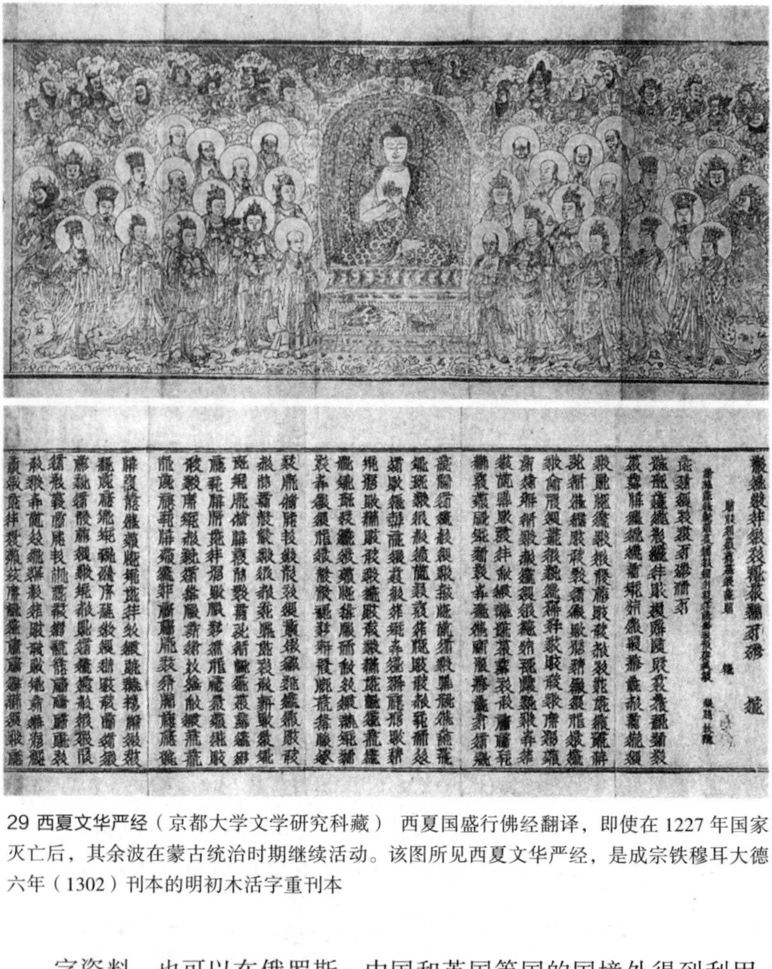

29 西夏文华严经（京都大学文学研究科藏） 西夏国盛行佛经翻译，即使在 1227 年国家灭亡后，其余波在蒙古统治时期继续活动。该图所见西夏文华严经，是成宗铁穆耳大德六年（1302）刊本的明初木活字重刊本

字资料，也可以在俄罗斯、中国和英国等国的国境外得到利用。另外，实际上对于为数不少的遗迹、遗址、文物和遗物等的知识也在聚集，尽管进展比较缓慢，但是可以说解明真相的线索正在扩大。

各种各样的唐兀部落

因此，以下的内容只能尝试着就西夏国历史的一点点概况，借助将微小的一个个点连接起来的方式，勾画出一幅最低限度的草图。即便如此，对西夏的观察、视角也与所谓契丹国的出现、沙陀政权的沉浮、北宋的发展那些“已知历史”不同，可能会从多极化的亚洲东方的角度来审视。

西夏这个国家，虽然是以藏系党项族为立国的中坚，但却是一个在形成和发展的过程中除羌族和吐谷浑之外，又吸纳了相当数量的回鹘和汉族的多种族的国家。在同为异族的混合体以及由此形成的复合国家和复合社会方面，大致和北魏至隋唐时期存在的“拓跋国家”、契丹和金国具有相似的结构。而且，也和包括蒙古帝国在内的欧亚大陆兴衰不迭的很多国家一样，拥有共同之处。

总之，凭借部族联盟扩大军事力量，以此为“杠杆”达成增长人群的再联合。结构的原理没有多大的变化。只是，在西夏这种特征还较多地留存在成为轴心的党项族以及河西、鄂尔多斯、青海等地区。这样说，大概言不为过吧。

党项族的兴起，在时间和情形方面都出人预料地和沙陀相似。汉字记写为“党项”的唐兀族，原本居住在西藏东部的高山地带和河流纵横交错的平川上。按现在的省界划分，属于四川省的西半部分中偏北的一带地区。而现在的四川省超出原来称为四川地方的盆地状地块，大大向西扩张，面积达到不自然的巨大的程度。7世纪吐蕃政权在西藏高原建立，党项的一部分人归属于该政权。

包括自称为“拓跋”的部落，党项的各部族似乎不愿为吐蕃所吞并，于是离开原来的居住地，向吐蕃势力难及的东北方向迁徙，最终来到唐朝的西北一带地区，分散为几个群落住下来，相当于现在的陕、甘、宁三省交会处至鄂尔多斯的地带。这些部落还曾为唐朝的军事力量服务，例如在8世纪中叶发生那场“安史之乱”时，曾是哥舒翰和郭子仪麾下的作战部队。但是，党项族缺乏整体上的统一性。其中，有的遭到契丹的进攻，被其收服，成为契丹军队的组成部分之一。统称上是党项族，而部落之间各不相同，生存方式和命运也就各式各样。

通向李元昊的路

开创新历史的中心力量是鄂尔多斯地方的党项族，而且是以鄂尔多斯地区南部的夏州为根据地的拓跋氏部落。北魏时期匈奴系的赫连勃勃建立独立王国“夏”，修建了统万城，夏州因其得名。那里南面与陕西接界，以长安即京兆府为中心城市的“关中”之地在那里延伸。自称为昔日北魏的后裔、以“拓跋”为己姓、居有赫连氏“夏国”之故地的这支党项部落，被中华称为“平夏部”。

9世纪后半叶，名为拓跋思恭的族长因受有名无实的唐室之命追讨黄巢，被赐国姓“李”。其后，该族长家族一直以李为姓，任定难军节度使，领有夏、银、绥、宥、静等五州，即鄂尔多斯至陕西北境的广阔区域，形成了事实上的独立王国。称节度使的地方之“王”，这一点和中华内地的各种中小王权没什么不一样。只是这个“夏州王国”在以保有固有的语言和文化的党项族作为国人基础的核心成分、拥有立足于此的以精悍强勇的部族为单位的军事力量、占据控扼东西南北交通枢纽之地等方面，特征更为突出。总之，是个独立之心强烈的“边境王国”。

这样的形势，即使是在草原上出现契丹国、沙陀政权崛起于华北、经历“五代”兴衰、北宋诞生的情况下，也不曾发生任何改变。北宋曾主动提出和这个“夏州王国”结盟。那是因为山西还有沙陀政权的残余势力北汉，它以契丹帝国为后盾对北宋形成了莫大的威胁。由于北汉有意西渡黄河进攻鄂尔多斯，因此也成了“夏州王国”的敌人。北宋的第二代皇帝赵匡义（太宗）消灭北汉之时，身为族长拥有“王”号的李继筠曾出兵相助。980 年，李继筠之弟李继捧继承其位。谁知两年后李继捧竟将自己的领属献给了北宋，并携亲族迁往其都城开封。部落内相继反对李继捧的人很多，怨声载道。

拥有百年历史的“夏州王国”突然灭亡，为此李继捧的同族李继迁决定独立。他重新聚集起鄂尔多斯地方的党项族人，与北宋开战，为了求得契丹的后援而成为其臣属。至此，出现了契丹党项同盟与北宋对峙的态势。1002 年，李继迁兵锋稍向西进，攻克灵州，定都于其地。这样，这个新生的党项王国选择了向西发展的道路。西夏建国的基础，是由李继迁奠定的。

1003 年，李继迁死于征战的途中，其子德明继立。依据 1004 年契丹和北宋结成的“澶渊之盟”，李德明统治的党项王国与北宋议和。李德明出于安全和贸易利益的考虑，采取了对契丹和北宋两向从属的策略。同时他专心致志地实施对河西的统治。艰苦奋战的结果，从潘罗支等人统领的吐蕃政权手中夺下了牧马的良地凉州，进而通过儿子李元昊的努力作战，推翻了甘州的回鹘王国，将东西南北交通枢纽之地大绿洲揽入手中。

李元昊的西夏国

1031 年，李德明去世。第二年，太子李元昊继立，时年二十九岁。他的霸业，是建立在李继迁、李德明两代人奋斗的基础上的。在这个意义上，他还不能说是个开创者。然而，他把这个王国推向了与祖父和父亲时完全不同的阶段。那就是，从部族王国的地位迈向建设新国家西夏国。他的一生，基本上是在为了这个目标而奋斗。如果从这个意义上看，可以说他不愧是建国的英主、一代枭雄。

李元昊是一个充满英雄气概的人，他废除李德明施行了二十五年的对北宋处于从属地位的和亲政策，谋求成为独立的对等国。对于契丹帝国，迎娶其公主获得驸马（皇帝的女婿）的地位，降低身份以示谦恭。这是三者力量之间的关系。李元昊认为与北宋开战已在所难免，北宋将不堪一击。

就此形成了跃跃欲试的党项王国、忙于防卫的北宋、从高处密切注视双方的契丹帝国这样一幅形势图。“澶渊之盟”以来一

30 西夏王陵　分布于银川市郊外

时得以稳定的亚洲东方的政局，随着李元昊登上历史舞台而风云突变。撼动时代的人，无疑就是李元昊。

李元昊一气呵成地完成了国家体制的整顿。以兴庆府（现宁夏回族自治区首府银川）为首都，建造了宫殿，完善了中华式的官制和礼仪制度，建年号为“开运”（1034），确定了兵制。官制和兵制都分为两大体系，即党项系等系中称为“蕃”和“汉”的非汉族系和汉族系。又进一步创制了所谓国字的西夏字（蕃字），在文字和文化方面也实施蕃、汉双重体制。不论哪一方面，都和先行的契丹帝国的做法有共同之处。而且，在构成军事国家之基础的军队方面，党项族是十五岁至六十岁的男子尽数为兵。以身材魁梧著称的党项精兵不愧为国家的支柱。

依靠这样的军队，李元昊兼并了占据沙州（敦煌）、瓜州的归义军节度使曹氏的小政权，控制了河西全境。这样，东起银州

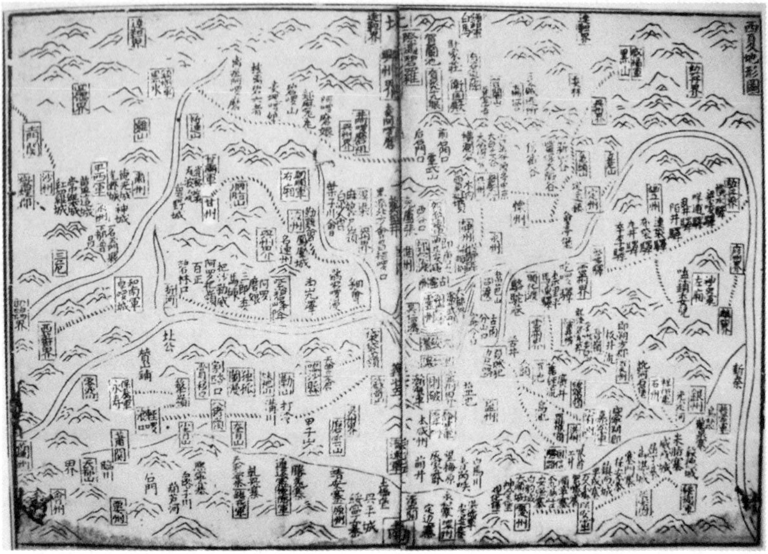

31 范仲淹的文集中所描绘的西夏地图　所标注的地名显示该图反映的是北宋末年之大观二年（1108）稍晚的情况。虽然出于北宋人之手，但是未见其他如此详密的地图，实为西夏研究的重要资料

西至敦煌的草原、绿洲、沙漠都成了他的国土，里面形成了一个多种族共存的社会。1038 年，李元昊改国号为“大夏”，自己称帝，宣告独立。因为“夏”也是中华的雅称，所以北宋不予认可，称其为“西夏”。

李元昊终于宣布进攻关中地区和长安即京兆府，毅然开始了和北宋的全面战争。北宋军连吃败仗，跌至劣势。北宋的仁宗政府紧急派遣韩琦和范仲淹等能干的文臣前往前线防守，他们修筑了由很多堡垒群组成的武备森严的防卫区，闯过了危机。不久，战局陷入胶着状态。

北宋一方面致力于防守，一方面和藏系宗哥族建立于青海至洮河流域的青唐王国的首领唃厮啰联系，使其从背后对西夏形成威胁。唃厮啰是王号，“佛子”之义。他又称欺南陵温。这个具有吐蕃王室血统的人和李元昊之间的争斗，同时也是东西方的贸易之争。激烈的战斗打来打去，唃厮啰最终未能制服西夏。

庆历议和

北宋为了抵御西夏的攻势，不得不使五十万至八十万人的庞大兵团驻守西北方面，造成了巨额的财政负担。西夏也难以承受长期的战争。契丹帝国以这一事态为良机，要求北宋归还己国在赵匡义北伐之时所失瓦桥关和益津关以南的十县之地，作为“抵押”，很顺利地使其增加了岁币的额度。尽管西夏认为契丹可以相信，但总还是觉得不太痛快。这件事也成为一个契机，当时的契丹帝国也出来居中斡旋，西夏和北宋于是议和。

在北宋年号的庆历四年即1044年，西夏以和北宋结为君臣之礼为条件，要求划定双方的国境线、北宋每年向西夏赠送巨额财物的岁赐：银七万二千两、丝绸等十五万三千匹、茶三万斤。北宋只得到了面子上的满足，而西夏得到的是实惠。这次事件，北宋一方称为“庆历议和”。前后经历了七年之久的消耗战，就此终于暂告一段落。

“澶渊之盟”过了四十年后，北宋和西夏也迈入了大致同样

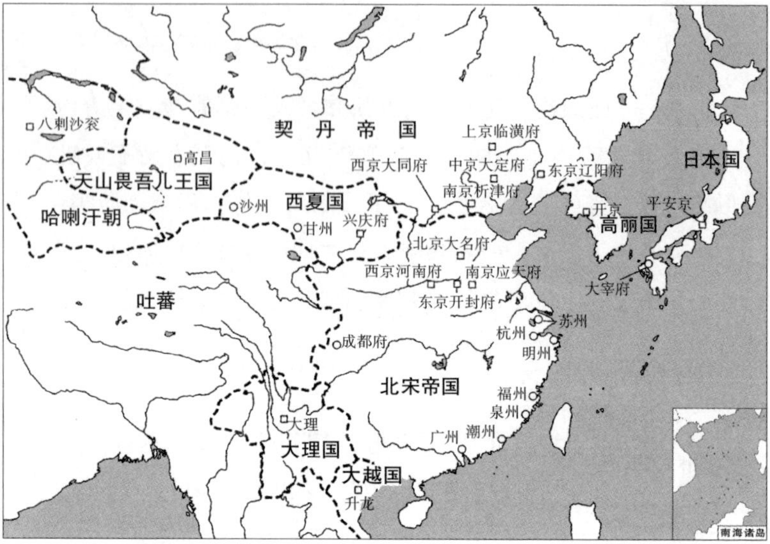

32“澶渊”体系后的亚洲东方

的盟约关系。原有的契丹和北宋的关系，加上契丹和西夏的关系，形成了契丹、北宋和西夏这三国之间独特的三角关系，一时成三国鼎立之势。亚洲的东方迎来了和平共处的时代。

与大致稳定的契丹、北宋间的关系相比，西夏和北宋之间屡屡发生相互侵扰的事件，北宋不得不派遣近百万人的大军常驻陕西一带。被强调为文化大国印象的北宋，实际上是一个拥有大量军队的军事国家。这不仅对于北宋政府的财政，就是对其社会也造成了很大的负担。北宋又是一个背负着沉重负担的国家。结果，西夏和北宋之间不稳定的关系，因后来女真族之大金国占领华北、宋室南渡而终于宣告结束。

以“议和”之名缔结国际条约后四年，即1048年，李元昊去世，享年四十六岁。这类“英雄”中也很少见，身高五尺多稍嫌矮小的他，是个集意志和热情、智慧和创造力于一身的人，他充分发挥这些长处，强有力地统治着西夏国，度过了自己的一生。西夏国近二百年的历史，基本上是由李元昊一手奠定的。

女真族的联盟大金国

作为国家的光与影

从那以后，亚洲的东方以契丹、北宋、西夏三极为轴心，形成周围东有日本、高丽，西有青唐王国、天山回鹘、哈喇汗朝等，南有南诏、黎朝的多极化结构。这是前所未有的情况。正当这种状况似乎已成定局时，12世纪初从满洲地区的北半部即松花江流域突然兴起了以完颜部为核心的女真族联盟。

“女真满万不可敌。”有了这样精悍强健的女真步兵和骑兵部队，这股迅速崛起的新兴势力推翻了10世纪以来一直左右着政局的契丹帝国，接着又瓦解了北宋，建立了大金国。当初的正式国名为“大女真金国”。女真语作Amba Jusin Alcun Gurun。开国皇帝为完颜阿骨打。那是个体格魁伟的猛将，箭术了得。这一点不由得让人联想到契丹国的创始者耶律阿保机。

只是，在短时间内就达到亚洲东方中心国地位的大金国，远较契丹国宽松，至少是个松散的联盟。由于太轻松地就颠覆了契丹和北宋，所以几乎无暇专心致力于国家体制的建设。在这种情况下，只能集中全力管理迅速扩大的国土和增加的国民，没能根本改变女真各部族并排稳居国家权力中心的状况。尽管保有包括女真本土即满洲地区、原契丹的大半直属领地和淮河以北的北宋故地的广阔版图，但是散发着原野气息般牧歌式的、不严格的君臣关系，始终没有改观。总之，作为一个国家的整合和统一治理非常薄弱。

所谓的皇帝也未必是皇帝，充其量也就是个联盟的盟主。作为一个国家，大金国兴起于满洲之地，席卷内蒙古和中华之地，当初其勃兴的强劲之势令人瞩目。然而，经过几次大的政治变动后，又遭到蒙古的侵攻，一败涂地被迫南迁，暂且避居黄河以南，后来困于长江岸边的蔡州之地，最终走上灭亡之路——大金国一百二十年的历史，形成了光和影的鲜明对比。

《金史》“世纪”的趣味

女真族，即Jusin族，不仅不同于游牧民族契丹和奚，而且与作为畜牧民大大改变其住地而兴起的沙陀和党项也各异。他们住在森林地带，是讲通古斯语族语言的狩猎、农耕、渔捞民，同时已经掌握了骑马生活和进行军事活动的技能。其“血统”或者是说系统，可以上溯到被耶律阿保机摧毁的渤海国，和当时存在的高丽国也有很近的关系。

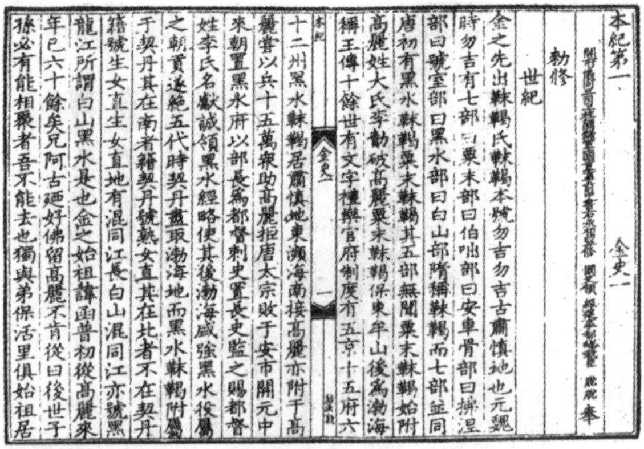

本紀第一　金史一

[illegible] 脫脫 奉

勅修

世紀

金之先出靺鞨氏靺鞨本號勿吉勿吉古肅慎地也元魏時勿吉有七部曰粟末部曰伯咄部曰安車骨部曰拂涅部曰號室部曰黑水部曰白山部隋稱靺鞨而七部並同唐初有黑水靺鞨粟末靺鞨其五部無聞粟末靺鞨始附高麗姓大氏李勣破高麗粟末靺鞨保東牟山後爲渤海稱王傳十餘世有文字禮樂官府制度有五京十五府六十二州黑水靺鞨居肅慎地東瀕海南接高麗亦附于高麗嘗以兵十五萬衆助高麗拒唐太宗敗于安市開元中來朝置黑水府以部長爲都督刺史置長史監之賜都督姓李氏名獻誠領黑水經略使其後渤海盛強黑水役屬之朝貢遂絶五代時契丹盡取渤海地而黑水靺鞨附屬于契丹其在南者籍契丹號熟女直其在北者不在契丹籍號生女直生女直地有混同江長白山混同江亦號黑龍江所謂白山黑水是也金之始祖諱函普初從高麗來年已六十餘矣兄阿古迺好佛留高麗不肯從曰後世子孫必有能相聚者吾不能去也獨與弟保活里俱始祖居

33《金史》“世纪”卷一的开头部分

关于女真族的起源、缘由和变迁，蒙古帝国时代编纂的《金史》卷首“世纪”中有记载。《金史》“世纪”是以至大金国的创始人阿骨打为止的十位完颜部历代族长的事迹为主、编入各种传说和奇闻的“开国传说”。更为正确的说法也许应该是有关女真族的始祖和开国的“传说”或“神话”。就是说，在中国正史中，如此特殊的一卷被放在了《金史》的一开头。

其中所讲述的内容，还不能说传递了“纯粹”的事实。如世界各地所流传的神话和传说常常呈现的那样，各种各样经过假托、接合、提炼、浓缩的事实碎片，被形象化加工后传诵着。所讲述的是一个被意识化、观念化了的世界。这样的印象、意识、观念和价值观，本身无疑是“真实的”。这里更为重要的是，《金史》“世纪”的故事在阿骨打建立大金国之后被整理，使之系统化，然后落实到文字上。内容的细微处，可证明其原为口头流传的痕迹和味道很浓。也就是说，可能首先存在世世代代口头相传的过程，然后为其穿上“表象化”的各式各样的服装，最后由政权加以整理并提升其价值。它不是一般的故事、神话、传说，而是由国家完成的“大故事”。

这个“故事”是完颜王室和完颜部的“正史”。同时，汇集于完颜政权下的女真诸部族各自的立场以及和政权的缘分，自然也得到了反映。换句话说就是，女真联盟是以“现在”反照过去的“统一与团结的故事”。其政治性自然突出。在这个意义上，它和著名的蒙古帝国时期的《元朝秘史》及其相关的一系列“故事”的情况都非常相近。

波斯语《史集》和《元史》卷首“太祖本纪”所记载的成吉思汗及其祖先的“故事”，将在成吉思汗家族的带领下扩散到世界各地的蒙古人的富贵之源和繁荣之路，首先创作成押头韵的诗句，或许还配上曲调口头吟唱。听到那悲壮、抑扬顿挫的蒙古开国故事，蒙古人无不为“先祖”们的艰辛而落泪，为他们千军万马征战的功业所感动，再次发誓为蒙古的团结而奋斗。这样创作并发展的“说唱故事”，后来以畏吾字蒙古语记写下来，又被翻译成阿拉伯字波斯语，并被直译为汉字和汉语。《金史》“世纪”的结构与此基本相同，只是较此先行一步。

根据《金史》“世纪”开头部分的说明，北魏时期的“勿吉”、隋时的“靺鞨”是女真的本源。从靺鞨中又分出黑水靺鞨和粟末靺鞨，后者建立过渤海国，未统一的前者服属于它。顺

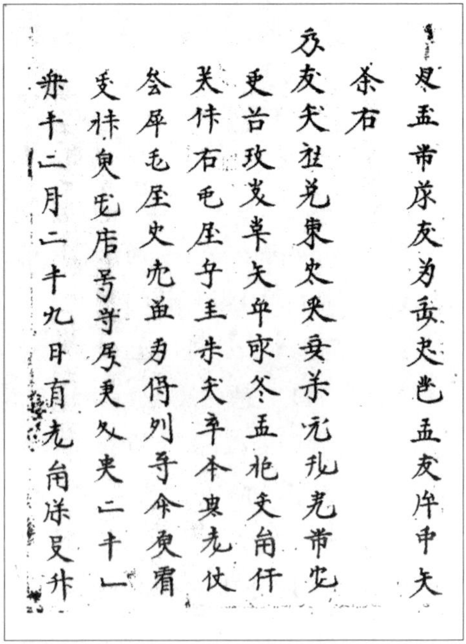

34 女真文之例（东洋文库藏） 所谓的女真文，有大金国的创始人完颜阿骨打令完颜希尹（kiin）创制并于 1119 年颁布施行的女真大字、大约二十年后创制的女真小字两种。与契丹文不同，所谓大字、小字没有文字体系上的差异，二者混用。女真文在大金国灭亡后二百年左右的时间内仍继续使用。照片显示的是明代《华夷译语》（乙种本）中《女真馆译语》之“来文”部分。写有对明廷的女真语奏文

带说一句，黑水指黑龙江、粟末指松花江。渤海国灭亡后，黑水靺鞨成为契丹的臣属，其南半部地区附籍者称“熟女真”，北半部地区未附籍者称“生女真”，以示区别。据说后者发展为完颜部。

接着，记述了十代祖先的事迹。第一代为函普，兄弟三人，他以六十多岁的年龄从高丽过来，与完颜部似为萨满的聪慧老女结为夫妻，是为完颜王室的起源。故事很奇特。而他的两个兄弟分别成了女真联盟其他系谱的祖先。这种“现在”的强势部落、家族自古以来就是“亲戚”的说明，在以下历代的叙述中都会反复出现。从第六代的乌古廼开始，叙述格外详细起来，他已经像个真实存在的人了。阿骨打的父亲即第七代祖先劾里钵，被当做杰出的英雄

而得到大书特书。这是很自然的吧。他的弟弟们继承其业，到第九代的盈歌时，阿骨打创业的基础已经奠定。这些可以视为史实。最后一代的乌雅束，是阿骨打的哥哥，关于他只有与高丽国之关系方面不正确的记载，可以看出他和阿骨打政权之间微妙的关系。其他情况无从了解。

甚至在涉及阿骨打这一代事迹的第二卷，传奇式的描写依旧存在。关于这种现象，战前出于日本的“大陆政策”和时局，曾出现过踊跃的探讨。近年来，作为纯正的文献研究，这方面的探讨又有了新的进展。其实，除此之外，还需要就《金史》做全面的严谨的分析和考证。包括与清朝即大清国之间的关系，今后需要解决的问题还很多。

海上之盟

完颜部的原住地，在北流汇入松花江的按出虎水流域。按出虎，女真语“黄金”之义。完颜部在劾里钵—盈歌—阿骨打两代人统领之际，势力渐大，作为活动于满洲北半部的“生女真”之中坚力量崛起。当时，契丹帝国距离阿保机创业已经过去了二百年，人们已完全习惯于太平社会和安乐的生活，往日勇猛的游牧民们也已经彻底贵族化，国家和社会全面停滞不前。丢弃尚武精神已久的契丹王族和贵族们，热衷于可以满足娱乐和游兴的鹰猎，为此强索叫作“海东青”的鹰隼，使生女真诸部苦不堪言。很长时间以来生女真诸部就对契丹的横征暴敛和压迫越来越不满，于是在 1114 年，完颜部的首领阿骨打公开向契丹举旗造反了。

一经在国境线的要冲宁江州击溃契丹的讨伐军，阿骨打立即乘势于按出虎河畔即皇帝位，建年号为“收国”。既然已经起身造反，就必须趁热打铁完成女真诸部的统一。为此，首先最重要的是宣告独立。不管怎么说，大金国就此诞生了。

当时，大金国还仅限于造反队伍的活动区域内。但是在第二年就攻克了耶律阿保机去世的据点黄龙府，接着又在混同江（即松花江）边打败了契丹之天祚帝亲率的号称七十万的大军。原因在于不谙作战的天祚帝带了过多的部队，还有就是多种族混成的军队中发生了叛乱。总之，是契丹自取灭亡。契丹皇帝率领庞大的军队却吃了大败仗，此事震动了内外。

形势骤变，急转直下。契丹威严扫地，在满洲地区的南半部渤海人到处造反。阿骨打乘乱聚集熟女真诸部、会同渤海遗民，控制了辽东全境。于是摆出一副进攻契丹本土的架势。这样，攻守双方改变了位置。

这方面的消息也立即传到了北宋。北宋朝廷虽然与契丹保持了一百多年和平共处的伙伴关系，但对于契丹背后出现女真新国家并与之激烈抗争之事，还是感到高兴。于是在 1118 年派使臣从海上出发，经辽东半岛抵达按出虎河畔，提议通过两国结盟推翻契丹。当时，这一提议被正在和契丹议和的阿骨打暂时搁置。他将契丹和北宋置于天秤的两端观察其动向，当看到和契丹的交涉没有什么进展，遂决定与北宋联合。提出的几项条件之一是，将北宋此前赠送契丹的岁币转送金国。这个盟约，称为“海上之盟”。

于是，大金国和北宋分别向契丹发起进攻。1120年，金军攻克契丹的首都上京临潢府，一路追击西遁的天祚帝，又攻破了其西京大同府。北宋军进攻燕京，却为契丹军连连击退，主帅童贯向金求援，金军一举攻下燕京。这一局面成了后来形势的导火索。

结果，金方将原来燕云十六州内的燕京等六州作为补偿让给了北宋。可就在这时，阿骨打于1123年病逝。其弟吴乞买即位。天祚帝被吴乞买的手下所俘，契丹帝国于1125年灭亡。但是如前所述，耶律大石在中亚建立了第二次契丹帝国。

在北宋一边，此前为了收复燕京筹措战争款项，导致经济陷于混乱，造反此起彼伏。即便是这样，北宋还不断向金国发起挑衅，岁币等也停贡了。进而屡次三番地对金国做一些耍阴谋、背信弃义的事，毫无顾忌。也是在1125年，即吴乞买给予契丹致命一击的那一年内，吴乞买终于向北宋兴师问罪，大举进攻开封。

其后的过程，大致如下。北宋遂最终为金国所灭。金军掳太上皇徽宗、皇帝钦宗及其宗室、官员等数千人北撤。此事发生在靖康二年即1127年。北宋以一百六十七年的寿数灭亡了。脑海里曾掠过这样的想法：假使没有“澶渊之盟”所确立的和平共处的体系，它这个军事力量极弱的王朝恐怕早就不存在了。

势均力敌者当中的中华

此后的金国没有一鼓作气进攻依长江天险再建的南宋，南宋因此逃过一劫。其间，金国针对华北的统治，尽管先扶植了楚、齐傀儡政权，不过最终还是过渡到了自己的直接统治。随之，大批的女真人移居华北。其来龙去脉，因篇幅所限暂不作赘述。

1142 年，金国与南宋议和。和平的附带条件是，以淮河为界、南宋向金国称臣、每年向其输银二十五万两、丝绸二十五万匹等，使人联想到一百三十八年前的“澶渊之盟”。在此之前，金国对于西夏国也已经沿袭契丹帝国的先例，与之结为君臣之礼，确定了共存之态。至此，“澶渊体系”再次出现。依照国际条约达成的和平共处方式，是亚洲的东方创造出的历史智慧。

1149 年，谋杀第三代金国皇帝熙宗的完颜迪古乃（中华式的名字是“亮”）为了当上真正的中华皇帝，从按出虎河畔的上京会宁府迁都燕京，1161 年开始南伐。然而在北方的满洲地区，反对派推举其堂兄弟完颜乌禄（中华式的名字是“雍”），发动叛乱。当时正在瓜洲准备渡江的迪古乃，闻讯打算回师北上，却在军中遭到暗杀。他生前虽为皇帝，但是死后却被贬为“海陵庶人”，后来待遇稍有恢复，仍以其即位前的称号“海陵王”相称。

金国的新皇帝乌禄也决定以燕京为都，并谋求再次与南宋媾和。在 1165 年重新缔结的和约中，双方的国境线没有变动，君臣关系改为叔侄关系，岁币方面银、丝绸各减少五万两、五万匹。偏向南宋做了些修改。

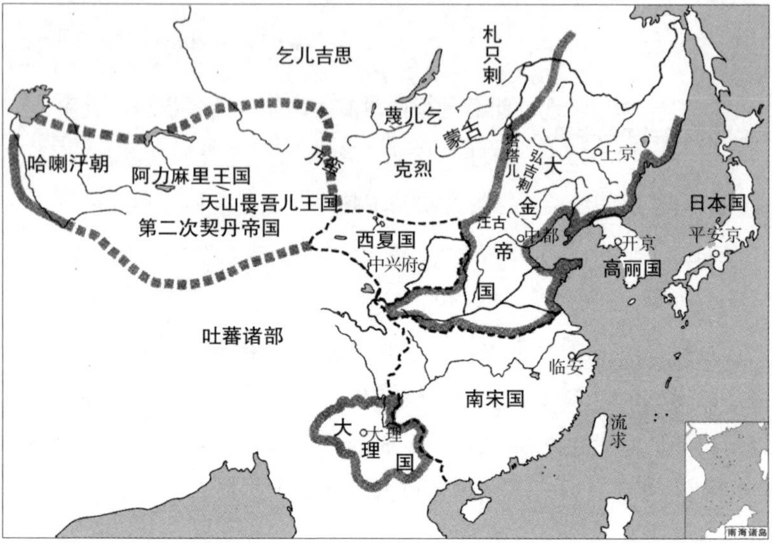

35 12—13 世纪初的亚洲东方

其后的四十年间，双方相安无事。常以其庙号世宗相称的金帝乌禄在位二十八年，被视为一代名君。但实际上却是一个碌碌无为、生性忧郁的人。迪古乃为镇压反对派，逐一杀尽金室的成员，乌禄只不过因为凡庸而得以幸免。金国历史的前半部分之所以难解，就是因为已成金国独裁者的乌禄出于流芳后世的考虑，销毁了很多原始记录。研究文献的史家，往往被这种“导演”所欺骗。

1206 年，南宋大举北伐。这是因为南宋政权的实力派人物韩侂胄得知金国因蒙古崛起而陷于困境，认为是个史上留名的绝好机会而策动的。可是仗真正打起来，南宋军仍然是弱不能敌，处处败于本以为衰弱到家的金军。最终，韩侂胄被杀，南宋向金国请和。1208 年，双方又一再改订协议，确定国境线维持原状、叔侄关系改为伯侄关系、增加岁币额度。总之，除了两次变故的例外，“澶渊体系”仍在发挥作用。

回顾历史，自 1004 年签订“澶渊之盟”以来的二百多年间，亚洲的东方基本上稳定为以二极或三极核心国家为中轴、若干国家群并存的形式。德国的亚洲史学家傅海波洞悉这一状况，名之为“势均力敌者当中的中华”，是个很巧妙的说法。如果将所谓“中华”仅理解为北宋或是南宋，情况确实如此。

从某个方面看，西夏也是“中华国家”。金国也不可否认地具有这一侧面。甚至契丹国也带有某些中华色彩。就是说曾经存在过各种各样的“中华”。

固然也存在过分纯化“中华”的北宋和南宋。但是不管怎样，当时形势已经超越所谓“中华”的界限，多重多元的国家群相互之间少有攻击的时代正在持续着。或许可以认为这已经化为了一个体系。就是说，可以称之为亚洲东方的多国体系（多个国家并存的体系）。

第六章

在欧亚大陆超地域帝国蒙古的统治下

蒙古的出现

苍狼与光之子

再次回望10—12世纪的欧亚大陆，可以看到无论是草原还是农耕地区、无论是干旱还是湿润地带的各处，作为推动历史的动因和主角，突厥、蒙古系的游牧民族已经在东西方大大崛起了。同时无论各地域政权的规模是大是小，总之多极化是在加深着。另外，不断有突厥系的人们从东方向西方迁徙，而拂朗人在“十字军”的盛名下从西方向东地中海地区蜂拥而来，使时代变得更具流动性。换言之，在超地域世界的动态中轮流坐庄已渐成气候，迎接更大变动的门扉就要开启。时代已极具可变性。

后来所说的蒙古高原，是延展在欧亚大陆上最大、最优良

36 成吉思汗（台北故宫博物院藏）《历代帝后像》所载肖像。虽然是如此著名的人物，但是几乎没有关于他容貌、风采的记载，肖像画也仅此一幅。还是以中华式的风格画成的，不好说究竟多大程度反映了真实情况

的草原。那里也仍然有突厥、蒙古系的部族部落割据，混乱状态在延续。在森林和草原交错地带的东北角，生活着保留狩猎民特征的蒙古部族。它被认为拥有苍狼和光之子双重的先祖传说。

在其更小的一个部族中，一个男孩子诞生了。那就是铁木真，后来的成吉思汗。他的生年有作 1155 年、1162 年、1167 年的，无定说。其父也速该，似乎曾是蒙古部内乞颜・孛儿只斤氏的一个实力派人物。然而却早早被人毒死，铁木真无奈度过了充满苦难的青少年时代。其中可以得到确认的事实很少。几乎所有的一切，可以说都是在 1203 年秋季幸运地击败强盛的克烈部之汪罕（Ong qan，又作王罕）、掌握了蒙古高原东半部地区的霸权后才开始的。

1204 年四月，铁木真击破占据杭海山至按台山的蒙古高原西部的突厥系乃蛮部，取得了重大胜利。在此之前，据有阴山北麓一带、同为突厥系的强大部落汪古部，不接受乃蛮部邀其夹击蒙古的劝诱，来向铁木真通报。至此，高原上与铁木真敌对的强大部族部落，就只剩下了蔑儿乞部。1205 年春，铁木真向北进军，最终征服了夙敌蔑儿乞部。这样，在仅仅两年多的时间里，除了金朝统治下的热河草原和那一带地区，铁木真一鼓作气地拿下了大半个蒙古草原。

尚不十分清楚的真相

围绕成吉思汗及其一生，后世流传着各种各样的英雄传说。然而包括容貌在内，他的真实形象尚不确定。作为战斗指挥官，恐怕不只铁木真是出类拔萃的。

在统一高原之时，铁木真至少已经过了四十岁。在游牧民中年龄就算相当大了。他虽然也算出身名门，但是也曾长期居人之下。他具有倾听他人意见的气量和发挥其作用的才能；依托于丰富的经验敏锐的政治感觉以及洞悉人们和形势的能力；基于恰当的平衡感之组织者和调停者的素质；还有果敢的实施能力。在这些方面，铁木真是更胜一筹。

在他之前，由于长年的部族割据，各部落内部人们的身份秩序和社会关系处于固定、闭塞的状态。对于希望打破现状的人们来说，不受历来部族关系和门第身份约束的铁木真，大概就成了值得托付自己命运的领袖吧。为此，各种履历和出身不同的人们以一对一的信赖关系集聚到铁木真的麾下。

这样的游牧首领，铁木真之外亦有他人。其中，铁木真是笑到最后的“英雄”。此外，历朝不断侵扰蒙古高原的金国在章宗朝专心致力于社会安宁和文化振兴，并不注重安全保障和军备，由此给铁木真带来的运气也不容否认。

1206 年春，铁木真在斡难河上游的草地召开了大聚会（忽里台）。在那里举行即位仪式，称“成吉思汗”。人们的集团，人民，蒙古语称为“兀鲁思”。取成为统一中心的“蒙古”之名，称新的游牧联合体为“也客忙豁勒兀鲁思”，即“大蒙古国”。

成吉思汗立即着手新游牧国家体制的建设。第一项措施，将麾下全体游牧民重新编成九十五个千户，封创业功臣和同族、勋戚为其统领即千户长，各自分而治之。各千户的成员和组编的过程，不尽相同。大致上是安排同一部族或氏族隶于一个千户之内。至于霸权争夺战时期曾与之为敌的克烈、塔塔儿、乃蛮、蔑儿乞等部族，除了个别功勋卓著者被任命为千户长，不保留其部落整体。这是在尊重牧民们出身和来源的同时，又避免了敌对势力的留存。

蒙古兀鲁思的原点

接着，将这些新编千户中的一部分分给了自己的诸子和诸弟。分给长子术赤、次子察合台、三子窝阔台每人四个千户。分给次弟搠只·哈撒儿一个千户。分给三弟哈赤温的遗子按赤台带三个千户。只有末弟铁木哥·斡赤斤的份子，包含母亲月伦的份额，分到了八个千户，属于破格对待。三个儿子的游牧地，集中分配在蒙古高原西界的按台山方面，三个弟弟的游牧地，相反安排在东方的大兴安岭方面，呈数珠状排列。

三个儿子的千户数总共是十二个。三个弟弟的千户数总共也是十二个。这是在蒙古国建设初期，成吉思汗有意识地将自己家族同等数量的兀鲁思配置在东、西两个方向。这些兀鲁思，后来都一时各自形成了独立于中央政权之外的势力。当时，分属于各兀鲁思的千户成为其基干部队。此时的安排成了后来各兀鲁思发展和命运的决定因素。

除了分封给诸子诸弟总共二十四个千户外，其余的所有百姓都直接归属成吉思汗和他的幼子拖雷，也分为东、西的左、右两翼。两翼的中央，广阔的地域内分布着直属成吉思汗本人的、身兼宿卫之职的亲卫军即一万名怯薛，还有属于成吉思汗私产的、称为“四大斡耳朵”的毡帐群及其附属的牧民们。

各千户的内部，下有百户、十户，任命有三级指挥官，他们和千户长、万户长共同被以“那颜”这一意味游牧贵族的称号相称。构成千户之基础的，不一定严格是一千个家庭（住在同一个毡帐里的人们），而是大约几百个家庭，不过以其为母体大致可以提供一千名战士。取代原先的部族而新编成的千户，是构成蒙古新国家之政治、行政、军事、社会等所有基础的组织，千户长既为行政官又是军事指挥官。

按十进制编成的军事组织、左右两翼的体制等等，构成游牧国家的大的框架，这也是匈奴国家长久以来的传统。成吉思汗将其彻底整合于以自身为核心的指挥系统，使之转变为能够极好地统摄麾下全体游牧民的军事集团。这时成立的集团和组织，成为日后蒙古扩张的根源。

总之，自蒙古以一个由多部族统一并重组的“兀鲁思”出现之时起，它就已经基本上是现成的国家了。作为组织极善的军事权力体，立即跃上了历史的舞台。拥有十万多骑兵战斗力

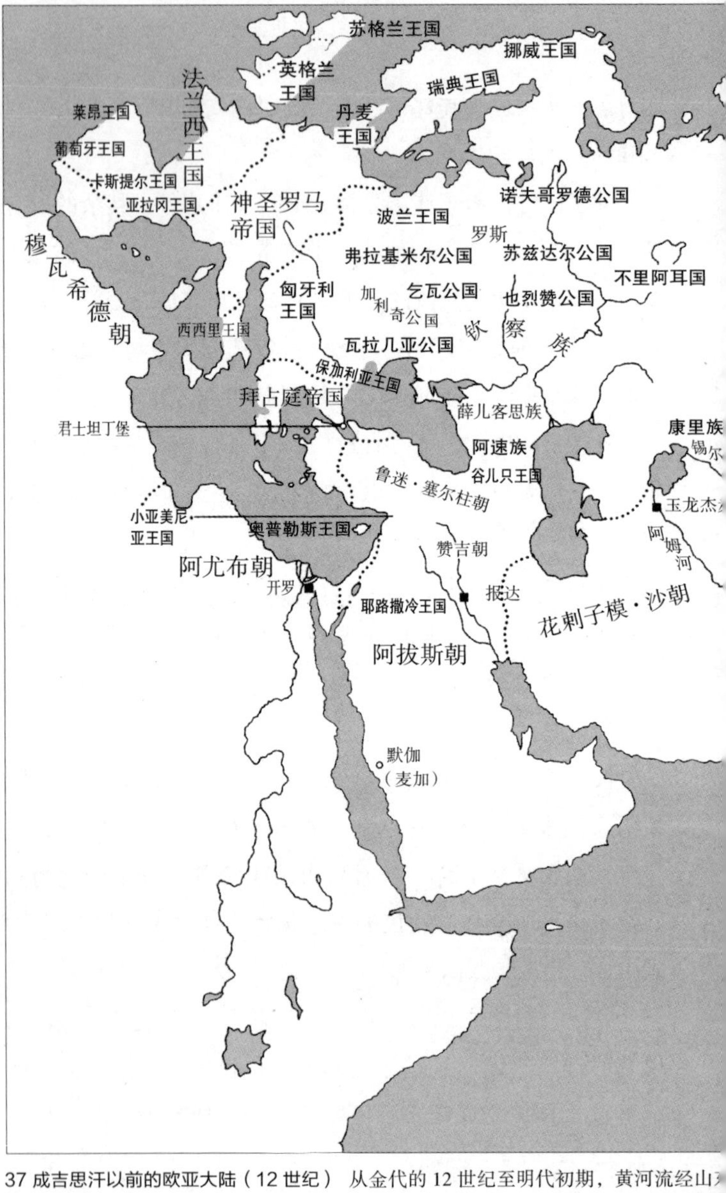

37 成吉思汗以前的欧亚大陆（12 世纪） 从金代的 12 世纪至明代初期，黄河流经山

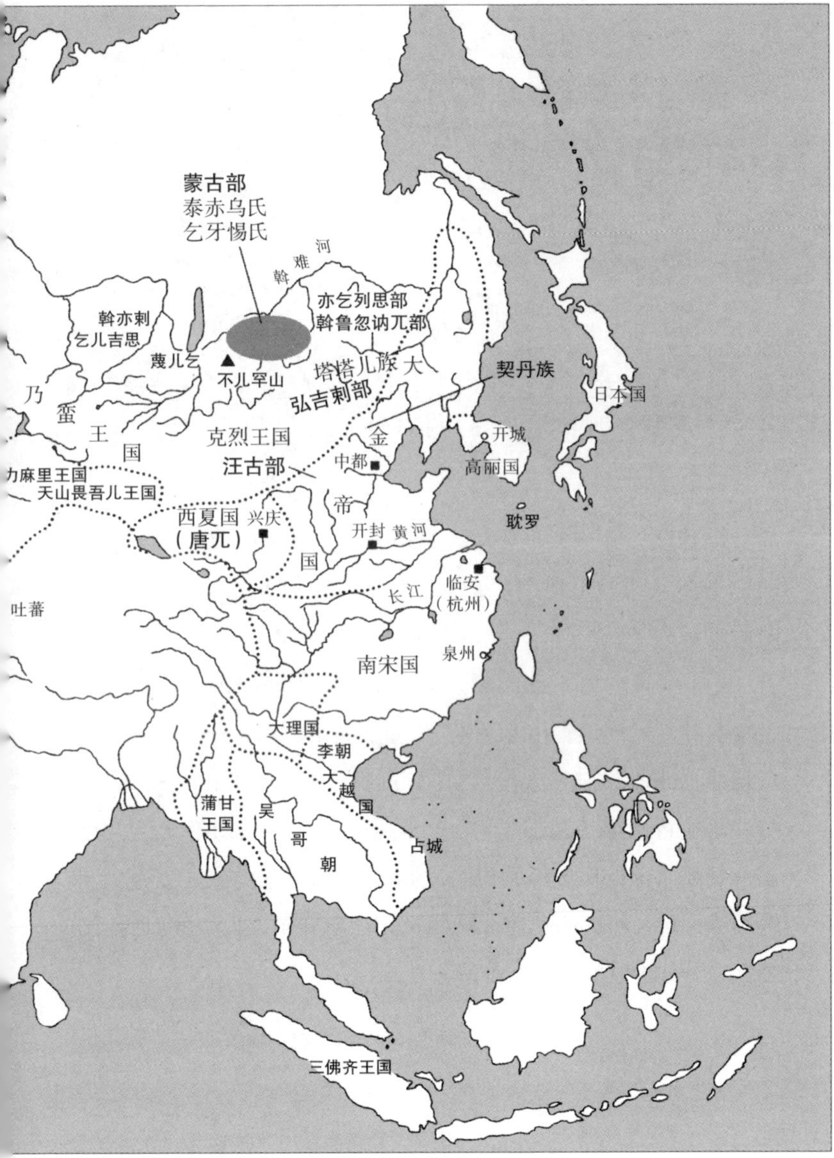

蒙古部
泰赤乌氏
乞牙惕氏
斡难河
斡亦剌
乞儿吉思
蔑儿乞
不儿罕山
亦乞列思部
斡鲁忽讷兀部
塔塔儿族
大
契丹族
弘吉剌部
乃
蛮
王
国
克烈王国
金
开城
高丽国
中都
汪古部
力麻里王国
天山畏吾儿王国
帝
日本国
西夏国
(唐兀)
兴庆
开封
黄河
耽罗
国
临安
(杭州)
长江
吐蕃
泉州
南宋国
大理国
李朝
大
越
国
蒲甘
王国
吴
哥
朝
占城
三佛齐王国

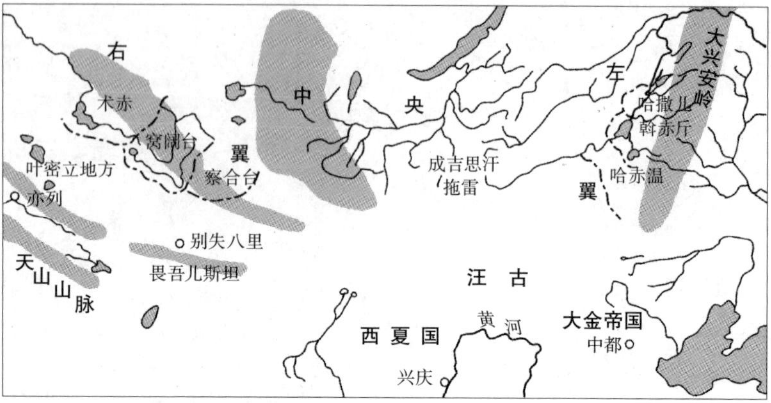

38 六兀鲁思形成后的蒙古初期王国

的机动部队，在当时的欧亚大陆是绝无仅有的。确实在欧亚大陆史上还从未曾出现过。蒙古的做大，可以说几乎就是命中注定的。

还有一种现象不可忽视。即蒙古此后吸纳了绿洲社会，接受了牧农并存的地区，由此不断并入更大范围的定居地区，滚雪球式地膨胀起来。这是因为它在契丹国、西夏、金国、西辽、塞尔柱等先行国家的基础上，自然地接受了它们的知识。蒙古像是逐一赶超之前的历史经验似的，不断扩大着。也就是说，蒙古最终担当了总合历史的角色。从国家、社会开始，各个方面的系统总合，历史性地落在了蒙古的头上。

中亚东半部的雪崩现象

成吉思汗在奠定了新国家的基础之后，立即实施对外征服行动。游牧首领在身为部落内部调整者的同时，当统一的组织建成之后也必须成为对外掠夺战争的策划和实施者。

蒙古在1205年的夏季就已经小规模地攻打过南邻的西夏国。建国后，成吉思汗首先命长子术赤制服了北方的“林木中百姓”。稳固了北方之后，于1208年将乃蛮部王子屈出律等人的残部追袭至按台山西麓，平定了西边。那时，屈出律正经由畏吾儿斯坦向楚河方面的西辽境内远遁。

当时，占据天山东部、吐鲁番一带的畏吾儿王国隶属于蒙古时代称为西辽的第二次契丹帝国。畏吾儿王国的巴而术·阿而忒·的斤预见到蒙古国的兴起，杀西辽的少监，于1209年归降了成吉思汗。天山畏吾儿王国的归附，对蒙古国的未来产生了很大的影响。这是因为蒙古可以全盘吸收自唐代以来在回鹘蓄积的高度发展的政治、经济、文化以及丰富的信息和人才。此后的畏吾儿人，在蒙古的政权内活跃于政治、行政、财务、军事等诸多方面，与蒙古基本上成为一体。

占据天山畏吾儿王国一带的西方、巴尔喀什湖以南的哈剌鲁，也曾服属于西辽。天山北麓伊犁河谷有穆斯林的阿力麻里王国。它们都不喜欢契丹族的佛教信仰，转而投向了蒙古。

这样，天山周边的众属国同时叛离横跨帕米尔高原东西、形成松散且广大势力圈的第二次契丹帝国。原因显然在于蒙古新国家远比西辽更加强盛。蒙古仅凭其存在的威慑力，获得了其后在中亚以西实现巨大发展的阶梯。西辽所蓄积的统治智慧和方式也得以继续发扬。

征金之战

接着，成吉思汗开始与金国全面对决。1211 年春，成吉思汗在怯绿连河畔集结蒙古军队，仅留两千骑兵，率其余所有军马踏上了历时六年的南征之旅。

蒙古军首先指向阴山一带。驻牧在那里的汪古部族联盟已经加入蒙古国，借助汪古军的向导，成吉思汗的军队一举击溃了驻守南麓平原的金军。于是成吉思汗自己在幼子拖雷的陪伴下东进内蒙古草原，袭击了位于今锡林郭勒大草原的金国的官牧场，掠获了大量的军马。

这是远征的最初目的。欧亚大陆干旱地区的战争，胜负的关键归根结底在于马匹。为此，金国一方也从阴山一带经戈壁的南缘一直到遥远的东北方的呼伦贝尔草原，绵延建造了称为“界壕”的土墙和壕沟构成的长城，守卫着军马场牧群。由于全部落入了蒙古之手，双方的胜负已见分晓。

本来就在机动力量方面占上风的蒙古军，正处于绝对优势，而金军在开战伊始机动力量即已损失殆尽，不得已只能缩入城内被动防守。蒙古军一鼓作气迫近金国都城中都之守关居庸关的南口。但是看到金军誓死保卫首都，蒙古军遂放弃盲目强攻，暂且退兵至其北邻的内蒙古草原驻扎下来。在这一年，有相当数量的契丹人脱离金国投奔蒙古（第一次战役）。

就这样，在内蒙古越冬、度夏的成吉思汗军于1213年秋初再度南下。此次避开居庸关之险，绕道中都西南方的紫荆关进入河北平原。在那里，成吉思汗兵分三路。分别席卷了华北、辽西和辽东。作战的目的是摧毁金国大半领土以孤立首都中都（第二次战役）。

1214年春，蒙古的所有部队齐会中都，将其包围。其间，在中都的金国宫廷内部发生了政变，对蒙古怀有敌意的皇帝卫绍王允济被杀，宣宗被扶立。宣宗纳女请和，承诺此后每年向蒙古贡奉白银和丝绸等物。成吉思汗当即接受这些条件，率军撤至内蒙古境内（第三次战役）。

或许按照成吉思汗的预想，对金国的作战就此足矣。因为已经获取了金国几乎所有的军马，破坏了其机动力量。而且，已经占据了丰饶的内蒙古草原全域。至此首次控制了整个蒙古高原，还成功地吸纳了这一地区散布着的契丹大的部落，它们被就地编入千户体制内，使千户的总数达到了一百二十九个。后世的人们视这些千户为蒙古国的基干部队。契丹族遂成了“蒙古”人。

对于蒙古，契丹族是伟大的先人。被视为蒙古系的契丹人，可以自如地与成吉思汗等人交谈。首先他们拥有契丹帝国和大金国时代总共三百年之久的丰富经验，熟知草原和中华两方的政治和统治。而且，当时的契丹人似乎大多通晓汉语。

即使从战略角度来看，内蒙古地区契丹族的加入，也具有两方面的重大意义。第一，是他们在此后征服中国的过程中发挥了先导的作用。第二，使得另一个契丹族集团即西辽并入蒙古变得相对容易，成为蒙古向中亚以西扩张的导入点。从蒙古来看，契丹与畏吾儿的情况意义不同，契丹族的归降所带来的影响或许更大。

在蒙古军从中都周边撤退的两个月后，1214 年五月，金国决定迁都至黄河以南的北宋旧都开封，因为考虑到照此下去国将不保。宣宗及其朝廷在慌乱之中匆忙南下开封。当时，担任首都周边防卫的乣军发动了叛乱。留守中都的金军因此陷入混乱。所谓乣军，是指包括驻守金国北边的契丹族在内的诸部族联军。他们向在中都之北的内蒙古草原驻夏的成吉思汗请求援军。成吉思汗军营里有不久前刚刚归附的契丹人，他们也强烈要求再次进攻中都。

成吉思汗同意再攻中都。由于有契丹军和乣军的配合，于 1215 年五月攻陷中都（第四次战役）。结果导致黄河以北的华北全境陷入无政府状态。此后，金国龟缩在黄河以南，只是偶尔出击一下河北。

中亚远征与成吉思汗之死

亡命西辽的乃蛮王子屈出律，受到对蒙古怀有敌意的西辽的欢迎，当上了国王的驸马。在成吉思汗踏上远征金国之程的 1211 年，屈出律勾结曾为西辽属下的花剌子模・沙国的算端摩诃末，篡夺了西辽的权力。

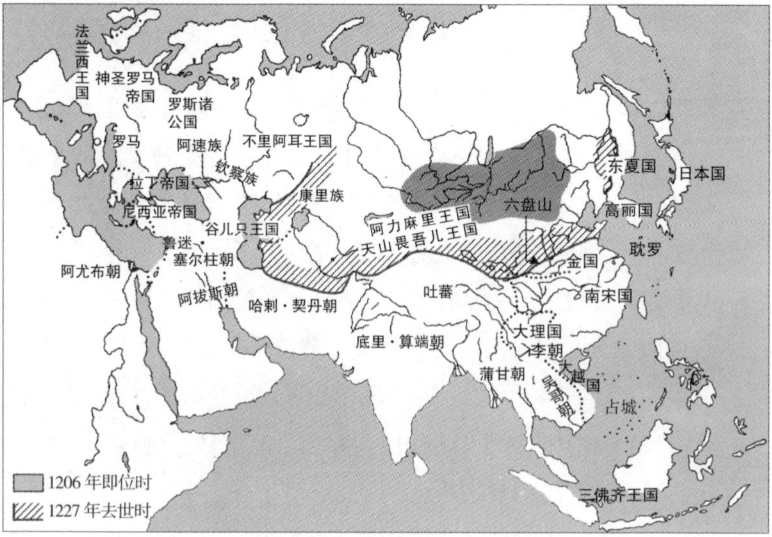

39 成吉思汗时期的蒙古帝国（1206—1227）

在这一动向中，本已归顺蒙古的天山畏吾儿王国和阿力麻里的哈剌鲁王国产生了动摇。成吉思汗也不愿看到乃蛮接收西辽而复兴。于是在远征金国回师后的 1218 年，命部将哲别率两万骑追讨屈出律。哲别追至巴达哈伤将其讨灭。由于蒙古军认可信教自由，曾苦于契丹强制推行佛教之政策的穆斯林们，一致支持蒙古的统治，帕米尔以东的原西辽版图自然成了蒙古的属地。其结果，使得蒙古在向帕米尔扩大领土的同时直接与伊斯兰地域接界。

1219 年，成吉思汗命幼弟铁木哥·斡赤斤留守蒙古本土，亲率除札剌亦儿部木华黎所统驻守中原之军以外的全体蒙古军队，出发去进行长达七年之久的大远征。此次远征，还动员了天山畏吾儿王国等属国的部队，真是赌上国家命运的胜负之战。

面对蒙古的进攻，算端摩诃末没有集结花剌子模的军队，而是各城各自防守为战。可是蒙古军的进攻与征金国时截然不同。实实在在地包围并攻陷了讹答剌、毡的、不花剌、撒麻耳干、玉龙杰赤等大城市。失算的摩诃末渡过阿姆河逃往呼罗珊，尽管有心挽回颓势，然而国王的悲怜出逃使原本就是乌合之众的花剌子模军迅速丧失了斗志。各个城市和部落，开始擅自行动，开战后大概两年，花剌子模·沙国实际上已经解体。远征军于1225年的春天胜利返回蒙古本土。

回师后的成吉思汗没有停歇，又去攻打曾拒绝参加西征的西夏，在西夏的国王末帝李晛开都城中兴城投降的三天前，逝世于六盘山的夏营地。1227年成吉思汗去世之时，蒙古的疆域东起满洲地区西至呼罗珊。成吉思汗是一位纯粹的游牧君主。处在他这一时点的蒙古国，称为草原帝国是最合适的。

走向史上最大的陆上帝国

金国的灭亡

在成吉思汗创建的蒙古国中，不存在固定的汗位继承制。不过幼子拖雷生前与父亲一同行动，继承了成吉思汗大部分的军队和财产。曾代理国政两年的拖雷，于1229年秋季在怯绿连河畔召集同族的诸王、贵族、族长们举行大聚会，推戴成吉思汗的第三子窝阔台为新的君主。

在此次忽里台上，蒙古决定倾全力讨伐金国。以新帝窝阔台为首，全族的实力者都参加了对金国的作战。为了巩固广大的区域，诸部队散布于各地。能够投入此次战役的蒙古军才不过五六万人。对方金军的数量超过二十万，而且将军队集中于恃黄河为天险的首都开封和陕西的京兆两大城市，固守其间的潼关。进攻这一重军把守的地带、消灭金国，不管怎么说都是困难的。

蒙古采取了传统的三翼进攻战术。即在察合台留守蒙古本土至西方之间草原地带的基础上，拖雷的右翼军经陕西长途绕道南宋境内的丛山，抵达开封的背后；斡赤斤率领的左翼军从河北、山东进至开封东面的黄河（当时黄河是南流的）；窝阔台亲率的中军经山西徐徐南下，活动于黄河北岸，伺机渡河，自北面以图开封。

最为困难的是拖雷的右翼军。他们首先独自击溃了守卫京兆地区的金国大部队。进一步强行突破了位于陕西、四川、河南交界地的难行山路，于1232年正月在开封南郊的钧州三峰山之地与金军的主力展开了决战。拖雷军有一万三千人，面对的金军达十几万。拖雷军下马，挖战壕以避金军的攻势。当时正值严冬时节，两军都处在饥饿寒冷中，战斗陷入了持久战。预知寒流和大雪将至，拖雷军跳出战壕突袭金军，将其一举歼灭。丧失了主力，金国的气数就此终结。

与拖雷会师后的窝阔台，仅留速别台的一支部队以包围已成空城的开封，自己与拖雷一起北行。当时，开封城内逃进了至少

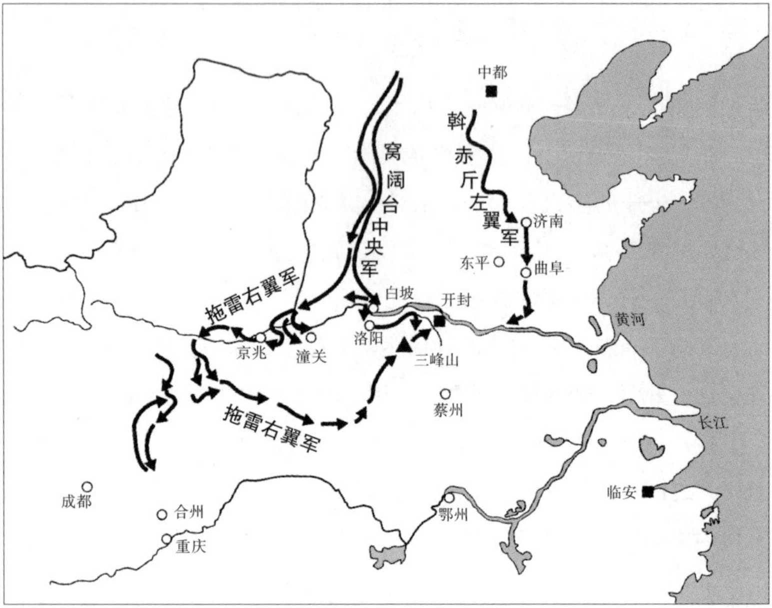

40 第二次对金作战的进军图

三百万至五百万的大量人口。金哀宗和属下逃出局势不断恶化的开封，企图东山再起。由于在黄河以北的行动并不顺利，遂再次渡河，逃入邻近南宋边境的蔡州。这时候，与蒙古缔约的南宋方面派兵来袭。蒙古方面也有小股部队赶到。两军夹击，金国于1234 年在远离故土的南方之地灭亡。

窝阔台政权的新规划

金国的灭亡成为蒙古国的转机。而在结束开封之战北还的途中，1232 年九月，拖雷突然因病离世。拖雷的去世对窝阔台来说是个绝好的机会。

掌握着成吉思汗以来大多数千户的拖雷，曾是蒙古最具实力的人。拖雷的去世，避免了任何内讧的发生。窝阔台成了包括拖雷遗孀唆鲁禾帖尼别吉所领原有部落民在内的全蒙古的主人，可以随心所欲地行使权力。

1234 年至 1235 年，窝阔台信心十足地连续推出新的政策。首先，自 1234 年春季至夏季，在斡耳寒河流域的行营召开忽里台，犒劳家族的诸王以及功臣，然后颁布了全体游牧民应遵守的各项规定。这是对成吉思汗所制定的大法令的补充，是向常常缺乏统一约束的各诸王、千户属下的蒙古部落民们申明他们始终处于中央权力的框架之内。

1235 年年初，宣布建设新都哈剌和林。同时实施从那里向全蒙古境内铺设驿传（站赤）网的大计划。历史上著名的站赤制度，可以确认突厥时期即已有之，而蒙古是直接从契丹人学来的。

按目的分类不同的几种驿传网，将广大的国土和哈剌和林联结起来。只是哈剌和林城作为都城，规模太小。从窝阔台到后来的蒙哥，蒙古朝廷依季节在斡耳寒河、汪吉河两河之间的河谷地带游动，保持着游牧帝王的生活方式。对处于游动途中的哈剌和林，除必要时很少入城。哈剌和林遗址，现在正由蒙古国和德国联合开展发掘调查。

夏季刚至，窝阔台就在新都郊外的草原上再次召集了忽里台。在起初的一个月间，频繁举行名为“拖亦”的宴会，然后进入讨论。就在那时策划了东、西两大远征。

一个是由术赤的次子拔都为总指挥的对钦察和不里阿耳方面的西征。另一个是以窝阔台的第三子阔出为总帅的对南宋的进攻。与此同时，还决定分别向东边的高丽国和西边的怯失迷儿派遣一支部队。向全蒙古下达了每十户出兵二人、一人参加拔都的西征军、另一人参加阔出的南征军的命令。这是为了不打乱蒙古本土的基干部队而组建了新的军团。在全蒙古平均分配远征之负担和战后利益的做法，成为此后的定制。

陆上的世界战略

以拔都为主帅的西征军，由成吉思汗四个儿子的诸王家族提供的部队为核心组建而成。1236 年春，各自从驻营地出发，首先征服了伏尔加河流域的不里阿耳王国。

1237 年初春，袭击了游牧于伏尔加河和南俄草原一带的突厥系的钦察诸族。钦察分为几个大的部落，势力强大。蒙古军消灭了其中一部分，收降了大部分。蒙古军因此一下子数量增长了几倍。此次西征之后，南俄草原成为术赤家族的根据地。而钦察族构成了术赤兀鲁思之游牧战士的主力，因此波斯语称这片草原为 dasht-i Qipchaq 即“钦察草原”，它也是术赤兀鲁思的别称。

征服钦察族的同时，又使高加索北麓的薛儿客速等族也归降了。就此完成了当初的目标。西征军召开会议，议定向名为罗斯的斡罗思进军，并得到了窝阔台的认可。就这样，历史上著名的蒙古对斡罗思和东欧的入侵拉开了帷幕。由于此后的发展过程远离中华之地，暂且省略，稍后的下文会作详述。

总之，正当西征军席卷东欧、准备从匈牙利草原向西挺进之时，拔都于 1242 年三月接到了皇帝窝阔台去世（1241 年十二月）的消息以及西征军撤兵的命令。西欧的基督教世界，在即将毁灭的前夕得到了拯救。

西征军中原属察合台、窝阔台等家族的部队，直接回师。但是拔都没有返回蒙古本土，而是止步于伏尔加河畔，将那里作为了自己的大本营。由此，术赤家族的领地东起初代首领术赤受封之按台山西麓的也儿的石河流域，西经哈萨克大草原和斡罗思，直抵多瑙河河口处。

以阔出为主帅的南宋进攻战开始于 1236 年。之前，蒙古与南宋签订了夹击金国、南北共存的协约。这或许也可以说是一种澶渊体系。然而，南宋在金国灭亡之后背约，引兵北上，占领了开封和洛阳。少数留守的蒙古军向洛阳的南宋军队发起进攻，结果不分胜负。僵持之间，缺乏粮食的南宋军不得已放弃两座城市撤退了。取南宋的年号被称为“端平入洛之役”的这场战役，从一开始就令人担心，因为那是一次仅靠半程的粮食供应而在人烟断绝的河南之地急行大约四百公里的鲁莽行动。结果不出所料，酿成了惨重的败退。

顺带说一下，在蒙古时代以后，中国的文人们以此事为“蒙

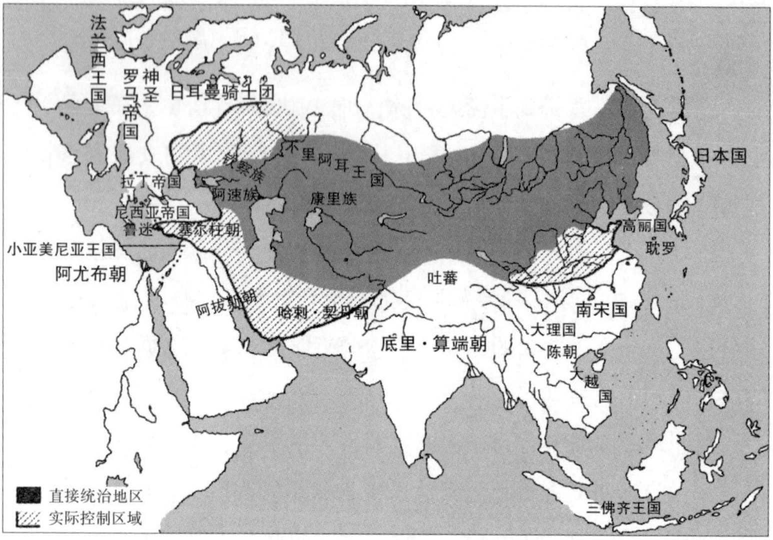

41 窝阔台时期的蒙古帝国（1229—1241）

古的背约”，随意大肆进行非难。然而从当时南宋政府内的议论中，可以清楚获知南宋一方背约和行暴的事实。结果正如当时北伐反对派们所担心的那样，将并无开战之意的蒙古拖入了与南宋的全面战争。南宋的确是自己为自己掘好了坟墓。

却说主帅阔出所率领的中军，本应经连接中华本土南北之地的汉水流域南下，直抵长江流域，但是由于主帅阔出在刚刚开战不久的1236年十一月就死于阵中，失去主帅的中军遂撤退了。为此，整个作战计划被打乱，蒙古军没有了统一指挥，各部队分散向边界地带的南宋城市靠近，展开了艰难的苦战。而对手南宋一方，名将孟珙抓住蒙古军相互之间缺乏联系的弱点，频频出击，接二连三地收复陷落的城市，最后甚至夺回了汉水中游的要冲襄阳及其南岸的樊城。到了1241年，战事陷入胶着状态。蒙古在开始采取有效措施之前，窝阔台去世了。南宋征讨战自然取消。

帝国的摇曳

与窝阔台的去世相差不多同时，曾一直鼎力支持其统治的察合台也去世了。至此成吉思汗的四个嫡子全都故去了，帝国将移交给成吉思汗的孙辈。

1246年，在实力派拔都缺席的情况下忽里台勉强召开，参加聚会的人们屈从于窝阔台的第六皇后摄政脱列哥那的意志，选贵由为第三代新皇帝。贵由效仿其父窝阔台即位伊始即亲征金国的举动，宣布将亲征伊朗以西之地，于1247年八月将宿将野里知吉带所指挥的一支队伍作为先遣部队派往伊朗方面。1248年四月，贵由声称将返回位于叶密立河畔的个人领地而西进，途中死于横相乙儿之地。他很可能是被拔都派出的刺客暗杀的。

拔都以向贵由表示臣服为幌子，从伏尔加河畔出发，当时已经到达距离贵由不太远的地方。拔都在阿剌·哈马黑山的夏营地得到贵由的死讯，遂就地驻扎，凭借自己的军力下令贵由的正后斡兀立·海迷失摄政，同时在那里召开了忽里台。窝阔台家族的多数人拒绝参加，提出应在蒙古本土召开忽里台。此次忽里台成了主要以术赤家族和拖雷家族为中心的皇家会议。

在阿剌·哈马黑山的第一次会议上蒙哥被推举为新汗，但是遭到窝阔台家族的否认，因贵由的支持而当上察合台家族首领的也速·蒙哥也表示反对。经过了两年间的斡旋交涉，于1251年七月在成吉思汗以来的大汗驻营地怯绿连河畔强行召开了第二次会议，尽管窝阔台家族的一部分人没有参加，蒙哥还是在术赤·兀鲁思之大军的护卫下登上了汗位。

蒙哥的光芒

当上了第四代蒙古大汗的蒙哥即位后，开始严惩曾经反对过自己的窝阔台家族和察合台家族的人们。在天山北麓一带呈连锁状分布的窝阔台家族的领地被细分，军队也被剥夺。蒙哥还把察合台的领地分给了拔都等术赤家族的人们。察合台家族仅剩了伊犁河谷周围的领地，失去了以往的盛况。

蒙哥在全帝国范围内对窝阔台一派进行了彻底的揭露和肃清，在稳定帝位的同时，打算整顿持续了十多年的无序和混乱状态。从表面上看这方面似乎是成功了，但是由于措施过分强硬，反而增长了皇室内部的仇怨。不论是皇族还是将士，作为同样的蒙古人总是有种独特的一体感，这曾是强大政权和广阔领土的支柱。然而，如今帝位成了可凭武力夺取之物，使漫布在全蒙古的融洽情感受到了伤害。家家户户、人人变得为利害关系所驱动，因相互猜忌、疑神疑鬼而勾起的骨肉相争一触即发。使蒙古产生内讧和分裂的导火索，可以说是由蒙哥点燃的。

蒙哥在新政权的各个部门进行了强有力的部署。他将帝国分为四份，基本构想是：从中亚至斡罗思占地广阔的术赤·兀鲁思交给拔都。其余地区由拖雷的四个嫡子分担，从内蒙古草原南至中华之地，派次弟忽必烈经略统治；阿姆河以西的西亚全境，派三弟旭烈兀经略统治；自己则居蒙古本土以统治全国；令幼弟阿里·不哥留守拖雷的领地。

整顿了新体制，蒙哥遂向东、西方向派出了大规模的远征军。1252 年，派遣以忽必烈为主帅、老将速别台之子兀良合台为副将的大军出征云南大理。取道吐蕃东部进军的这支队伍，一路上遭遇了几次渡过大河的险境，又为瘟疫所苦，据说损失的士兵十之七八。在经历了异常艰难的跋涉之后，终于在 1253 年抵达了大理国，其国王段氏投降。

向西方，于 1253 年派出了以旭烈兀为总指挥的军队。包含术赤等家族提供之部队的远征军，稳步进军，于 1256 年阳历一月一日如期渡过了构成传统“伊朗之地”东部边境的阿姆河。其后，对星罗棋布于厄尔布鲁士山中的亦思马因派的多座山城，采取谈判和交战两种攻略手段，于同年十二月降服了教主鲁克奴丁·忽儿沙。接着，经由哈马丹街道包围了报达城。1258 年二月，不战而入，杀了称降的哈里发谟斯塔辛。阿拔斯朝存在了三十七代而亡，五百多年间曾为伊斯兰世界之中心的报达随之地位下降。

旭烈兀的军队继续进攻叙利亚，于 1260 年二月攻陷了阿勒颇，四月，乞都·不花所率领的前锋军攻陷了大马士革。就在此时，驻留阿勒颇的旭烈兀接到了蒙哥去世的消息。旭烈兀决定立即返回蒙古本土。旭烈兀将叙利亚方面的蒙古军交给乞都·不

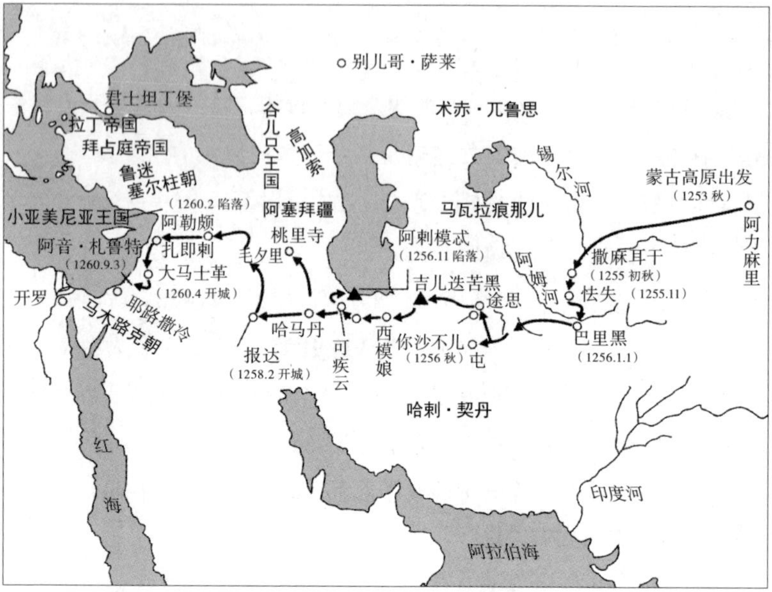

42 旭烈兀西征军的进军图

花，撤向伊朗方面。但是当他在桃里寺得到其兄忽必烈已经即位的报告，遂放弃觊觎帝位，准备以远征军为基础，在以伊朗为中心的西亚地区建立自己的势力范围。

1256 年至 1257 年间，皇帝蒙哥和领有中国之地的忽必烈之间关系发生了微妙的变化。围绕经营中国和远征南宋的方针，二人之间确曾产生了分歧，并成为他们对立的主要原因。忽必烈一经降服了大理国，立即将云南方面的经略交给兀良合台，自己返回了在内蒙古草原上的大本营。其后，他不慌不忙地利用汉人智囊团，专心致力于对华北的统治。1256 年，在大本营的一角建

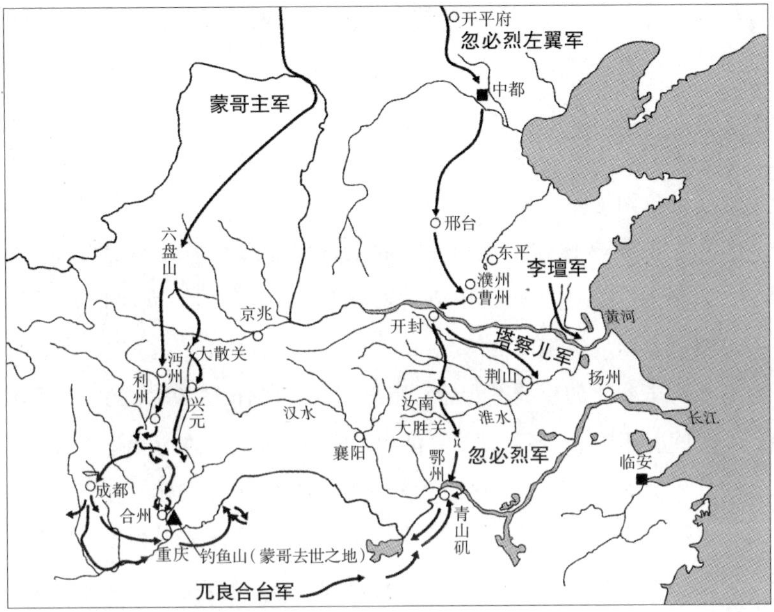

43 征南宋，鄂州之役进军路线图

起了名为开平府的中华式都城。对待南宋国，没有采取窝阔台时代那种速战速决的强攻政策，而是保持了一种审慎行事的态度。

1256 年，针对忽必烈的这种策略，蒙哥决定甩开他亲征南宋。1257 年，命斡赤斤家族的首领塔察儿率左翼军先发，进攻襄阳和樊城。同时，从中央政府派心腹阿蓝答儿等人前往忽必烈的领地京兆地区和河南一带，展开大规模的官吏考察，揭发出不少忽必烈的汉人臣僚。

不料塔察儿的左翼军攻樊城不下，随即撤兵。蒙哥的作战计划一开始就遭遇了挫折。盛怒之下的蒙哥一边严责塔察儿，一边只得改派忽必烈。1257 年年末，忽必烈赶到兄长蒙哥跟前，二人表面上看似达成了和解，然后以忽必烈参战的形式重新制定了进攻南宋的计划。

1258 年，在六盘山驻夏的蒙哥率领四万军队进攻四川。而忽必烈应从位于长江中游的鄂州（今武汉）进攻南宋的都城杭州，但是他在出征前的准备上花了不少时间。再说途中于河北之地与塔察儿的左翼军会合、组织汉人军阀什么的，又耽搁了不少时间。于 1259 年八月总算抵达了位于淮水之北的汝州。

其间，蒙哥亲率的主力部队受阻于据守山城的南宋军，进展迟缓。顾虑到夏季的酷暑，军中出现了北还的强烈要求，但为蒙哥所否决。部队继续留在四川作战，可是军中发生了疫情。有可能是霍乱，不是鼠疫。战将一个个地倒毙，蒙哥本人也在位于钓鱼山附近的大本营去世了。时在 1259 年八月。

陆海超地域帝国

忽必烈的政变政权

由于皇帝蒙哥执意亲征且猝死于前线，使蒙古帝国陷入了大的动荡和危机之中。当时，帝国的实力派人物、蒙哥的盟友拔都也已经去世。于是经过短暂的曲折过程，其弟别儿哥即位，居住在伏尔加河畔的大本营。

西征中的旭烈兀居叙利亚，忽必烈居中华本土的大致中央地带。隶属蒙古中央和右翼的大多数诸王、诸将，作为蒙哥的主力部队滞留四川，塔察儿统率的左翼诸王军镇守位于淮河下游的荆山。留守蒙古本土的只有阿里·不哥一人。情势向原蒙哥政权首领们支持的阿里·不哥一方倾斜。

从与兄长蒙哥对立到再度被起用不久的忽必烈，在争夺继承权方面，无论是名义上还是兵力上都处于劣势。但是忽必烈决定赌一场。他不仅没有北还，反而竟强行突破长江包围了鄂州。鄂州本是约定与兀良合台军会合的地点，他们将从云南出发，从安南方面插入南宋境内，突破其中央地带前来会合。

形势发生了逆转。塔察儿所率左翼诸王的大军决定并入忽必烈军。以此为契机，曾在观望形势发展势头的中华方面的各派势力都争先恐后地倒向了忽必烈一边。即使在四川的蒙哥军中，除了护送蒙哥的灵柩返回蒙古本土的部队外，出乎意料地有相当多的人最终跟从了忽必烈一方。蒙哥军中有一个拖雷的庶子木哥，他与忽必烈同年，母亲曾是忽必烈的乳母。木哥被委派全权署理蒙哥军的遗留事务，对忽必烈来说是一件幸事。

忽必烈的阵营一时间迅速扩大。忽必烈留一支部队等候兀良合台，自己匆忙北上。回到其位于中都东北郊的原冬营地，在那里发令召集自己一派的各部队集合。忽必烈及其同党的大军团在这个驻营地度过了1259年至1260年之间的冬季。之后，于1260年三月在位于内蒙古草原的根据地开平府召开了自己一派的忽里台。

到会的主要人物是以塔察儿为首的左翼诸王，以及五投下等左翼诸将。右翼王家中，仅有察合台家族的庶支阿必失哈和阿只吉兄弟、窝阔台的庶子也可·合丹等少数旁系人物参加。无论是名义上还是实力上，忽必烈派显然都是以帝国东方的左翼势力为基础。会议在掌有左翼最大势力的实力者塔察儿、还有拥只·哈撒儿之子即以善射闻名的帝国第一长老移相哥的主持下进行。六月四日，忽必烈可以说是在预谋下即了位。那一年他四十六岁。

阿里·不哥方面，也宣布举行蒙哥的葬礼并召开忽里台，同时迅速派遣原蒙哥政府的要人前往全国各地，持续开展争取多数人和征发军队的工作。当忽必烈派明显形成敌对势力时，阿里·不哥就在忽必烈即位的下个月于哈剌和林西郊的按坦河举行了即位仪式。

在阿里·不哥麾下，聚集了蒙哥的儿子们以及察合台家族的女主人兀鲁忽乃、成吉思汗的庶支阔列坚家族的兀鲁兀台等帝国中心地区和右翼的实力派人物。在远方的术赤家族，其首领别儿哥发行了印有阿里·不哥之名的硬币。这无疑证明其对阿里·不哥宗主权的认可。在名分上，任何人都清楚阿里·不哥是正统的大汗。与之相反，在那个时点忽必烈一方就是叛军。

可是帝位已经变得与正统性没有什么关系，仅凭实力就可以了。开战后不久，忽必烈军就击溃了阿里·不哥军，进驻首都哈剌和林，一度控制了蒙古本土。在另一个主战场的陕西、甘肃方面，活跃着忽必烈的亲信即著名谋臣畏吾儿人廉希宪，他迅速拿下了京兆和六盘山两大据点。又进一步与从蒙古本土南下反争夺而来的阿蓝答儿所指挥的大军展开激战，凭着甘肃本地建有兀鲁思的合丹家族只必·帖木儿的支援，彻底消灭了阿蓝答儿大军。忽必烈一方在军事上的优势，从战役一开始就确立了。

退往蒙古高原西北地区的阿里·不哥表示投降。忽必烈留移相哥指挥的一支部队驻守哈剌和林，自己返回了开平府。然而，阿里·不哥得到强大的斡亦剌部的支援，战斗力得到恢复，遂谎称投降而接近哈剌和林，突袭并击败了移相哥军。于是一鼓作气强行穿过戈壁，打算直取忽必烈的根据地开平府。忽必烈一方面临危机。不过左翼诸王和五投下等紧急发兵，经过两次大的会战，阿里·不哥军不能获胜，撤兵而去。

其后，双方隔戈壁相持，胜负似乎又回到了起点。一直以来，哈剌和林的政府机构和居民都仰仗来自华北的粮食供应。可是自从忽必烈禁运后，哈剌和林逐渐断粮，阿里·不哥军的斗志也随之迅速低落。为此，阿里·不哥以领主的地位为诱饵，让在自己军中的察合台家族的旁支阿鲁忽承诺运送粮食，然后派他出发。不料阿鲁忽一到位于伊犁河谷的察合台家族的大本营，从兀鲁忽乃手中夺取了领主之位后，立即向阿里·不哥举起了反旗。

受惊的阿里·不哥离开哈剌和林，向伊犁河谷进军，击败了阿鲁忽的队伍。阿里·不哥军于是在丰饶的伊犁河谷一带扎营越冬。那时的阿里·不哥心高气盛，杀死了前来投降的阿鲁忽一方的所有士兵。对“蒙古”同胞的这一暴行，成了阿里·不哥的致命伤。加之第二年春天，严重的饥荒袭击了伊犁河谷，结果阿里·不哥军四散，阿里·不哥携原蒙哥政权的将领们于1264年亲自到忽必烈军前表示臣服。

就此，历经四年震撼帝国的内战终于结束，忽必烈成为蒙古唯一的皇帝。其政权，正式名称为“大元大蒙古国”，简称“大元兀鲁思”（中华式的通称是元朝）。它是由帝国东半区的左翼势力为核心发动的军事政变所建立的，这次政变在很大程度上决定了蒙古帝国以及欧亚大陆世界此后的走向。

李璮的野心

忽必烈即位之时建年号为“中统”。即意谓“达到一统”。但是在帝位争夺战进入第三个年头即中统三年（1262）的二月时，山东爆发了李璮的造反。

李璮是在以山东益都为中心的沿海地区发展势力的汉人军阀。忽必烈即位后，授予李璮江淮大都督之号。这意味着将淮河至长江的海上前线全部委托给了他，所以是个相当高的待遇。但是，李璮以防备南宋为借口，在驻扎地淮河的河口处按兵不动，没有响应出兵打击阿里·不哥的命令。当战况由开战初期忽必烈派占有优势似乎要向阿里·不哥一方转变时，他却向忽必烈举了兵，可是没有得到多少支持。灰心丧气的李璮为益都城池的狭窄和城墙的不牢固感到担心，于是占领了西邻的汉人军阀张宏的大本营济南，与人数不足一万的部下同守其中。

1261年末忽必烈在开平府附近遭到阿里·不哥军的进攻，

刚刚将其击退。那年冬季，为了防备阿里·不哥军的再次袭击，不仅令主力的蒙古左翼军分散驻守在内蒙古草原上，还征调了一部分汉人军阀的队伍驻扎燕云地区的战略要地。一开春，阿里·不哥军放弃蒙古本土转向伊犁进发，忽必烈得知消息后立即亲率蒙古骑兵控制了哈剌和林，并准备继续追击阿里·不哥军。就在此时，报告李璮举兵的急使赶到，忽必烈只好撤军。

对于忽必烈来说，他现在是腹背受敌。不过，毕竟正面的敌人是阿里·不哥军，因此主力的蒙古军都返回了蒙古本土。针对李璮，他令哈撒儿家族的旁支诸王合必赤和老将兀良合台的儿子阿术率领少数的蒙古军作为督战部队，此外就只能主要依赖华北汉人军阀的力量了。忽必烈依照从益都脱逃而来的汉人智者王磐和大谋士姚枢的意见，对汉人军阀势力进行了总动员。于是，围绕李璮据守的济南，设置了向山东全境呈环状伸展的多重防线。几次从南宋赶来的援军，全都失败而归。

死守济南的李璮军，已经孤立无援。在被围四个月后，粮食断绝，李璮投身跳入了大明湖。但是没有死成，被救上来，由史天泽在阵前斩首。这样，事件本身出人意料地迅速结束了。在事件刚发生后不久，有山西太原地方的达鲁花赤和总管被抓，由此获知李璮曾通过他们联系阿里·不哥之事。以太原为首邑的山西北半部地区，全境都是察合台家族的领地，所谓达鲁花赤和总管，分别是领主一方和当地一方的首要管事者。

从当时的客观形势出发，阿里·不哥才是正统的皇帝。即使对于汉人军阀来说，支持前途未卜的忽必烈政变政权本身就是危险的举动。顺带说一句，从这个意义上讲，这一事件以往被称为“李璮之乱”等，正如“阿里·不哥之乱”的称谓一样，都只能说是一种不自觉之间从结果逆推忽必烈政权为合理的说法。

不管怎么说，李璮的造反及其带来的连带影响，都引起了忽必烈对汉人军阀的戒心。他听从姚枢和史天泽的建议，剥夺了大小军阀在各自领地所拥有的世袭兵权，要求他们转而担任行政职务或充任怯薛。又将希望继续留任军职的人们派往与南宋接壤的军事驻地。

与此同时，忽必烈大规模整顿地方行政区划。以蒙古的投下领地为基础，设置了新的行政区划，行政单位也改为了路、府、州、县的体制。这些情况乍一看，似乎是与至金代为止的中华历代行政区划没有什么关系的大变动，但实际上是对自窝阔台朝“丙申年分土分民”以来大约三十年间汉人军阀统治下所实行的既定方式进行了确认，使之正式化。

走向多元复合的帝国

1264年，当阿里·不哥派彻底投降之时，在帝国内除了直接控制东半部的忽必烈之外，还有三支大的政治势力在中部、西部形成鼎立之态势。那就是术赤家族的别儿哥、伊朗方面的旭烈兀、还有正跻身为中亚实力派人物的察合台家族的阿鲁忽。其中，别儿哥原来就一直支持蒙哥—阿里·不哥体制，而旭烈兀和阿鲁忽都因非法自立，所以立场与忽必烈接近。

在军事法庭上决定处置阿里·不哥及其部下的忽必烈和塔察儿等人，为了了解对此举的态度，派使者前往西方（别儿哥、旭烈兀、阿鲁忽）这三人之处。对此，阿鲁忽提出承认自己袭封为察合台家族首领的问题，并建议召开统一的忽里台。接着，旭烈兀以别儿哥的参加为条件，表示赞同其建议。最后，别儿哥也勉强承诺将参加 1266 年的忽里台。

不料却发生了意外事件。西方的这三个人竟然相继离开了人世。1265 年，先是旭烈兀去世，本打算趁旭烈兀·兀鲁思混乱之机进攻的别儿哥，也在翻越高加索山南下的途中突然死于军营。到 1266 年，阿鲁忽也病死了。随着三巨头的死亡，各兀鲁思内部围绕推选继承人的问题发生了混乱，统一忽里台也就根本谈不上了。

尤其是阿鲁忽的突然去世对忽必烈造成了直接的沉重打击。以此为转折点，中亚再次滑向混乱。在这种状态中，窝阔台家族的海都即将兴起。

忽必烈直接统治整个帝国的计划因西方三巨头的去世而搁浅。此后，虽然忽必烈一直没有放弃直接统治西方的企图，但是他所直属的政权实际上也只能仅限于东方帝国。尽管如此，他仍然无疑是全蒙古唯一的大汗。他的宗主权，不仅旭烈兀·兀鲁思认同，即使是术赤兀鲁思和海都等人也不能否认。

所谓蒙古帝国“分裂”或“解体”的看法，只能说是源于根

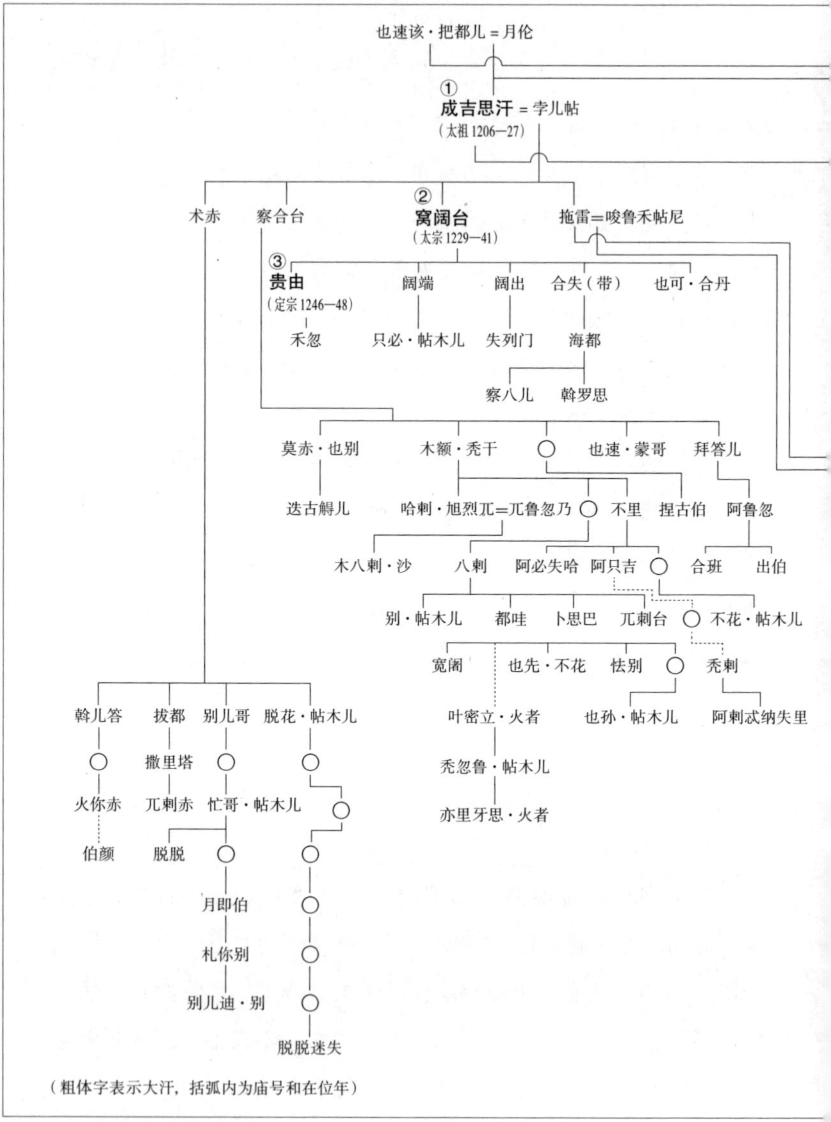

44 成吉思汗家族的谱系

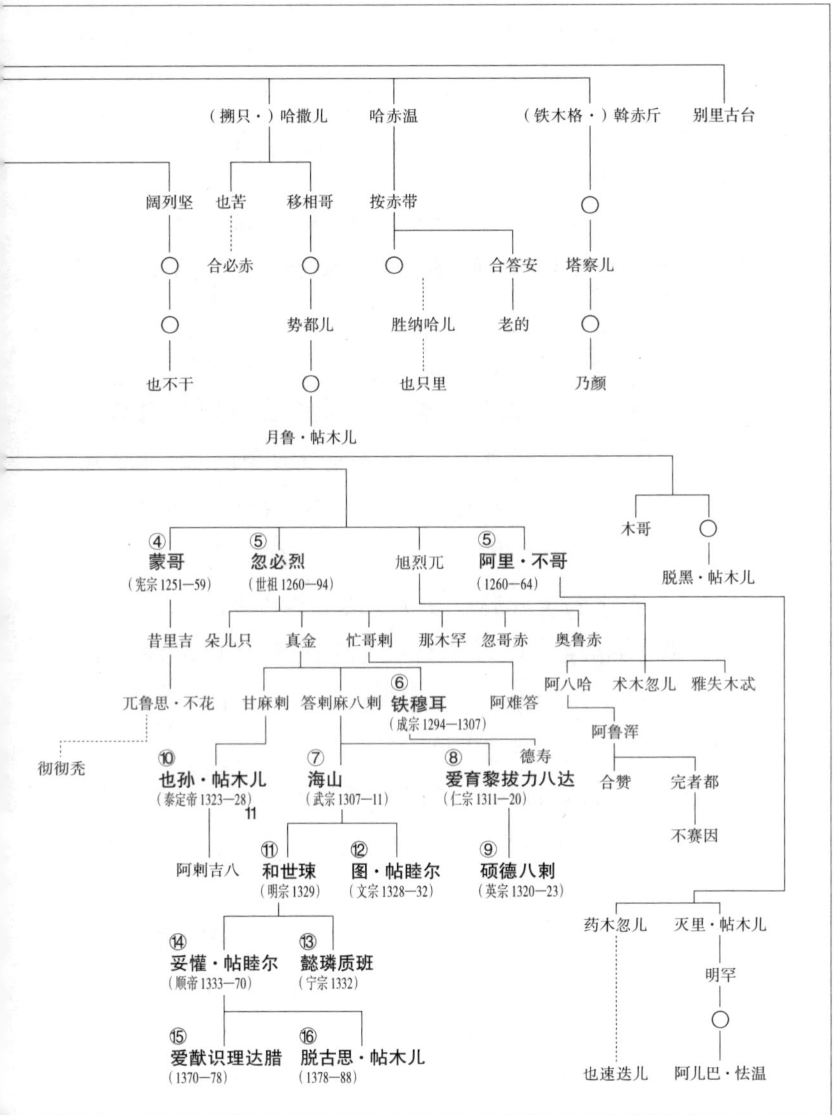
（搠只·）哈撒儿
哈赤温
（铁木格·）斡赤斤
别里古台
阔列坚
也苦
移相哥
按赤带
合必赤
合答安
塔察儿
势都儿
胜纳哈儿
老的
也不干
也只里
乃颜
月鲁·帖木儿
木哥
脱黑·帖木儿
④蒙哥
（宪宗1251—59）
⑤忽必烈
（世祖1260—94）
旭烈兀
⑤阿里·不哥
（1260—64）
昔里吉
朵儿只
真金
忙哥剌
那木罕
忽哥赤
奥鲁赤
阿八哈
术木忽儿
雅失木忒
兀鲁思·不花
甘麻剌
答剌麻八剌
⑥铁穆耳
（成宗1294—1307）
阿难答
阿鲁浑
彻彻秃
德寿
⑩也孙·帖木儿
（泰定帝1323—28）
⑦海山
（武宗1307—11）
⑧爱育黎拔力八达
（仁宗1311—20）
合赞
完者都
11
不赛因
阿剌吉八
⑪和世瑓
（明宗1329）
⑫图·帖睦尔
（文宗1328—32）
⑨硕德八剌
（英宗1320—23）
药木忽儿
灭里·帖木儿
⑭妥懽·帖睦尔
（顺帝1333—70）
⑬懿璘质班
（宁宗1332）
明罕
⑮爱猷识理达腊
（1370—78）
⑯脱古思·帖木儿
（1378—88）
也速迭儿
阿儿巴·怯温

深蒂固的印象。蒙古帝国本来就是一个联盟体，以多重结构为特质。即便说是内部对立，也与异种国家间的对立不同，不过是整体上作为一个系统中的内部矛盾而已。只是忽必烈作为大汗对现实所能施展的力量与蒙哥及其之前的时代相比，性质上已经有了很大的变化。

襄阳之攻防

忽必烈于1260年三月举行即位仪式后，下个月即派郝经作为使臣前往南宋朝廷，通报自己即位之事，同时提出就半年前从鄂州撤军之时与南宋丞相贾似道所订立的停战协议进行再议。他或许是想重现澶渊体系吧。然而贾似道却隐瞒停战协议之事，因谎报击退蒙古军而俨然成了救国的英雄。因此当郝经一行刚一进入南宋境内，贾似道就下令在真州扣留了他们。南宋就这样自己关闭了通往和平共处的道路。

阿里·不哥投降后不久，忽必烈改元为“至元”。至元四年（1267），忽必烈及其谋臣们开始实施进攻南宋的行动。首先用一年的时间研究了作战计划。忽必烈借鉴镇压李璮的先例，决定此次战役由汉人部队和分别驻守华北各要地的蒙汉混编“新蒙古军”充当主力。纯蒙古军只有阿术直接指挥的不足两千人，作为督战部队。

忽必烈在开封设置了兵站基地，派基督教聂思脱里派教徒马月合乃和穆斯林的阿里别等财政官员建立水陆联用的补给网络，积蓄了大量的粮食、武器和物资。在各种准备和后援体系全部到位之后，至元五年（1268），南宋攻击战首先在位于汉水中游的襄阳以及对岸的樊城这对连体城市打响。

南宋一方也很重视襄阳和樊城，派实力派军阀吕文焕率其主要由私家兵组成的精锐部队驻守。对于蒙古来说，襄阳是个积怨很深的地方，三十年前因阔出去世而被南宋夺取，十年前又因塔察儿进攻失败招致蒙哥的亲征、后来也在此去世。襄阳、樊城之战，成为蒙古、南宋两国攻防的焦点。

阿术、史天泽、刘整等人率领的蒙古军，从一开始即放弃全力攻城，而是围襄阳和樊城修建方圆达一百多公里的巨大环城，将两城完全封锁，采取以军事和断粮并行的进攻战术。又依照刘整的进言，预先建造战船五千艘停泊于汉水之上，新训练水军七万多人，以应对己方不擅长的水战。

南宋方面开始以为是一次性的进攻，并没有当回事，可是当意识到这是一场与以往蒙古军作战风格迥异的持久战时，大为震惊。1271 年五月，总算派出以范文虎为主将的十万大军增援襄、樊二城。南宋军从水陆逼近，然而积极训练只待此日的蒙古军，按照事先的作战计划迎击，水陆两军完美协作，彻底粉碎了来敌。

不可置信的彻底失败，使南宋政府一蹶不振，甚至没有准备组织再次增援。被包围的吕文焕军完全陷入孤立，但仍然坚持固守，支撑了两年。1273 年一月，樊城终于陷落，蒙古军遂将汉语称作“回回炮”的弹射式投石机对准了彼岸的襄阳。

所谓回回炮，是波斯语称作 manjanīq（词源是希腊语 mihanikos）的一种攻城武器，应忽必烈之邀，旭烈兀·兀鲁思的君主阿八哈派来阿老瓦丁、亦思马因等技师，由他们制造并操作。巨大的石弹不断摧毁着襄阳的城楼。在首次见识到的新兵器的可怕威力面前，襄阳的守兵最终失去斗志。事已至此，吕文焕遂于二月率全军投降。

对于经历了六年围城之苦的吕文焕及其部下，忽必烈下令热情款待，授予其主力以忽必烈直属侍卫亲军的称号，让吕文焕坐上了意味襄樊及汉水之地最高司令官的襄汉大都督之位，以示慰劳。或许是出于对其一直以来的态度和表现比较放心，忽必烈才给予了更高的地位和名分。这一举动使吕文焕及其将士们无不心生感激。吕文焕等人愤恨南宋朝廷对自己的军队见死不救的态度，为了报答忽必烈的殊遇，他们表示将全力投入对南宋的征讨战。

轻取南宋国

南宋征讨战迎来了突然的转折。蒙古利用一年的时间重新改订总体作战计划，大规模开展兵员、军备和粮草等战备工作。重新组织战线，任命左丞相伯颜为全军总指挥。又将李璮原属部队以及狱中的囚徒充军，组成囊括华北、河南之兵的大军团。

1274 年，南宋进攻战拉开帷幕。伯颜和阿术所率领的主军二十万兵，沿汉水而下，博罗欢指挥的别动队从东路直指扬州。

就连战线长期处于僵持状态的四川，各部队也同时发起进攻，蒙古军在南宋边境全线发动了总攻。

伯颜的主军，采取与吕文焕的先锋船队一起顺支流迂回至长江的奇策，全军成功地安全渡江。南宋最可倚仗的防卫体系“长江天险”已经失去意义。南宋丧失了阻止蒙古军前进的最后机会，鄂州的守备部队不战而降。蒙古军轻而易举地成功掌握作战的关键，即控制了长江中游地区，获得了重要的立足点。

长江中游最大要冲鄂州的投降，对南宋的将士造成了冲击。抵抗已无济于事的消极情绪不胫而走，出现了各地守军相继投降的连锁现象。而蒙古军主帅伯颜严禁部下行暴、抢掠，并优待南宋降将，原职留用。为此，江南诸城和士兵百姓放心地开城门归降。

促使敌方不战而降、化敌为友乃攻略南宋的捷径，忽必烈的这一基本战略完全正确。随时收编南宋降军的蒙古军，发展成一支非常庞大的队伍，水陆两军齐头并进，开始横渡长江。掌控南宋朝廷的贾似道，摆出一副为舆论所迫的姿态，率大军出阵了。1275 年三月，南宋向伯颜提出十六年前的停战协议，但是被一笑置之，决战已不可避免。南宋军虽说仍然拥有军马十三万、战船两千五百艘，但都是拼凑起来的，因此当小股先锋部队在长江中游的小岛丁家湾吃了败仗时，全军瞬间不战而亡。

经过这一仗，南宋的气数已尽。襄阳城投降之后，蒙古军基本没有遇到什么阻力，取得了摧枯拉朽般的胜利。1276 年阴历一月，南宋的都城临安不战而降。蒙古军的作战只是成了一场行军。南宋摄政的皇太后谢氏携七岁的恭宗显献上传国玺和降表投降。年幼的皇帝和皇室以及高官们一起，由伯颜护送北行。忽必烈赐恭宗以瀛国公之位，对其家族和高官们也给予了优厚的待遇。随着临安的投降，江南各地就像早有准备似的，顷刻间臣服于蒙古。

至此，中华的南北迎来了约五百年不遇的统一。这不简单是一次再统一，而是连接草原和中华的前所未有的大统一。“中华”这块土地已经站在了一个全新的高度。

当临安城门打开之际，南宋一部分下级军官和士卒反叛，携恭宗的哥哥广王昺和弟弟益王昰两个小皇子逃往福州。文天祥也在被押解北上的途中逃脱，往各地呼吁举兵，窜入江西。不断更换临时停泊地而漂泊海上的“流亡朝廷”那里，据说还聚集了不少人，然而无奈的是，它已经不具备实战的意志和能力了。

在我看来，在大陆坚持抵抗的文天祥，是个空怀斗志却缺乏度量、将才和声望的人。蒙古方面的主帅伯颜北还，直奔北方战线，留守部队分散展开清剿战。江南的军民在蒙古的统治下安定下来，除了畲族等特定的一些山地民，基本上无人响应流亡朝廷和文天祥。流亡朝廷和文天祥很快就被追得走投无路了。

1279 年二月，流亡朝廷流离失所，遁入广州湾内的厓山。在那里遭到了汉人军阀张柔之子张弘范和西夏王后裔李恒所率蒙古军的攻击。下级军官出身的主谋陆秀夫，背着“幼帝”昺纵身跳入海中。很多人葬身于波涛，南宋的残影就此消失得一干二净。

还在厓山之战发生前，文天祥就因失策而成为阶下囚，被送往忽必烈处。爱惜人才的忽必烈，或许是考虑到文天祥的“气节”、哪怕是虚名也会发挥些作用，于是极力劝他做官。可是文天祥本人非常固执，十分看重自己的名声，坚持就死，成功地博得了后人的赞誉。

高丽国的变身

草原和中华的大统一，带来了远超其自身的更大规模的扩展。陆地上最大的帝国蒙古帝国，又向海上进军，把海洋也纳入体系，发展为一个将欧亚大陆陆地与海洋两头连接起来的超地域帝国。下一步骤的阶梯和会合点，首先是原南宋境内的江南之地，其次是朝鲜半岛。

蒙古与朝鲜半岛上的高丽国之间的关系，可以追溯到成吉思汗时代的1214年，那时在辽东制造分裂、谋求独立的“黑契丹”即原来自称“哈剌·契丹”的一部分契丹人，强行进入了高丽国。当时，蒙古的追兵与高丽国协力消灭了他们。但是后来高丽国称臣后，在向高丽国提出贡物要求的蒙古和观望中国形势发展而态度暧昧的高丽国之间，不信任感升级，从窝阔台时代起就反复出现蒙古军的入侵以及随后的讲和。

当时，高丽王室王氏丧失了实权，进入了与日本一样的武人政权的时代。对蒙古持强硬路线的武人势力，将国都从开城迁往江华岛，坚持不惜半岛全境化为焦土也要抵抗到底。

局势随着忽必烈政权的出现而彻底改变。当年忽必烈从鄂州北上争夺帝位，正在元朝入质的高丽国世子王倎到襄阳郊外出迎，二人从此关系近密。忽必烈即位后，册封接父亲讣报准备回国的王倎为高丽国王，并派兵一路护送。庙号为元宗的王倎，也企图借助与新帝忽必烈之间的信赖关系来夺回实权。1270 年，他不顾武人们的激烈反对，把都城从江华岛迁回开城，向内外宣布了臣服蒙古之意。

以与蒙古维持和平友好关系为盾牌压制武人势力的元宗，在立场不同和想法各异的武人中都招致了反感，形成了两种舆论。其中，被称为“三别抄”的高丽常备军主张反元宗、反蒙古，发动了叛乱，占据半岛西南的珍岛，拥立王族成员王温，另立政府。高丽分裂为几股势力。

当襄阳、樊城攻坚战持续进行之时，蒙古驻军和高丽政府军在高丽国内协同作战，讨伐三别抄，大致在襄阳投降之时将其制服。高丽王室王氏，以蒙古驻军为后盾发起了“王政复古”。在这一过程中，逐步达成了国内的再度统一。这样，高丽王国成为忽必烈朝最忠实的附属国，历代国王与忽必烈家族通婚，当上蒙古语所说的“古列干”即驸马，基本上成为忽必烈皇族的一员。

如何看待蒙古对日本的侵袭

忽必烈政府谋求通过高丽国与日本进行接触。1266 年，被派为使臣的黑的、殷弘首先抵达了巨济岛，但是他们畏惧“风涛险阻”，放弃渡海而返。其后直到 1273 年间，前后共有四批蒙古使臣到达日本的大宰府，国书遂被送至京都朝廷和镰仓幕府。然而日本方面认为其书信无礼而未曾回复。

以往有这样的看法，即认为由于书信的内容盛气凌人、要挟日本，所以日本只能这样做。但那是一种误解。与历代中国王朝的外交文书相比较，倒不如说蒙古的书信姿态低得惊人。不能认为忽必烈政权一开始就有意开战。几次漠视蒙古正式的国书，又滥杀使团，不能不说日本一方违反了规则，即便被理解为蒙古表达了求战的意思，也有无奈的一面。

1274 年，忽必烈政权终于发动两万七千人左右的驻高丽蒙古军和高丽国军组成的联军，向日本进发。人数上占优的蒙古军的大兵团作战，压制了以个人作战为主的镰仓武士，不过日本方面也有个别武士团表现得骁勇善战。事实上好像双方都以为自己一方“战败”了。半夜里，日本军向大宰府撤退，蒙古军则退回到停泊在博多湾的战船上。虽然据说正当驶出玄界滩准备返航时遭到了暴风的袭击，但是其真相还不好确定。总之，蒙古—高丽联军认为继续作战已经没有什么益处，于是返回高丽。这一点是可以确认的。这就是在日本所说的“文水之役”。

七年后的 1281 年，忽必烈政权发动了第二次远征日本的战役，从高丽国发东路军四万，从原南宋境内发江南军十万，派出了世界史上最大规模的船队。但是受阻于日本方面所筑石垒等周全的战争准备，未能登陆，漂泊在海上的大船队于八月一日遭遇台风而损失大半。这就是所谓的“弘安之役”。

第一次远征日本显然是南宋攻击战中的一环。所投入的军队和船只，以征讨三别抄的部队为核心组成。对于蒙古一方来说，只要日本不配合南宋一起行动就没事。到那时为止的派使节送国书等和平交涉，其主要目的恐怕也在于此。

第二次远征日本，情形完全不同。对于几乎完好无损地接收了南宋国的忽必烈政权来说，处理战后事务中令人头疼的问题之一是四十多万原南宋职业军人的安置。如果让他们丢职而放任不管，就将造成社会的不安。于是把还能作战的人们转派到西边和北边地区的战场，或派去平定广东和广西。另外对于剩余的老弱士兵，根据其本人的意愿安排进海外部队。

十万江南军就是最初的尝试。他们这些人，看不出带有什么武装。携带的是迁往开垦地所需的农具和稻种。江南军几乎就是个移民船队。

真正的作战部队是东路军。自然就由他们先行抵达作战。加上水手和勤杂兵，这支队伍在人数和构成上都和第一次远征日本时没有什么变化。而拥有十万多作战部队的日本军，又有石垒的防护，当然占有优势。即使台风没有吹来，粮食将尽的远征军恐怕也会放弃进攻而撤军的吧。倒不如说台风是多余的。假如说因此而产生“神国”的意识，那么历史就令人啼笑皆非了。

第三次远征日本，尽管几次策划，但是最终没能成行。其中最大的原因就在于下文将要提到的以乃颜为首的左翼诸王们的再现的“传国玺”——围绕中华的统治，曾有过传说。即所谓“传国玺”的传说。指自最初的统一帝国秦国以来历代王朝相传的玉制的皇帝印。据说是由秦始皇的宰相李斯创意，刻上“受命于天、既寿永昌”八个字的。“传国玺”时而丢失，时而复得。倒不如说是应运出现。例如本书第三章中所述，当沙陀的晋王李存勖一旦处于优势就被奉献上了“传国玺”。只是上面的印文是“受命于天、子孙宝之”，后四个字不同。蒙古时代，“传国玺”也曾出现。有趣的是，直到忽必烈朝还没有出现，而是在其孙成宗铁穆耳即位时，为了显示其登基的合理性而现身。蒙古时代末期成书的陶宗仪的《南村辍耕录》有对“传国玺”特别详细的解说。据其考证，印文是以鸟足印样的籀文刻写的。

图六　由中国当代的工匠照原样仿造的“传国玺”。印文影印件（图七）也是依照《辍耕录》所说，用籀文刻上的“受命于天、既寿永昌”。每边长 12 厘米。

图六

图七

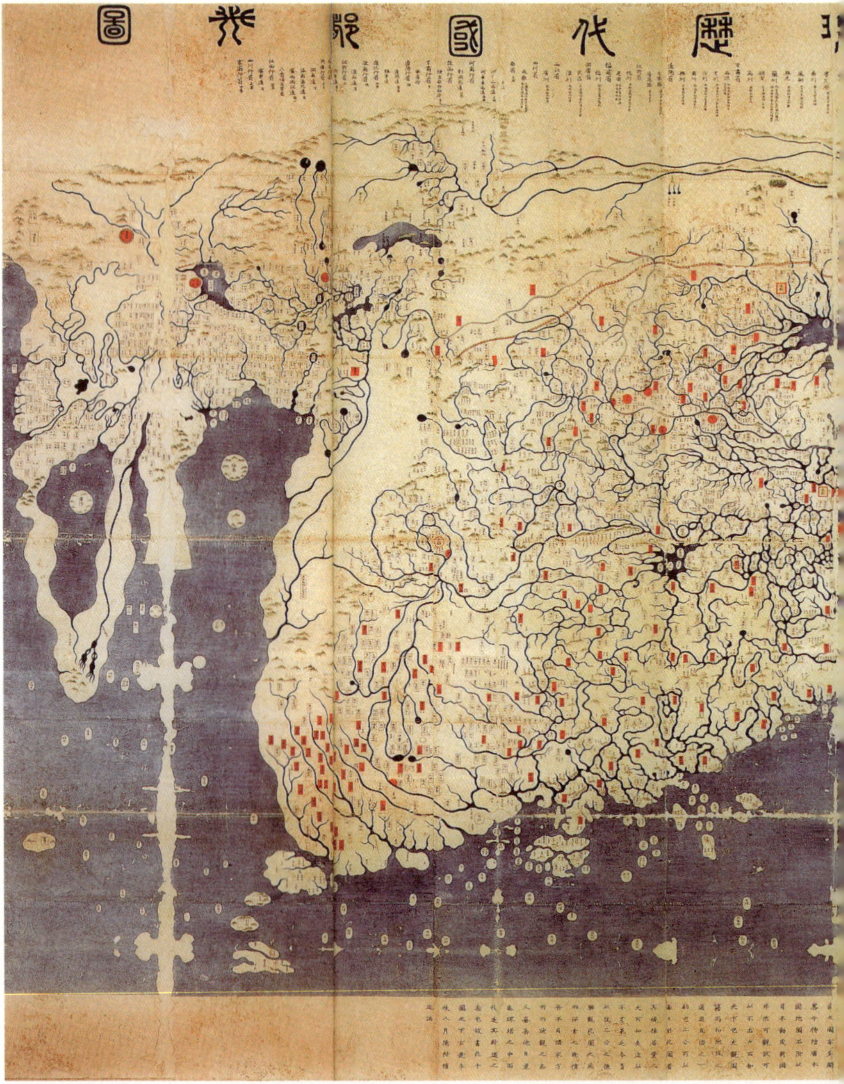

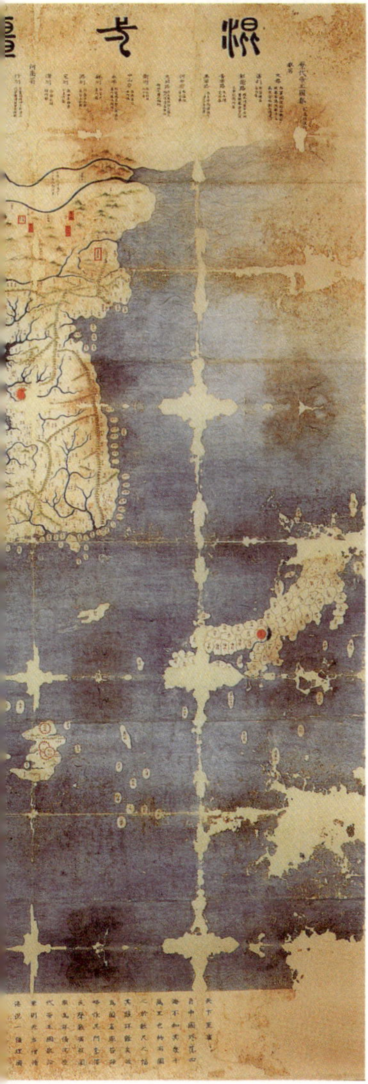

图八 “混一疆理历代国都之图”——以14世纪中叶在大元兀鲁思统治下的中国南部为民间所用而画的两种原图即李泽民的“声教广被图”和清濬的“混一疆理图”为基础而画，又在建立后不久的朝鲜王朝得到合成和增补。图的下边所附权近的跋文中，按明朝的年号写着“建文四年”（1402）。与成图有关的中华和朝鲜，结果被异样地放大了。然而一见便知画的是包括陆地和海洋的非欧·欧亚大陆世界。这里所展现的大的地平面，可以说是人类史上从未被认识到的样子。虽说如此，在此图之前中华地域就有画“华夷图”的传统。另一方面，自托勒密以来，尤其是伊斯兰中东所蓄积的知识体系也生机勃勃地存在着。此图就是沿袭这样的东西文明，画出了13—14世纪蒙古所实现的超地域统治以及以其为中心的非欧·欧亚大陆规模的大交流圈。岛原市本光寺藏。220 × 280 厘米。

【蒙古时代的遗产 永乐宫壁画】

图九

图九　壁画中所绘天女——中国山西省西南部，在南流的黄河向东约 90 度角的大转弯处，坐落着永乐宫庞大的建筑群。蒙古时代，作为全真教这一道教教团的本山，在蒙古政权的保护和援助下历经 70 余年建成。在我们目前所见的中国建筑中，是古老宏大的最美文化遗产。1960 年代初期，中国在修建三门峡水库时为了避免水淹，克服种种困难将其从黄河岸边的原地迁移至安全的现地芮城。这本身也是一个壮举。壮美的建筑物内部，在正门无极门、正殿三清殿、后殿纯阳殿等处描绘着各种各样豪奢、华丽、细密、优美的壁画，每一幅都在中国美术史上占有位置。该照片所摄为三清殿北墙上所绘巨幅道教诸神群像中格外夺目的天女，尽显中国绘画的优点。

大叛乱。由于最大支持者的反叛，忽必烈政权被推上了生死存亡的危机关头，不得不将准备投入远征日本的各部队全部调往北方作战。另外，有人认为江南和安南的叛乱也是值得考虑的因素，但那不可能是主要的原因。

忽必烈政权还数次向陈朝安南国、占城、缅国（现在的缅甸）、爪哇派遣了远征部队。散驻江南各地的部队，只要各自策划、申请并得到中央政府的批准，就可以自出费用、自负其责地进行“远征”。实际上是派出部队之间相互竞争的一种“商业”行为。不过，除了从陆地实施的对缅国的远征，其他远征多因酷暑和瘟疫以军事上的撤军而告终。长久以来，人们容易据此认为是“蒙古败退”。

然而说到远征爪哇，作战行动本身轻易取得了胜利。只不过后来为当地的抵抗组织所利用、为协助其成立的麻诺巴歇政权所欺骗而撤退了。比起征服和统治，这些远征本来是以促使其归顺和进贡、掌握通商渠道为主要目的的。最后蒙古还是直接控制了东南亚海域的海上交通。从蒙古的角度来看，其目的已经充分实现了。

另外，这些远征从策划到准备兵员、粮草、武器、船只，都有穆斯林商团公开半公开地参与其中。由拥有两万多兵员的、当时来说规模也是相当惊人的大船队组成的远征爪哇军，实际上几乎就是一支贸易船队。这样的远征活动本身，对于穆斯林商人来说是一种赚钱的机会。

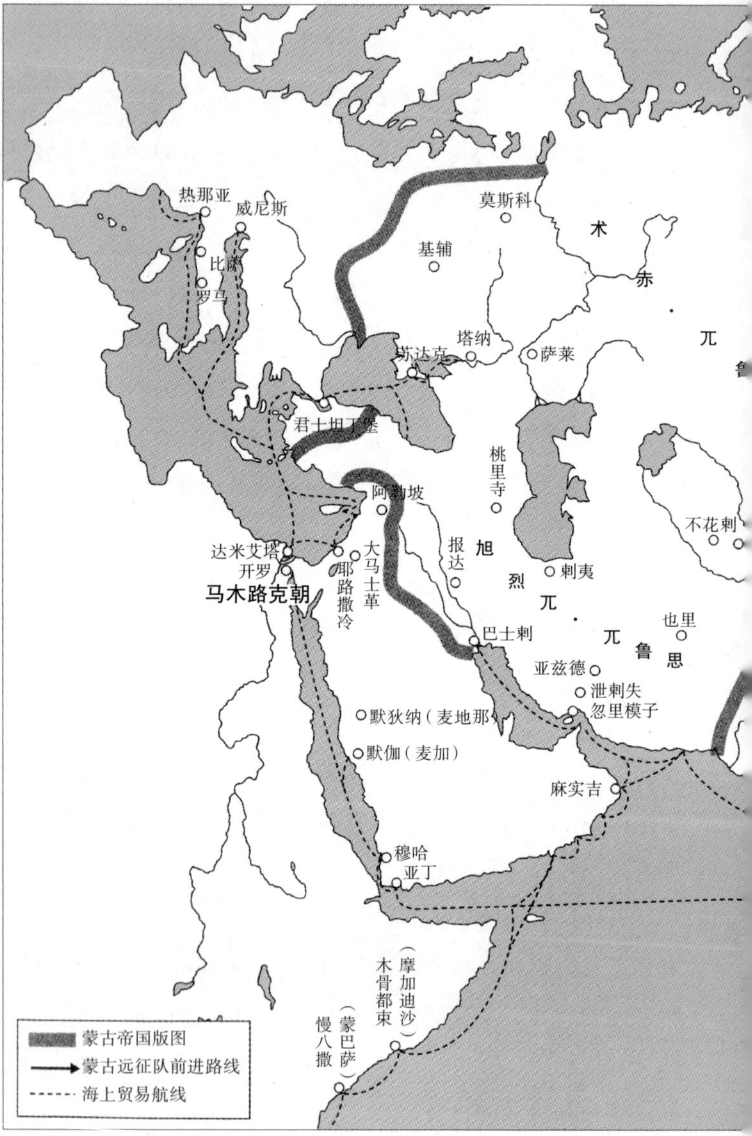

45 东南亚远征和海上大贸易圈

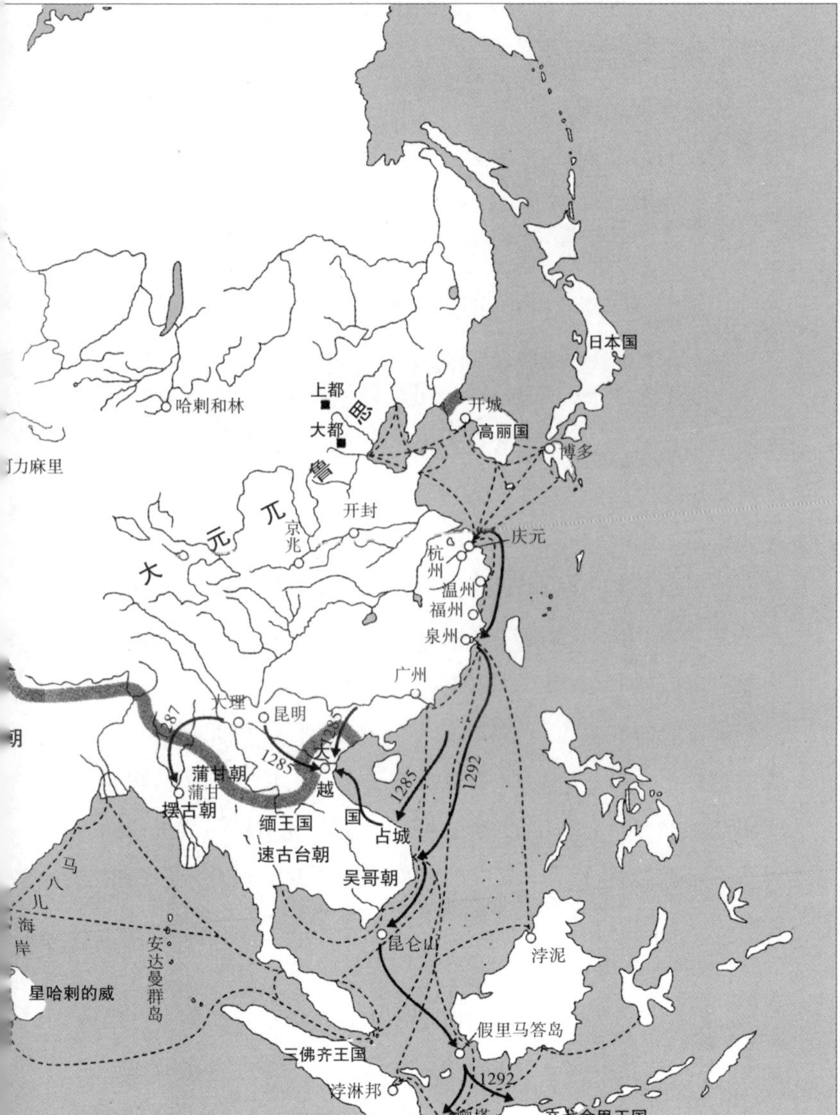

日本国
上都
大都
大元兀鲁思
哈剌和林
开城
高丽国
博多
开封
京兆
庆元
杭州
温州
福州
泉州
广州
大理
昆明
1287
1285
1285
1285
1292
1292
大越国
蒲甘朝
蒲甘
摆古朝
缅王国
占城
速古台朝
吴哥朝
马八儿海岸
安达曼群岛
星哈剌的威
昆仑山
浡泥
假里马答岛
三佛齐王国
浡淋邦
顺塔
辛戈舍里王国

从东南亚诸国到印度西南端的马八儿为止的海湾国家也最终纳贡，与忽必烈政权建立了正式的关系。因为只要进贡，蒙古就不会派兵，经济上可以大大获利。忽必烈政权在沿岸的各主要港口城市都派驻了贸易官员，将这里至旭烈兀·兀鲁思所控制的伊朗的忽里模子和波斯湾的海上交通都纳入了蒙古的统一管理。

印度洋航线上的东西通商，也由于有了蒙古的促成而呈现出大不同前的规模，变得异常活跃。此前，还在北宋和南宋统治之时，在江南沿海地区以几个主要的港口城市为中心，通过可称为“海之中国”（Maritime China）那样的在海上进行的贸易往来就已经逐渐繁荣。但那只不过是当地各社会组织的出海行为，而不是北宋和南宋作为国家直接推进的。然而在蒙古时期，国家和政府都鼓励和组织海上贸易。

蒙古对海洋也进行了规划。“海洋的时代”就此真正开始形成。这样，大陆和海岸两条路线终于连接，形成了环绕欧亚大陆和非洲北部及东海岸的交通体系，也可以称为“世界贸易圈”。到忽必烈政权的末期，蒙古的势力范围达到了顶点，真正成为陆海超级大国。

两次大叛乱

再回到1271年，忽必烈对八剌去世后陷入混乱的中亚采取了直接干涉的政策。由忽必烈第四子那木罕率领的大军进驻了伊犁河谷的阿力麻里。阿力麻里是察合台家族的冬都。察合台·兀鲁思的根据地被中央政府所占据。由于忽必烈政权的强硬态度，反而更加剧了中亚的军事紧张局势。

1276 年夏季，南宋皇室的降人和珍宝一齐到达上都的忽必烈宫廷，宫内一片胜利的气氛。然而就在这时，那木罕军中的蒙哥之子昔里吉、阿里·不哥之子灭里·帖木儿和药木忽儿等帝室诸王在拖雷旁系子孙脱黑·帖木儿的引领下发动了叛乱。他们奉昔里吉为盟主，拘捕了那木罕送往术赤家族的首领忙哥·帖木儿处，将诸王副将即札剌亦儿国王家族的安童送往海都处。以威力震慑中亚的强大的忽必烈政府派遣军，瞬间瓦解，忽必烈政权面临严重危机。

昔里吉等人曾谋求与海都联合，但是海都不为所动。忽必烈派伯颜率领征南宋的主力军北征。伯颜连破哈剌和林方面的昔里吉军，收复了蒙古本土。昔里吉等人的叛乱虽然失败了，但是产生的影响很大。忽必烈政权在中亚的绝对优势崩毁，处于危境的海都一方得到了喘息的机会。而且叛军中阿里·不哥家族的代表人物灭里·帖木儿和药木忽儿二人也倒向了海都。

这样，海都的阵营中不仅有海都自己所统领的窝阔台家族的西方部分（东方部分为河西唐兀地区的阔端家族），还包括收复了伊犁河谷的察合台家族、占据按台山一带的阿里·不哥家族的领地，这三个兀鲁思联合，组成了一个松散的“海都王国”。

1284 年，那木罕和安童获释，返回忽必烈处。而这时左翼的东方三王家与忽必烈政权之间的关系又紧张起来。东方三王家本是促成忽必烈政权建立的主要力量。但是忽必烈的盟友塔察儿很快去世，他的孙子乃颜继为首领。

忽必烈政权一开始并没有插手东方三王家的事务，而是任其自由发展。但是从塔察儿去世的1273年起，在西拉木伦河下游的辽宁平原设置了政府直属的派出机构，于是在当地出现与左翼诸王家族的种种摩擦。其中的原因之一，在于中央为了远征日本而从本属左翼诸王家族的女真人中征兵，还擅自砍伐运走用于造船的木材。左翼诸王家族认为这些行为侵害了自己的既得权益，逐渐对忽必烈政权产生了反感。

1287年四月，以乃颜为盟主，斡赤斤王家、哈撒儿王家、哈赤温王家等东方三王家终于举兵，宣誓推翻忽必烈、夺取政权。领有蒙古高原中部的阔列坚王家的也不干也起身响应，海都等人也答应了乃颜所提配合的请求。就是说，左右两翼兀鲁思的大多数都为反忽必烈而共同奋起。忽必烈政权面临着最大的危机。

得知乃颜叛乱的忽必烈，做出了七十三岁之人不可想象的举动。他首先立即派遣与东方三王家旗鼓相当的左翼大势力五投下的部队出发，布阵于已成边界的西拉木伦河畔，以防范乃颜军的突袭。接着，命伯颜打探乃颜阵营的动向，另派直属的钦察军团的指挥脱脱急行军，击败驻守土兀剌河的叛王也不干，派伯颜进驻哈剌和林，切断海都和乃颜的联系。

五月，忽必烈从上都出发，亲征乃颜。可是，忽必烈一方的蒙古正规军和乃颜军本来就都相识，有亲戚关系的人也不少，即使在战场上相遇，也是并驾叙旧，没有真打的意思。因此，忽必烈于六月亲自率领以掌权后新建的钦察、阿速、康里、哈剌鲁等游牧系的常规军为主力的部队，突袭乃颜所占据的失剌·斡耳朵而去。据说乃颜是基督教聂思脱里派教徒，大旗上扎饰着十字架。而老皇帝忽必烈乘坐象辇在阵前指挥战斗。尽管忽必烈本人曾有危险，但是凭借上述特种军团的奋战，终于取得胜利，俘获了乃颜。

忽必烈政权的危机随着乃颜的覆灭而消除。但是哈赤温家族的老王合答安坚持抵抗，将战火从东北亚各地扩大到高丽国。忽必烈派出以真金第三子铁穆耳为总帅的讨伐军，他们与合答安的军队转战多时，终于在六年后的1292年将其彻底平定。

战事过后，东方诸王家迅速恢复了与忽必烈政权的关系，被纳入忽必烈直属的管辖范围。以此为大的分界线，东方诸王家追寻了一条与西方诸王家明显不同的道路。乃颜败亡的结果，使帝国内忽必烈的敌对势力只剩下了“海都王国”，内争的舞台转向了中亚。这当中，忽必烈于1294年去世，享年八十岁。从蒙古人的角度来说，这已经是相当高寿了，而从一个人的角度来说，他的人生又实在是跌宕起伏。

体制化的国家经营

忽必烈的新国家建设事业

忽必烈从确立帝位的1264年开始，不断制定出新的政策，推进新国家建设的大业。在位三十五年之间所进行的国家建设，虽说由于蒙古帝室的骨肉相争等事件而不得已有所偏离当初的设想，但他毕竟是想按照前所未有的综合设计和覆盖整个欧亚大陆的规模，创造一个新型的世界国家和横跨东西的交流圈。在世界史上，还不曾看到以如此庞大规模和周到设计来实施国家建设的范例。

忽必烈首先将目标置于建立一个在草原世界和农耕世界两方面都具有基础的国家上。至蒙哥朝为止，蒙古还是一个以蒙古高原为根据地的游牧帝国型的霸权国家。对于华北、东西土耳其斯坦、伊朗等地区，也仅限于将其作为“占领地”期望从中获得税收而已。但是忽必烈却打算把拥有广阔耕地和众多从业人口的中华世界全部纳入进来，建立一个兼具蒙古高原游牧军事力量和中华本土经济力量的超地域政权。为此，他将政权的中心迁往连接两个地域的内蒙古草原和中都一带，创造出一种朝廷和军队按夏冬季节在其间移动履行职责、既能保持军事力量又能掌握经济力量的新模式。

忽必烈改开平府为“上都”作为夏都，在中都东北郊外的空地上营造了“大都”，作为冬都。大都正是今天北京的直接前身。都市的规模，上都只停留在中型城市的水平，实际上巨大城市即大都才是“帝都”。这样，始于安禄山的范阳·幽州的兴起，经历契丹之副都南京、金国之首都中都，到欧亚大陆帝国蒙古时，成了世界的帝都“大都”。通向巨大中国之首都北京的道路，基本上就是在那时确定的。

在这两都之外，还沿着移动路线分散设置了各种城镇、聚落和设施。包括一些仅供工匠们集中居住的官营作坊城镇、由帝室斡耳朵管理者们经营的宫城、皇帝直属游牧系诸军团的各种军事基地、以及附属的汉人部队的屯营聚落等。用于各种目的和作用的这些设施，星罗棋布地存在于大都和上都之间方圆约三百五十公里的竖椭圆形的移动圈内。

忽必烈是想把这一区域整体以一种“首都圈”的形式来作为政权的核心地区，集中军事、统治、物流等功能，从这里向帝国各地铺展开水、陆两种方式的运输和通讯的驿传网络。

在忽必烈政权建立之际，形成主力的左翼东方三王家、五投下、汪古部、阔端王家的各根据地，以忽必烈个人的驻牧地上都地区为中心，在东北起大兴安岭、热河，西至阴山、甘肃的内蒙古草原上呈数珠状地连成一串。各个部分的首领家族，以忽必烈家族为中心相互通婚，而且还以上都、大都之两京制为样板，在领地内新建小型的夏都和冬都，在其间随季节移动。拥有这样小型“首都圈”的十多个集团，构成了忽必烈朝的最高统治

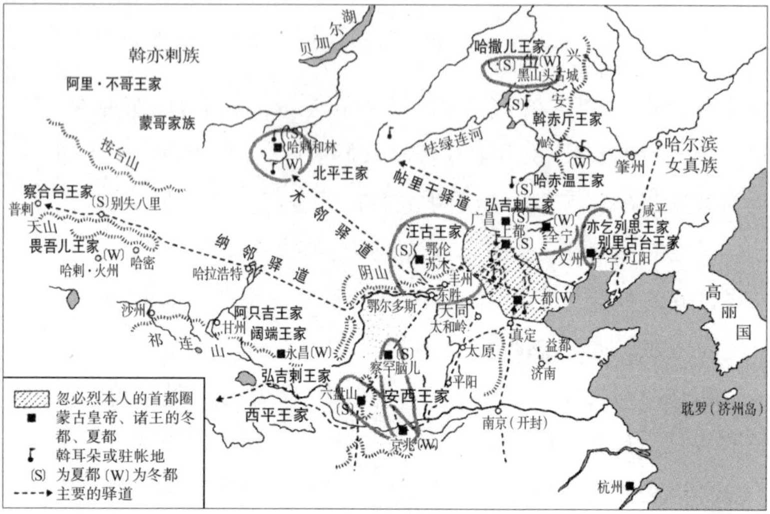

46 忽必烈朝的主要诸王家族及首都圈

层，他们的所有领地和属民发挥了连接游牧世界和农耕世界的骨干作用。

在此基础上，忽必烈在建立政权后首先封嫡长子（排序为次子）真金为燕王，不久又封为皇太子，将“腹里”（由原本的“腹部”之义转指中心、中央部，为蒙古语 γol 的译语）即现在成为内地的中国北部的统治权交给了他，让他直接管理在大都的军事、行政两府（枢密院和中书省），这是牧农复合的中央地区。对成吉思汗以来一直作为“本土”的戈壁蒙古高原，封第四子那木罕为北平王（或北安王），统率传统的千户，守卫以哈剌和林为中心的“国家根本之地”，这里是纯游牧国家的部分。又进一步封第三子忙哥剌为安西王，驻守忽必烈即位前的藩邸京兆—六盘山地区，忙哥剌以京兆为冬都，在六盘山修建了夏都开城，完全按照大都、上都的系统运作，以这个小型的“首都圈”为中心展开对陕西、甘肃、四川、吐蕃等地的统管。这里是牧农并存的地区。这“三大王国”各自拥有强大的军力。

在嫡生的三个儿子所领有的“三大王国”之外，在云南大理方面安排了忽哥赤、吐蕃方面安排了奥鲁赤，将江南收入版图之后在江南、安南方面安排了镇南王脱欢和其他庶子们，按照由忽必烈家族完全掌握帝国东方之军事力量的设计进行了调整。这些儿子们成了忽必烈的分身。其结果，使得各地拥有领地和采邑的帝室诸王、贵族、土著首领等各种各样的分权势力，全部被编入忽必烈某个儿子的统辖之内。这种由忽必烈家族独控军权的体制，一直维持了很长时期，从忽必烈自身开始，以后忽必烈系的历代皇帝都高居于忽必烈家族权力集团之上。

中华的装束

忽必烈在推进蒙古国大改造的同时，以引进“中统”、“至元”等年号为开端，宣布定上都和中都为首都、接着在中都的东北郊建设大都、创制新国字八思巴字、采用冠以“大元”之语的新国号、引入立后和立太子的制度，进行了一连串看似中华式的国制整顿。

在这种所谓的“汉化”政策当中，最为明显的是采用了中华传统的中央集权制的官僚机构和统治形式。在中央，继续分设中书省（行政）、枢密院（军事）、御史台（监察）等三个体系，六

47 永乐宫的三清殿　以三清殿（无极殿）为首的气宇恢弘的建筑群，可倾倒来访之人。悠然而雄浑、颇具意境的格局，是中国建筑的精髓，从中也可以深切地感受到蒙古时代的气息

部隶于中书省。地方统治方面，引入新的方式，即在中央的中书省所直辖的“腹里”之外，将各地划分为十一个或十二个大区，在其地设置行中书省（行省）这一派出机关。尽管如此，在行省以下按路、府、州、县排序的行政体系中，除了“路”之外还是保留了原来的体制。

这样的形式，大致上沿袭了至宋、金时代为止的中华王朝的基本路线。如果仅从表面现象来看，也可以把忽必烈王朝看做是中华王朝之一。但是问题的关键在于其内容，在于其真正的含义。

例如，就中书省来说，在右丞相之下任命有左丞相、平章政事、右丞、左丞、参政等带有中华式头衔的不少官员。但是却无定数，人员随不同时期的不同情况而大幅变动或增减。长期任职的人员当中，首席的右丞相安童出自札剌亦儿国王家族，又是忽必烈的外甥，属于最高权力圈中的人，还握有自己独立的军事力量。而且在其位下从平章政事到参政的重要职位，都录用了具有实干和指挥能力的蒙古、畏吾儿、契丹、唐兀、穆斯林、汉人等权势家族的成员以及忽必烈个人的谋臣。即使在枢密院和御史台，这一点在长官和次官的等级上也是同样的情况，尤其是担任长官职务的人与中华式官制的不同，通常分别由统领部族军和私家兵的势力强盛的族长、军人出任。

更不可忽视的一点是，这些高级官僚大多出身忽必烈的怯薛（近卫、宿卫），必要时经常会临时从怯薛中挑出合适的人选进入中华式的部门任职，完成任期后再返回到怯薛中。

对于涉及国家根本的重大事务，就会打破中书省、枢密院、御史台的框框，召开以忽必烈为中心的御前会议，四怯薛长为首的蒙古握有实权的人物直接参加，会上当场决定一切事务。就这一点来说，中华式的官僚机构在其下级组织中还是沿袭原来的模式发挥职能，但是在其上层部分可以说只是徒具形式，其实质说到底是一种蒙古政权的传统“御前政治”的延续。在地方的组织建设方面，贯彻的也是这种二重结构。

这一系列的国制整顿措施，可以看出是在将中华传统引入蒙古的同时对其进行改造。这种种的“汉化”政策，是根据忽必烈的谋臣刘秉忠、姚枢等人的建言而实施的，遭到了尊重成吉思汗以来游牧国家之传统的蒙古诸王们的批评，甚至成为引起他们反抗的原因之一。

忽必烈之所以大胆引入可以称为二重结构的中华帝国的系统，原因还在于到那时为止的蒙古帝国的行政、官僚组织，尽管对帝国国家的治理是足够的，但是对于真正全面统治包括拥有庞大人口的中华本土乃至欧亚大陆的广阔领土，就无论如何也显得力不从心了。外表上的中华帝国、本质上的蒙古军事国家这一国制所具有的两面性，也是欧亚大陆草原史和中华王朝史这两个世界史的洪流最终的一个汇合点。

穆斯林商业网与物流通商之管理

大元兀鲁思政权的另一个突出的特征，反映出它既是一个以原有游牧军事力量为基础的军事政权，同时又是以经济统治作为国家运作主要手段的政权。而构成其核心的主要是伊朗系穆斯林商团以及出身于此的经济官僚们。忽必烈政权很大程度上是以和穆斯林商业势力的共生关系为主要动力的财政国家或通商国家。

蒙古早在成吉思汗统一蒙古高原之前就与伊朗系穆斯林商人有了联系。从窝阔台朝到蒙哥朝，也曾将占领地的征税机构托管给穆斯林商业势力。自古以来西亚至中亚地区都是银结算经济。蒙古在统治中国北部时实行以银纳税，就是因为当时是由以穆斯林为主的中亚以西的商业势力把持了财政部门。

他们建立了突厥语称作 ortaq（“同伴”之义，波斯语称作 ortāk，汉字音写为“斡脱”）的行会或商行组织，凭借共同集资产生的巨大资本能力，开展各种商业活动，并承揽征税、向纳税人放高利贷等事务。这样的穆斯林商业势力，也为蒙古的扩张提供了资金来源和信息来源。较之以往的蒙古政权，忽必烈将这些以穆斯林商业势力为主力形成的国际贸易网及其运营能力更加有力地纳入了自己的政权当中。

忽必烈政权在期望通过穆斯林官僚来实现财务管理和经济振兴的同时，以世界帝都的目标所建的大都为中心，创建了陆路、水路、海路连通的庞大的物流体系。在大都的中心地带建有名为积水潭的大型城市内港，在直沽（今天津）被转卸到河船上的海运物资，可以从通州沿拥有闸门式入口的运河通惠河直抵忽必烈的脚下。在中国的东南沿海一带，曾广泛活动着穆斯林海洋商人，随着忽必烈政权统一中华本土，与蒙古并存的内陆穆斯林商业网最终与直通中国南部的海上航线连接在了一起。

大都从陆路方面来说，与汇聚哈剌和林、上都一线的内陆通道连接，从水路方面来说，与汇聚通州的金代华北水运系统、中国南北统一后再度活跃的大运河以及抵达中国南部的印度洋航线相连接。不仅是中华全土，就是环绕欧亚大陆的交通线路，也全都设计得能够连通大都，依靠蒙古的政府权力，其运输机构大多前所未有地有机会获得了设置和维持的条件。

国家的本质，原本就应该是控制国家力量所集中的首都以及版图内的据点城市，然而只有掌握将它们连接起来的交通、运输、流通等环节，国家才能得以存在。总之，交通即国家。就是要对已有的交通系统进行全面掌控、尽可能创建和配置以自己为中心的交通系统、并由自己直接进行管理。紧紧抓住沟通和牵动人群的纽带，就能把握住人和社会，这一点无论在历史上还是现实中都没有什么不同。

况且，越接近称得上帝国的复合型扩展，交通所具有的意义就会变得越发重要。蒙古乃世界帝国。作为当时的交通工具，除了可以利用水路的地区外，在陆地实际上可以利用的就几乎只有马和骆驼。因此蒙古帝国从建立之始就一直加强交通是很自然的事。莫如说是把象征为交通的事务作为立国的根本，将其落实于连通陆路、水路、海路的庞大的欧亚大陆系统，是忽必烈的创举。

总之，与蒙古王权勾结的斡脱商人们利用上述的流通网络，以蒙古的武力为后盾，不断活动于欧亚大陆各地，半带强买强卖的意味，把利润的一部分返还出资人蒙古诸王家族，最后利用政府的运输机构把物资运往大都。大都的官营市场的模式，是由蒙古王权的总管忽必烈对其实施管理并进行收税。忽必烈把这种方式收罗来的银两（银）以赐予帝室诸王的名义散发出去，还不时做一些游牧经济能力根本不允许的经济援助，以巩固他们与忽必烈政权的关系。

忽必烈政权财政政策的实施，带有明显的重商主义。其管控是针对各个点和点进行的，不过在各地的据点城市以及交通和物流的重地肯定配备了穆斯林的经济官员，反倒与中央保持着紧密的联系。忽必烈政权的管控方式以据点管控和物流通商的全面管理为主要特征，蒙古的军事力量和穆斯林的商业力量正是支撑忽必烈新国家的两大支柱。

以地域为单位实施统治

除此之外，其统治体系中不可忽视的一点是，为了控制空前广阔的版图，对蒙古时代以前的原金国领地、原西夏领地、原南宋领地等大块的地区单位分别采取不同的统治方式，进一步在其地设立行省这一此前不曾有过的超大型地方机构，并通过行省来引入分而治之的新措施。

在大元兀鲁思的中央政府内，针对版图内主要地区、种族、语言培养了与之相应的各类官员，形成能够处理帝国内任何问题的机制。不过对于各地方社会，中央政府并不有意直接介入，而是尊重那里已有的统治方式和惯例，即使在税制和法律方面也基本上沿袭了原政权的做法。这样一来，大元兀鲁思的统治范围内虽然接受的是统一的主权，但是实际上已经成为多个社会体系并存的多元世界。

忽必烈政权重视对流通和征税之经济要地的监督管理，为此从中央的财政部门（起初为尚书省，后来与执行机构中书省合并）直接派财政官员前往其地，以与中央保持直线联系，并使其形成制度。这一派出机构就是前面所说的行省，一般设置于政治、经济发达的主要城市，如辽阳、杭州、京兆、开封、鄂州、成都、昆明、泉州、广州等地。

行省以军力为后援，替中央代行征税和财政职能，不过实际上也得兼及一般行政事务。因此最终不得不转为管理广阔辖区之常设的地方合署机构。与此步调一致，“行省”一语也超出仅指官署本身的意义，而逐渐指代整个所辖区域，成为后世中国省级建制的起源。

庞大的多部族复合国家

这样形成的忽必烈的新国家，成为不同种族、社会、宗教、文化和价值观混合并存的多种族复合国家。这当中，在作为统治者的蒙古王族、贵族以及与之相关的特定人群之外，不太看得出有什么种族的差别。

因蒙古的统治而突显的现象，反映了其以蒙古帝室为核心聚合欧亚大陆各地种种“王权”而产生的巨大联合权力这一本质，在必然重视帝国创建以来形成的人际关系和门第的同时，又与之正相反地主要根据个人实力和能力选用人才，从整体上不太看得出有什么种族主义。尤其是忽必烈从即位之前就拥有由畏吾儿、契丹、汉人、女真人等多种族混合而成的智囊团和执行团队，取得政权后又不分种族地提拔他们担任高官和要职。进而，在财政部门主要任用穆斯林；在与宗教、文化相关的部门主要任用吐蕃人以及印度、尼波罗、怯失迷儿出身的人；在与学术、信息和科学技术相关的部门主要任用包括欧洲人在内的各地区出身的人，根据个人的特长和能力予以选用。

48《世祖出猎图》中的忽必烈（台北 故宫博物院藏） 出于刘道贯笔下的名画。与祖父成吉思汗不同，几幅绘画所绘忽必烈相互一致，形象都是身高体胖的。从猎之人当中亦可见黑人，说明他拥有多种族出身的近侍

以往一直存在一种高谈阔论，说在蒙古统治下的中华本土严格执行着所谓蒙古、色目、汉人、南人的四等级身份制度。然而事实是，这种现象仅限于后来所恢复的科举应试的极小范围。正如战前某个日本学者将其应用于整个中国社会那样，基本上就是一种“有意的”说法，因为它符合蒙古的“野蛮印象”，所以也受到了世界上其他学者的认可。可这不一定是清楚真相后才认可的。总之，这属于世上常说的肆意“虚构”和随意“迎合”。现实当中，突破种族、语言和文化的框架、如实认同优秀事物的重实力、重本质的时代已经到来。

经过忽必烈朝，建立起了世界史上罕见的这一新型的世界国家，其结果促进了包括欧亚大陆和非洲在内的前所未有的国际通

商以及人员和“物资”的交流。进入 14 世纪，蒙古帝国内一经实现和平，空前规模的超地域和平共处和跨国大交流的新时代就造访了非欧、欧亚大陆的东西方。非欧、欧亚大陆世界，在此首次与称得上“世界史”的、可以视为一个真切的整体形象的时代相遇了。

整合的非欧·欧亚大陆世界

和睦的帝国

至元三十一年（1294）正月，忽必烈长逝。四月，在上都的忽里台上真金的第三子铁穆耳即位。据说铁穆耳在忽里台上与庶兄甘麻剌展开了激烈的辩论，以雄辩占据了上风。但是不管怎么说，他的成功即位都离不开以伯颜为首的麾下大军团力量的背景。

海都方面发动进攻，实际上是在忽必烈去世后才开始的。海都一直惧怕忽必烈，避免直接接触。所谓“海都之乱”，是过于印象化的说法，还多少散发着中华主义的味道。八剌的儿子都哇靠着海都的支持，于 1282 年至 1283 年间当上了察合台家族的首领，以历代游牧的世袭领地伊犁河谷为根据地，与扩张至畏吾儿斯坦西部边境线的大汗的军队形成对峙状态。1297 年，阿里·不哥的儿子药木忽儿、蒙哥的孙子兀鲁思·不花，以及原忽必烈部将因战败而投靠海都的朵儿朵哈等人，带领一万两千骑兵

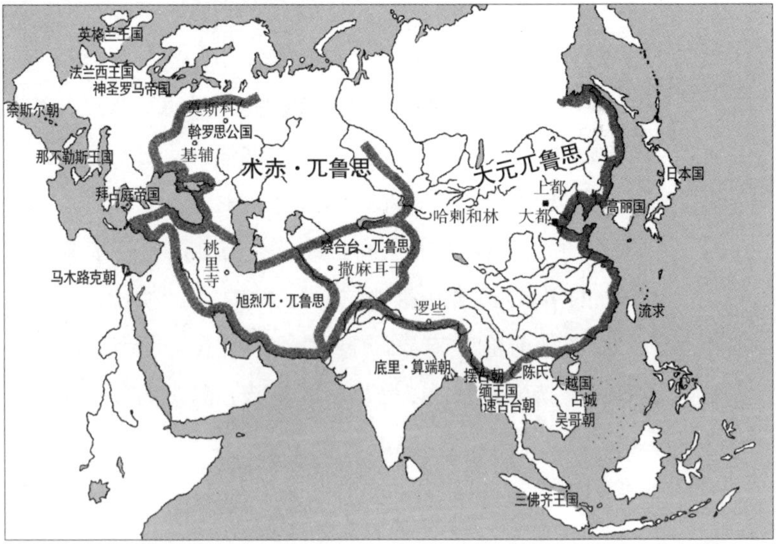

49 多元的超地域帝国蒙古（14 世纪初）

脱离都哇军，向成宗铁穆耳请降。都是由于害怕忽必烈贤明而严厉的处罚，才在他去世后放心地前来投降。成宗铁穆耳改年号“元贞”为“大德”，以示庆祝。

药木忽儿等三人的投降，给海都的阵营造成了冲击。1301年，海都发动前所未有的大军，与都哇为首的中亚方面的帝室诸王一起进军蒙古本土。哈剌和林方面，除了甘麻剌晋王家族的北方部队，新由成宗铁穆耳的次兄答剌麻·八剌的长子海山率领中央军团，任最前线的总指挥，还有与忽必烈家族恢复旧好的东方三王家的各首领。蒙古同胞间的大决战在蒙古高原的西部一带展开。海都军败北，海都本人因伤去世。

海都阵营无论怎么集结，终究远不抵大汗的军队，双方彼此都再次有了清楚的认识。随意拼凑诸多势力的海都一死，局势立即发生了变化。作为海都的忠实盟友而长期活跃的察合台家族的首领都哇，开始实施自己的行动。在为海都举行了葬礼之后，从海都的诸多儿子当中推选其庶长子察八儿为窝阔台家族的继承人。海都生前曾指定爱子斡罗思为继承人。因为海都家族的大多数人支持斡罗思，以海都家族为核心的窝阔台一族分裂为两派，开始争斗。

都哇在向窝阔台家族钉入楔子的同时，建议察八儿向大汗投诚。由于与成宗铁穆耳取得联系的都哇的主导，中亚方面的帝室诸王尽数宣誓将臣服于铁穆耳，这一消息也传到了术赤·兀鲁思的首领脱脱和旭烈兀·兀鲁思的首领完者都那里。因八剌的兴起而开始的帝国纷争经过了三十多年，终于在1305年宣告结束，帝国的东、西迎来了和平的时期。

这个和平的开始，也就是都哇和那个庶子向“海都王国”夺权的开始。像从前父亲八剌去世后海都的所作所为一样，都哇导演了海都去世后窝阔台·兀鲁思的内讧，将窝阔台·兀鲁思替换为以察合台家族为核心的实体，掌握着中亚的霸权。由此形成的新的“统一”权力体，称为“察合台·兀鲁思”。所有的蒙古权力体，都从属于大汗即大元兀鲁思的皇帝，形成众星拱月的态势。这样，蒙古恢复以往统治的上下连带性，整个版图拥有几个权力中心，从而形成了松散的多元复合的“世界联邦”。

大元兀鲁思政局的动荡

中亚局势的变化，与远在东方的大元兀鲁思的中央政局也形成了联动。成宗铁穆耳因酗酒而卧病不起，在东、西实现和平之前就已经基本上不理政事了。代行大元兀鲁思朝廷实权的是卜鲁罕皇后。大德十一年（1307）正月，成宗铁穆耳辞世，享年四十二岁。卜鲁罕皇后为了保全自己的权势，立即决定拥立安西王阿难答。铁穆耳曾有一个名叫德寿的皇太子，但是夭折了。若从近亲当中挑选合适的候补继承人，就只有铁穆耳次兄答剌麻·八剌的嫡子海山和爱育黎拔力八达兄弟二人。但是卜鲁罕皇后妒忌两兄弟的生母答己曾与生前的铁穆耳情深意笃，遂以分封的名义，将其长子海山送往蒙古高原的前线、将答己及其次子爱育黎拔力八达母子送往真金家族的领地河南的怀孟，就是说他们都被逐出了中央。

安西王阿难答当时正与来降的阿里·不哥王家的灭里·帖木儿一同前往大都，途中得知卜鲁罕的意向，心中大喜，加速前行。居政府次位的左丞相阿忽台等人支持卜鲁罕，封锁街道以阻止海山返回大都。但是居政府首位的右丞相哈剌哈孙急派密使赴海山处通报，又请身在怀孟的爱育黎拔力八达母子速回大都。哈剌哈孙拥立及时赶回大都的爱育黎拔力八达，于强行举行阿难答即位仪式的前夕在宫中绞杀了阿忽台，逐一拘捕了卜鲁罕皇后、阿难答，以及将成为阿难答政权之副王的灭里·帖木儿等同党。宫廷政变获得了成功，爱育黎拔力八达政权一时间似乎就要诞生。

海山在按台山方面的前线得到了铁穆耳去世的消息。在海山所率领的大元兀鲁思派遣军的眼前，与海山合作的都哇刚刚成功地推翻了窝阔台家族。海山与诸将领商议，决定留下一支部队驻守，自己带领其余的所有部队回撤。这是命运的一次转折点。东进的海山大军，怒涛般地迅速抵达了蒙古高原上的最大城市哈剌和林。

海山年纪轻轻就当上大元兀鲁思军队的总指挥、击败著名的勇将老宗王海都的大军、又身处中亚最前线立下赫赫战功，因此在蒙古高原的帝室诸王和诸将领中享有极高的声望。当海山举旗时，哈剌和林很快聚集了数量惊人的支持者。他们请求海山在蒙古发祥地的这片土地上即位，可是海山却打算像祖父忽必烈那样在上都即位。他是从效仿忽必烈的反败为胜中看到了自己的未来。海山于是抽选出麾下最精锐的部队，编成每队一万人的左、中、右三队，自己亲率中路军，三队从三个方向急驰上都。上都的守军举双手欢迎海山的到来。而大都的爱育黎拔力八达政府却孤立了。

最终，大都方面不得不做出妥协。1307年六月，在上都的忽里台上海山即位为全蒙古的新皇帝。海山立母后答己为皇太后，但是在母亲的强烈要求下，尽管海山自己有儿子，但还是立了弟弟爱育黎拔力八达为皇太子。随后前往大都，处死了阿难答、灭里·帖木儿和卜鲁罕。阿难答是个虔诚的穆斯林，据说他令安西王国所属十五万军队几乎全部改宗皈依了伊斯兰教。安西王家族被满门抄斩，后来大体上是由被指定为皇太子的人兼领安西王的原领地。

这是一位久违的得到全蒙古支持的大汗。海山仿佛是在学习忽必烈，接连不断地推出庞大的新计划、新政策。蒙古帝国似乎即将迎来一个不同的时代。可是海山却在四年后的至大四年（1311）正月突然去世，享年三十一岁。显然是死于答己和爱育黎拔力八达等人的毒杀。海山的神秘去世，引发了大元兀鲁思帝室的内讧，进而成为涣散蒙古帝国大团结的原因。爱育黎拔力八达在兄长海山死后，虽然登上了梦寐以求的帝位，但是实权却完全掌握在母后的手中，他整日待在大都宫城内的皇太子宫（后来的隆福宫），落得个连进入皇宫都不敢的下场。实际上已经成了“女皇”答己的时代。

起初曾约定立海山的长子和世㻋为爱育黎拔力八达的皇太子。但是生怕海山一派复仇的答己和爱育黎拔力八达甚至废除这一约定，名义上封和世㻋去云南，实际上是想让他远离中央。于是和世㻋及其部将在赴任途中行至陕西时发动叛乱，导致了席卷大元兀鲁思西境整个地区一时的大动乱。最终，和世㻋为借助父亲海山的旧关系，投奔了察合台·兀鲁思，为海山派所控制的按台山方面的大元兀鲁思军，虽然在此前的纷争中已经向察合台家族领地的纵深进军，但是由于军队中出现响应和世㻋的人，防线不得不向东大幅度后撤。

和世㻋的弟弟图·帖睦尔也被谪放江宁府（今南京）。海山家族雪上加霜的不幸，引起爱戴海山的蒙古本土至中亚的蒙古诸王和诸将广泛的同情。而爱育黎拔力八达反倒招致了朝廷内外的不信任。他自己也变得精神不振，到了连令人满意的判断也做不出的地步。以往之所以存在评价他为“名君”的倾向，是因为他小范围地恢复科举、优待中华式文人官僚的举动，使得汉文文献表面上吹捧和奉承其治世的文章非常醒目所致。然而就连那些文人们也对爱育黎拔力八达表示了轻蔑，只要阅读史料时稍加注意，就能马上觉察到这一点。

对于被整个蒙古投以怀疑目光的爱育黎拔力八达政权，正使皇帝的直属常备部队钦察、阿速、康里、哈剌鲁等军团怀有更强烈的复仇心。他们有不少人曾在按台山前线与海山同甘共苦，海山在即位后将他们的地位提升得超过了纯蒙古的正规军，因此他们从心底里认同海山为自己的主人，靠绝对的忠诚之心团结在一起。

帝室内讧的火种已经蓄积。爱育黎拔力八达衰病而死之后，一直把握实权的答己也死去了，爱育黎拔力八达的长子英宗硕德八剌雄心勃勃地想革新政治，就在开始实施新政后的第三年即1323年，当他从上都返回大都的途中，被上述近卫军团的一部分人暗杀于南坡之地。当时和世㻋和图·帖睦尔都在远方，因此握有蒙古本土的甘麻剌之子晋王也孙·帖木儿被拥立为帝。1328年八月，也孙·帖木儿在上都猝死。他一死，钦察军团的首领燕·铁木儿立即决定夺取大都、拥戴海山之子。上都和大都两京间就此展开长达两个月的内战，最终拥立图·帖睦尔的大都一方战胜了以蒙古本土诸王势力为核心的上都一方。

然而就在这次胜利后不久，从中亚方面得到察合台军支持的和世㻋突然东进，于1329年二月在哈剌和林宣布即位为大汗。至此，海山的两个儿子之间形成隔戈壁南北相持之势。

掌握图·帖睦尔政权之实权的燕·铁木儿，认为在和上都交战后继续作战对己方不利，遂一度将玉玺送交和世㻋，九月，在旺忽察都行营这个海山曾计划建造"中都"但又放弃了的有缘之地，兄弟相见。四天后，和世㻋突然驾崩。这是燕·铁木儿的计谋，是要把和世㻋与蒙古本土大军隔离开后再实施暗杀，他成功了。从泰定帝也孙·帖木儿去世后开始的一连串动乱，按照胜利者文宗图·帖睦尔的年号被称为"天历之乱"。大动乱的结果，使得大元兀鲁思中央政府内部非纯蒙古的中央军团把持权力的时代拉开了帷幕。

人类历史上第一次大交流

蒙古出现以后，经历了长达七十年左右时间的战争年代，这一时期结束后，也由于蒙古自身政治结构的多元化，国际政局很快安定下来。在蒙古帝国内，尽管发生了海都等人的反叛，但那终究不过是蒙古同胞之间的内部纷争而已，并没有造成对欧亚大陆交通的阻碍和破坏。而且由于1305年东西和平的达成，各地的蒙古政权重新纳入大汗的统治系统，相互间交流频繁。从战争到和平，时代发生了光鲜的变化。

蒙古统治下的整个区域，为同一个政权所掌控，已经没有了国境的壁垒。站赤等交通、运输的方式，因蒙古政权的力量而得到设置和完善，只要有统治者的庇护和“牌子”（针对持有者的身份，有金、银、铜的不同种类，用来行使利用驿传等的特权），旅途的安全就能得到保障。银作为统一的价值标准可以在各地通用，而波斯语成了国际通用语。在主要城市和港口，可以说肯定有花着银子、说着流利的波斯语的穆斯林商人。而且如前所述，忽必烈政权建立后的大元兀鲁思将当时世界上最具经济实力的中华本土纳入进来，实行鼓励国际通商的自由经济政策，促成了横跨非欧·欧亚大陆东西的空前的大交流。

这个大交流，在东起日本海、西至斡罗思和小亚细亚以及东地中海的蒙古版图内自不必说，即使蒙古不直接统治的西欧、埃及的马木路克朝、印度次大陆的哈勒吉朝和秃忽鲁朝，以及东南亚群岛海域、非洲东部海岸线地带、日本等国家和地区，也在政治、经济、文化、技术、学术、宗教、思想等诸多方面有所卷入。所说的“旧世界”，以蒙古为中心在历史上首次与时间同步、相互对接。

作为这种大交流的背景，自然可以举出由蒙古实现的政治上的大统一，但是不应忽视蒙古自身所发挥的一些方面的作用。蒙古是个罕见的纯军事、政治部落，对于自己以外的种族、宗教、文化等，总是将其视为一种统治的手段，对他人并不抱有蔑视、特殊偏见和狭隘的排他意识。反而特别热心于掌握信息、知识、科学和技术，优待和尊重具有这方面能力的人。与以往的说法正相反，出版文化的繁荣等各种学术的振兴的确令人瞩目。

50《马可·波罗游记》中的忽必烈（法国国立图书馆藏） 通称为《东方见闻录》的这部著名的游记，书名为《世界的叙述》或《百万之书》，拥有一百四十多种写本。制作于15世纪初的这部写本，因插图精美而著称，但实际上是画师根据想象所画，不能成为当时的史料，而忽必烈也只能被画成西欧人的样子

蒙古时代大量徙居中华本土的穆斯林，据说人数达到了一百万或更多，他们成了今天八百万至一千万中国回族人的直接族源。另外，在中华本土的东南沿海地区穆斯林聚居区也繁荣起来，成为通往印度洋航线的东西贸易活动的基地。这一结果使得很多汉族也皈依了伊斯兰教，成为走向东南亚的最早的华侨。这种人类群体的迁移、转型，在中亚以西的各蒙古政权的领地内也是允许的。各地的蒙古统治者们相互提供人才、信息、技术，补充自己的不足，使其为自己的统治服务。欧亚大陆各地被引向多种族、多文化并存的社会，这一结局不容忽视。

从13世纪的最后三十年到14世纪后半叶，整个欧亚大陆呈现出一派异常活跃的经济和文化发展的气象。例如世上所说的“意大利文艺复兴”，就是在威尼斯、热那亚、比萨等海上贸易城市繁荣的背景下，东方贸易所带来的财富和自由博爱的时代精神得以发扬的结果。难以否认的是，只有在蒙古时代这一切才能实现。将那个时代的即使在今天看来也是难能可贵的长途旅行和活动留传给今世的一些人物，广为人知。马可·波罗的故事，被认为是出自多人之手的合成作品。而真实存在的伊本·拔图塔的见闻录，在相当程度上很可能也具有不少合成作品的成分。但是不管怎么说，毕竟留下了记载。也许，留下记忆的人们只是在通风良好的蒙古时代往来于欧亚大陆东西方为数众多的佚名旅行者中的一少部分而已吧。

全球规模的自然灾害与通向后蒙古时代之门

大致从14世纪20年代开始，欧亚大陆各地由于长期的气候变化，不仅导致干旱、饥荒，甚至想象中的地震、大洪水等地壳运动现象也不断发生。在西欧和西亚还爆发了鼠疫。

受到全球规模之天灾的持续和直接的影响，各地的蒙古政权纷纷出现动荡，蒙古的统治逐渐走向解体。在蒙古的统治下处于维持着空前和平和繁荣状态的欧亚大陆东西方，形势开始大幅逆转，重新滑向“被封闭的世界”。

在旭烈兀·兀鲁思，第九代君主不赛因于1335年去世，阿里·不哥的后裔阿儿巴·怯温即立，王统从旭烈兀系旁落。以此为契机，支撑旭烈兀·兀鲁思的札剌亦儿、孙都思、斡亦剌等势力强大的部落各自拥立已成手中傀儡的成吉思汗系王侯，展开争夺，札剌亦儿、孙都思两部独立。以札剌亦儿朝为首的蒙古·突厥系的地方政权开始割据，历时长久的蒙古统治的垮台过程，一直持续到萨法维朝的出现。

在察合台·兀鲁思，逐渐分成了两部分，一部分是在东部的伊犁河谷继续游牧生活的人们，另一部分是在西部的马瓦拉痕那尔过着城市生活的人们。双方之间互相看不起，统一很快不复存在。在东部，由于刚刚即位不久的也孙·帖木儿于1338年至1339年左右被杀等事件，实权落入朵忽剌惕部手中。在西部，局势也陷入了分裂和混乱。其间，在东部自称为都哇后裔的脱忽鲁黑·帖木儿现身，向马瓦拉痕那尔发起进攻，仅一时统一了东西部。最终，在西部出现了帖木儿，在东部则由脱忽鲁黑·帖木儿之子亦里亚思·火者及其后嗣继续统治着称为蒙古斯坦（波斯语指蒙古之地）的游牧王国。

在术赤·兀鲁思，只因更好地保持了草原游牧国家的体制，才没有像上述两个兀鲁思那样剧烈地衰败，但是莫斯科大公国却在境内的罗斯之地开始缓慢发迹。在正统的别儿迪·别克（1357—1359年间在位）之后，术赤家族的王统发生混乱，整体的团结变得松散，在若干“集中”的游牧联盟的基础上分别形成了几个权力体。从东部起来的脱脱迷失（1378—1406年间在位）与帖木儿开战，但屡战屡败。其后，统一迅速衰落，各个王家的并立状态得以固定。喀山、阿斯特拉罕等在伏尔加河流域保持“集中”的集团，至16世纪中叶被并入莫斯科大公国，以此为契机，莫斯科大公国开始向莫斯科帝国乃至俄罗斯帝国发展。

不久，俄罗斯就像步术赤·兀鲁思的后尘一样，这回是向东方逆行而来，获得了很大的进展。庞大的俄罗斯帝国在很大程度上依赖于蒙古的遗产。另外，在克里米亚半岛的分支克里木汗国在奥斯曼朝的庇护下得到繁荣，一直维持到法国革命爆发前夕的1783年。

自然灾害和叛乱起义的连锁发生

在大元兀鲁思，身为“天历之乱”的胜利者但却不过是个傀儡的文宗图·帖睦尔，即位仅三年，于1332年八月去世，享年二十九岁。他的英年早逝与暗杀胞兄所带来的精神压力也有关系。把握实权的燕·铁木儿拥立和世㻋年仅七岁的次子懿璘质班，但是他在位仅四十三天就去世了。于是朝廷决定迎回被流放在广西的和世㻋的长子妥懽·帖睦尔。燕·铁木儿曾表示不赞成此举，但是就在那时他死去了，妥懽·帖睦尔遂于1333年七月即位。从他即位到蒙古退出中华本土，其间共三十五年，而作为蒙古皇帝他在位时间最长，共三十七年。

顺帝妥懽·帖睦尔的统治，被渲染为多宫廷斗争和民众起义，认为其政治一塌糊涂，长久以来受到一致的批判。但是，很多说法是由明朝或在明代造出来的，真实情况还不得而知。

从1342年起，黄河开始大泛滥，几乎每年河南、山东、淮北都发水灾。粮食颗粒无收，一片人吃人的人间地狱景象。1349年，脱脱领衔的中央政府听从贾鲁的奏言，决定将黄河恢复北流，

1351年四月起，令贾鲁负责大规模的治水工程。从河南征集了十五万民工和两万名士兵，突击施工，到十一月完工。

51 元末中国的武装力量

然而，由于治水工程的人员强征以及连年的水灾和饥荒，民众的苦难已经达到了极点。死尸相枕，横卧于野。在这种情况下，农民揭竿而起。刘福通等人拥戴白莲教教主韩山童，造出舆论说他是消除天下大乱拯救众生的弥勒佛转世。韩山童身为那个秘密结社的头目，能够召集到狂热的信徒。

叛乱计划按步骤实施着，可是就在举兵前夕的1351年五月，事情败露，韩山童避之不及而被杀。刘福通等人举行暴动，参加民众发展到十余万。他们头扎红色巾带作为标志，因此被称为红巾军，长江以北地区响应者不断涌现。这些叛乱军队相互之间几乎没有什么联系，与讨伐军各自为战，总是被各个击破，终于在1363年被彻底镇压。但是也就在这期间，江南之地出现了陈友谅、朱元璋、张士诚、方国珍等人的割据。

余录

14世纪的小冰河期阅读蒙古时代的东西方文献就会注意到，进入14世纪欧亚大陆各地不断发生气候异常等引发的各种天灾。就具体情况而言，尽管因地而异存在一些偏差，但是不得不承认从14世纪10年代起"异常事态"持续了长达六十至七十年的时间。蒙古时代在欧亚大陆大交流的耀眼光芒中，迅速蒙上了阴影。蒙古帝国解体的最大原因，此前我曾考虑其实首先在于这样的气候异常，而环境研究得出的数据正在逐步证实这一点，说实在的这令我感到十分欣慰。自然科学的数据对历史研究缺之不可。目前，数据还只能达到五十年左右的精确度。也就是说，只能在大趋势的分析上发挥作用。今后需要进一步提高这一精确度，对时间和空间同时做出精准的了解。即便是现在的数据，也的确已经证实了"危机的17世纪"的存在。历史研究和环境研究，或许就是在相互验证数据的过程中前进的吧。

忽必烈王权的落幕

通过海运和大运河，江南的物资源源不断地运往大元兀鲁思的首都大都。然而由于占据浙江的方国珍和占据淮东、江苏的张士诚的阻挠，江南的物资已经无法运抵。占有中央财政八成的盐的专卖收入也陷入危机。而且成为国际贸易基地的江南沿岸城市相继失守。忽必烈所创建的经济体系本来以江南为主，但是现在那里已经失去了作用。

1345 年，掌握大元兀鲁思实权的脱脱决定亲自南伐。当时脱脱为了炫耀自己的权威，组编了过于庞大的军队。凭借这种占绝对优势的力量眼看就要消灭张士诚军，然而在这一当口军中却发生了与朝廷串谋的武装政变。脱脱被俘，失去总指挥的大元兀鲁思军四散而退。其后，大元兀鲁思的中央政权就失去了总领一切的人物，几个派系的首领在朝廷内外展开争斗，平定江南已不可能。

江南诸势力自身的实力，本不值一提，但是它们却很幸运，靠着大元兀鲁思政权的“自毁”而得以生存，并就长江流域的霸权展开了争夺。1363 年，朱元璋逆转，战胜了陈友谅。就此，大势已定。此前一年，曾将自立为皇帝的白莲教教主韩林儿揽入庇护之下的朱元璋，当上了整个红巾军的首领，他又暗杀了韩林儿，打败张士诚和方国珍，控制了江南地区。

1368 年，朱元璋改金陵为南京，于其地即皇帝位。明朝的北伐军开始北上。疲于连年天灾和歉收的华北地区各城，大多不战而降，明军兵临大都城下。山西军阀扩廓·帖木儿和其他蒙古各军团不去救援，皇帝妥懽·帖睦尔携大元兀鲁思的宫廷、政府和军队北奔上都，再退应昌。明军进入大都城，烧杀抢掠，一派野蛮行径。与蒙古兵不血刃进入杭州城相比，形成了鲜明的对照。通常的中国史以此为“元朝的灭亡”。

但是，在接下来的二十年里，以江南为根据地的明朝和占据蒙古高原的大元兀鲁思一直处于激烈的对峙状态。双方隔华北相抗衡。在严酷的环境条件下，局势不时发生变化，趋势难定。明朝一方，经历了朱元璋滥杀朝廷要人和官吏等异常曲折的政治过程。蒙古和明朝，双方相互重复着过失。而所谓明朝于1368年一下就确立了在中华的统治的一般说法，只能是错误的。

1370年，妥懽·帖睦尔死于应昌。继皇帝位的其子爱猷识理达腊占据哈剌和林，从蒙古本土联系辽东、甘肃、云南等方面的蒙古各军团，与明朝保持南北对峙的态势。洪武帝朱元璋针对这种状况，于1372年发大军北伐，但为扩廓·帖木儿所败。单纯从军事上来说，明朝的称霸是很困难的。

1378年，爱猷识理达腊去世，其弟脱古思·帖木儿继立。不久，他计划大举反攻明朝，与掌握辽东的札剌亦儿氏的领军人物纳哈出相呼应，准备南下。假如这一计划顺利实施，明朝就危在旦夕了。可是，又是天灾和歉收袭击了蒙古。苦于粮荒的纳哈出，空拥二十万大军的绝对优势，最终还是不战而投降了明朝。这样，成了孤军的脱古思·帖木儿的朝廷和政府，1388年在阔涟·捕鱼儿地方遭明军突袭，大败。脱古思·帖木儿在逃跑途中被阿里·不哥的后裔也速迭儿弑杀。1392年左右，也速迭儿即位。

忽必烈王朝就此迎来了终结。其后，在蒙古高原上有非忽必烈系的成吉思汗后裔被推选为大汗。随着忽必烈王权的落幕，蒙古帝国这个大一统的国家，逐渐淡薄了身影，消失在历史中。

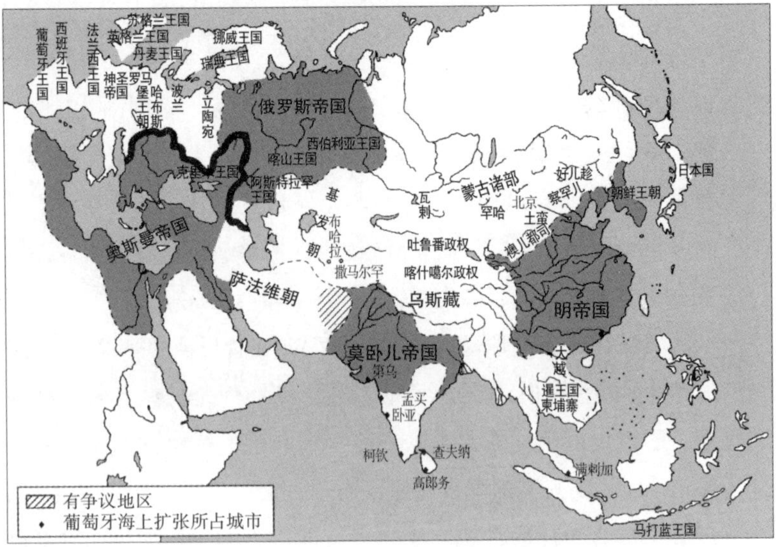

52 后蒙古时代的大帝国与欧亚大陆 1600 年前的总体形势

而掌握了中华的明帝国出于政权的立场，对蒙古以“胡元”等相称以示蔑视，自己标榜为中华，但实际上不容否认的是，它继承了蒙古帝国和大元兀鲁思多方面的遗产，始终处于其浓厚的影响之下。遗产和影响涉及国家、政权、社会、经济、文化各个方面。对此暂不作详述。不过，扩大了的中华地域和多种族共存的社会最能反映出这一点。明帝国试图将满洲地区南部和云南、贵州直接纳入版图、对包括西藏高原在内的周边地区施加影响力的做法，不外乎是蒙古时代的继续。

顺带提一句，以郑和为象征的永乐朝大航海，也不过是沿袭了忽必烈以来的航线。而且郑和的大船队也被过分夸大，动辄就说什么开始于承载量八千多吨之宝船等一系列的“宏伟之梦”。可是，如此巨大的船体是靠扬帆航行的吗？木结构船的承载量说来充其量也就四百吨级，如果超过此数，那么在印度洋的波涛骇浪中船早就彻底粉身碎骨了。对单一史料的理解偏差以及过于丰富的想象，都会催生假象。

而前往蒙古高原的人只不过是大元兀鲁思中的一部分而已。那些人们并不一定都是所谓的“蒙古人”。但是这些各种各样的人，逐渐形成民族意义上的“蒙古人”，他们横跨戈壁南北的居住地成了名副其实的蒙古高原。而且，蒙古帝国的记忆产生了很多有关成吉思汗的传说，成为大清国建立的无形力量，但是也将为即将到来的“现代化”的风暴所吞噬。

结语

通向全球化时代之门

回首六百年

从安禄山举兵到蒙古帝国解体，经过了六百多年。中华和欧亚大陆，都发生了大变化。首先，中华发展巨大了，而欧亚大陆从陆地和海洋两个方面打破“文明圈”的框架实现对接，形成了一个系统。中华和欧亚大陆的联动，是确凿的事实。

换句话说，中华不是一个“封闭的世界”。实际上，原本就是一个开放空间的中华，经历了这六百多年后，更加鲜明地变成了一个“开放的世界”。虽然在唐初形成短暂的“世界帝国”前后，也可以看到这样的情况，但是只有到了与“时光”共进、形成全无草原和中华之界限的名副其实的世界帝国蒙古，整个欧亚大陆才基本上成为一个开放的世界，一时打开了远远超越陆地和海域界限的往来和交流。作为其支撑的核心地区，无疑是中华。这不能不说是整个中华史上引人注目的事情。

中华所积累的各种各样的智慧、技术、手段，很多都在蒙古时代得到了进一步的提高，然后被散布、传播到世界上。常说的火药、枪炮、指南针、印刷术等自不待言，纸币的使用、以银本位核算的经济、产业型社会、海洋和航海的组织化、跨国境自由通商等，总之资本主义特征的事物，也从这一时期开始了“世界化”。另一方面，中东以西的知识、学术、思辨和技能也整体进入中华。显然，人类史和中国史在这六百多年间都大大地向前迈进了。

可以说，这是人类史上头一回实现了整体统一的“时代”。也可以说它是欧亚大陆世界史上的一个终点。同时又是开启下一阶段全球化时代大门的起点。

国家与权力的形式

那么，假如从“国家”或“权力”的角度来审视这六百多年的“时代”，结果会如何呢？如果非常宏观地用一句话来概括，那就是从割据走向大统一。也就是说，从诸多“王权”的割据状态逐渐走向集中，达成特定的若干“国家”的共存，经过依据条约关系而形成稳定的过程，进而转变为巨大的单一的“帝权”。也是草原和中华超越生态系统和种族界限、被统一于可称为“多元复合超域帝国”这样一个巨大网络中的过程。

回顾中国史，即使长达约四世纪之久的前汉和后汉时代，实际上也不是单独存在的“王权”。北方一直存在着其他系统的匈奴国这一“王权”。两个相互对抗的“封闭的帝国”同时存在。

双方都灭亡后，再次形成经历北魏至隋、唐的长时间的“拓跋国”时代，即使在那一时期，北方也仍然存在着柔然和突厥。

“瞬间世界帝国”的状态，首先是由突厥实现的。紧接着，唐朝初年唐与突厥的从主关系被逆转，出现了“瞬间世界帝国”，然而都仅限于一种靠相当松散的间接统治或名义上的统治而达成的“大帝国”的状况。一旦间接统治削弱，“帝国”的范围就立即缩小。在这种情况下，不容否定的是，所谓支撑唐帝国的实际军事力量，其实主要是由超种族的多元部队在发挥着“实战力”。

“其后”即安禄山之后，很多各种各样五花八门的“王权”散落于中华和草原及其周边地区，并扩展开来。就那样，自身拥有军事力量的人们，大多各自建立了独立的政权。所谓“唐代后半期”就是这样的时代。作为已成衰微之势的“中央权力”，唐政府自身不得不保有自己的一支常备军，结果只落得个“军阀”的地位。这可以说是这一环节中的现象之一。

在这样一种“战国时代”，能够脱颖而出的是擅长骑射、集体行动和迅速铺开的、拥有以部族为单位之凝聚力的骑马军事联盟。这可以说是自古从西方的斯基泰、东方的匈奴以来欧亚大陆史上的一大趋势。回鹘游牧国和吐蕃王国，是更好地结合了这种游牧型乃至牧畜型部族军的联合政权。两国解体后，成为新时代中心的契丹国和沙陀政权，也是在各自核心的部族军事力量的基础上，结成多重的联合或同盟关系而形成的。

那时，人们对于种族、人种的区别，实际上并不像我们今天所认为的那样具有强烈的意识。在契丹国，近族的奚、霫自不用说，不仅有党项、吐谷浑人，还有突厥系、回鹘系、粟特系的人，而且原本出身华北的不少人也成了不可缺少的成员。还有，不应忽视渤海系、女真系和蒙古系的人们。契丹帝国不论是在其核心权力的构成方面，还是在统治多地域的领土方面，都是个地道的多种族国家。它尽管坚持以草原地域为核心区，但既不是纯粹的草原国家，也不是一开始就一味向农耕倾斜的国家，而是以游牧部族联盟为基础，组合畜牧、农耕和城市，创建出一个进一步集中了多种族、多地域的多元复合的混合体国家。

虽然时常容易产生误会，但是所谓的燕云十六州，对于契丹国来说不是什么唯一的农耕地区。不用说辽宁平原，就是契丹本土也曾存在农耕地区。包括燕云十六州在内，契丹国土相当大的部分都是牧农复合地区，又是和城市共存的社会。契丹国创建了一个在总体上统一草原和中华之体系的新国家的形式。这是史无前例的尝试，也是开创新时代的前奏，不过它在现实当中始终没有实现对整个中华地域的统治。契丹国说来是个具有多种可能性的历史的“试作”。另外，以往一提到“契丹民族国家”等，往往容易故意将其单纯化，这不能不说是近代式的“民族”观以及“国民国家”的印象被稍稍放大了的产物。

沙陀政权的状况虽说有些不同，但是它作为混合体的一面色彩较浓。沙陀族本身原来是以突厥系为主，不过从开始就有粟特系和吐蕃系的人混居进来。他们在“定居”代北之地后，不断从当地居民中纳入“养子”和“义子”，同时也像契丹国一样吸收了突厥系、党项系、吐谷浑系等的部落，还有脱离了耶律阿保机新体制的契丹和奚等的部落。并且与占据镇州的赵王和定州的王氏为首的华北各地可称为军阀的大小“王权”结盟。沙陀作为复杂联盟的性质，甚至可以说比契丹国还要明显。只不过沙陀政权缺少明确的国家计划。只是在无休止的夺权斗争中苟延残喘，始终没有具备足以战胜割据势力的绝对军力、能够调集诸势力的新国家的形象和政治力。针对沙陀政权，很少有论及其“民族性”的，原因一方面在于这是某种“中华主义”的反映，但是如果站在中华“国家”原本超越区区“民族”而存在这一角度分析问题，就会做出恰当的理解。

不止是中华和亚洲东方，对近代以前任何地方所谈的“民族”和“民族国家”等，本身就是牵强的。迄今为止，核心权力的成员和国家的性质这二者往往容易被混为一谈。这一现象不可否认。在这个问题上，频繁被用于中国史的“汉民族”、“异民族”之类的说法和理解，怎么说也容易引起误解。对此应该予以重新审视。

作为一个政权，继承了沙陀政权脉络的北宋一开始就以和契丹国形成两“王权”并立为前提来发展自己。毋宁说正是因为如此这个国家才得以生存下来。为了从在“五代”的权力争夺战中依然保存了自己军事力量的军阀手中夺回“兵权”，北宋不得已采用所谓的文治主义作为立国的方针。这自然使国家的防御能力变得极其衰弱。不能不说“澶渊之盟”实际上是保障国家生存的划时期的“发明”。总之，北宋国的生存状态与单独的“帝权”等还相距甚远。仅北宋来看北宋，会远离史实本身。

作为部族联盟和多种族的混合体国家，在这两点上西夏国和大金国是同样的。在草原和中华之整体融合这一点上也是相似的。但是二者在国家规模和地域性方面，存在很大的差异。特别是大金国，它占有满洲地区全境和内蒙古的东半部、华北全境，在历史上首次实现了超生态系统的南北纵深的大版图。根据其正式登记的人口数目，它已拥有5353万国民，超过了北宋最为繁盛的时期。这一点不能不令人重新予以关注。从这个意义上来说，大金国有可能在继承契丹国先行“历史尝试”的基础上得到更为正规的发展。

大金国和西夏、南宋一起，共同再现继契丹、北宋、西夏三国鼎立以来多个国家并存的形式，并在相当长的时期内使其系统化，这在亚洲东方的历史上是个突出的事例，意义深远。但是反过来说，大金国作为一个“国家”，没有能够实现充分的整合和组织化。沿袭“澶渊体系”，不仅是南宋和西夏两国，就是对于大金国也同样是维持国家生存的必要条件。大金国没能迎来真正的鼎盛期，就那样消逝于蒙古兴起的波涛中，这似乎在向后世指出国家和权力的真谛所在。草原和中华的整个体系统一，将大金国的经验作为传承交给了下一代。

蒙古的印记

蒙古帝国在全面吸收包括西辽和塞尔柱诸政权等先行者的智慧、经验、技能以及其他种种因素的基础上，使一切为之一变。它以继承迄今历史和经验而一时崛起，最终却成为了实现历史统一的总合者。就是说，蒙古帝国既向陆地也向海洋发展，在历史上具体实现了前所未有的“巨大帝国”的形式和非欧·欧亚大陆世界这一整体，并使其固定下来。时代至此发生了大转折，这不仅是中国史而且是世界史的转折。

后蒙古时代欧亚大陆的总体形势，呈现为各方面不由自主地模仿蒙古帝国的四或五个“帝权”长期大范围并存的图像。即处在亚洲东方的明、清两个帝国；处在中亚和印度次大陆的帖木儿帝国和相当于第二次帖木儿朝的莫卧尔帝国；处在中东的奥斯曼帝国；处在欧亚大陆西北部的俄罗斯帝国。这些“巨大帝国”都一直延续到了近代。蒙古为人类留下了更大规模的国家统一和社会融合的道路。尽管经历曲折，直到今天中国还在继承着“大中华”的版图和多元复合的国家和社会所应有的状态。

“帝国”这一产物，现在也似乎仍然存在。而且还不止一个，从不同规模来看，恐怕有不少。这本身就是一个十分现实的问题，肯定今后还会持续一段时期，不以人的意志为转移地成为我们重要的关注点。这种状况的统治方式，使人联想到远超“国民国家”这一层面的巨大“帝国”。情况果真如此的话，那么不管怎么说世界和中国现在或许仍然生活在蒙古的遗产之中。

当站在“现在”这一“时光”的一端，回望人类史上超越时代之共同现象的“帝国”，思考其应有内涵之时，作为一个大的历史分期的“蒙古帝国”，其意义还是不得不带有特殊的色调。这深切关系到“国家”究竟是什么的根本性问题，还涉及更多方面的问题。只有这样提出问题、有针对性地提供基础、综合且确凿的数据和真实情况，才正是历史学应该承担的责任。

21世纪这一“时光”的分水岭究竟具有多大的意义，就我个人来说还不十分清楚。但是，在人类社会或地球社会这一空前的生存方式中，所有生物必须共存的时代已经到来。的确，“现在”正在迈进迥然不同于以往历史的“时光”。超越曾有文明的框架、虚心地重新观察人类的总体发展、站在人类这一角度探寻可以共有的“未来”，对于曾经没有海图就出发去航海的我们来说，应该是非常重要的吧。这样做，开始可能会被认为是绕远路，但是实际上难道不是最为确定和有效的途径吗？

附录

主要人物略传

安禄山（？—757）

“安史之乱”的主要人物。生年不详。是粟特系父亲和突厥系母亲所生的“混血儿”。中华及其近邻为粟特系所起的汉式姓，原本为“康”。就是说源于萨末鞬。由于母亲改嫁来自不花剌的“安”氏，他就叫了安禄山。禄山是粟特语 roxšan、波斯语 rawshanī 的音译，意为“光”。可以追溯到祆教的光之神。通六种至九种语言，在唐朝东北部重镇营州做贸易经纪人互市牙郎。被当地平卢、范阳节度使张守珪发现，屡立战功，接近权臣李林甫和杨贵妃，受到玄宗的恩宠。742 年任平卢节度使，751 年任平卢、范阳、河东三地节度使，掌握了唐朝东部和北部的军事控制权。与杨贵妃的胞兄杨国忠不和，755 年率“蕃汉”特征的多种族军团发动独立运动，占领了长安和洛阳。756 年以洛阳为首都，称大燕皇帝，建立了新政权。然而此后他的身心发生了异常变化，其子安庆绪担心不能继承皇位，遂将其杀害。安禄山的一生，反映了玄宗朝的社会和宫廷的实像，充满了变化和梦想，但是反过来说，也存在很多空白和谜题，其具体的真实情况，就在尚未被人注意到的唐代史料中。至少，他的存在本身就已经突破了狭小的中国史的框架。假如说出现了与安禄山及其周围有关的新资料，根据的可能是近年来惊人的考古发现。

史思明（？—761）

“安史之乱”的另一个主要人物。生年也不详。不过据说比盟友安禄山早一天出生。他的一生与安禄山惊人地相似。这也许反映出一种情绪，即从超现实的粉饰和编创的角度也好、或是从好恶的感情出发也好，都很容易把安、史二人视为一对。史思明也很可能是粟特系父亲和突厥系母亲所生的“混血儿”。从“史”可以推定，这是源自羯霜那的汉姓。本名是萃干，应该是某个粟特语的音译。和同乡安禄山一起，凭着会说多种语言当上了互市牙郎。也是被张守珪发现，而后屡立战功，于 752 年当上了安禄山麾下的最高指挥官都知兵马使，即仅次于安禄山的副将。举兵后，负责制伏位于安禄山后方的河北一带地区，与契丹族出身的唐将李光弼所率军队展开周旋。在安禄山被杀之后，没有服从安庆绪，一时投唐，但于758年宣布自立，第二年推翻安庆绪，占领了洛阳。可是与安禄山一样，在建立了政权后身心方面都出现了大的异常，被其子史朝义所杀。尽管被唐朝一方视为叛臣，但是受到属下百姓和官兵的爱戴，据说与世交安禄山一起被尊为“二圣”。安禄山和史思明所看到的世界，应该是西起伊朗、粟特，经中亚和蒙古高原、东至满洲地区和朝鲜半岛，并包括中华。真正是处在一个多语言、多种族、多文化的空间中。对此，人们往往容易将唐朝的王权作为衡量一切的价值观标准来进行评述，但是历史本身又是如何呢?

耶律阿保机（872—926）

契丹帝国的创建者。出生于主要部族迭剌部的族长家族。可称之为创业英主。虽说有关第一代统治者的记载往往难免夸大其词，不过所说身高九尺还是说明他相当魁梧。907年，在痕德堇可汗之后即位，成为契丹诸部推举下由选举制产生的可汗。从老王到“青年”阿保机的登基，或许说明契丹上下已经预见到唐室将在这一年名副其实地灭亡、更加激烈的实力争夺的国际形势即将到来吧。在这种国内外局势的背景下，阿保机对外推进谨慎稳健的扩张政策，对内不杀已成竞争对手的众兄弟，将他们或是放逐或是绥服，强化独裁权力，于九年后的916年确立了世袭制的“帝权”。从那时起一改前策，积极进行军事扩张，降服了蒙古高原和河西、天山方面的各种势力，与华北兴起的李存勖所统领的沙陀政权主要围绕幽州一带和“山后地”先是展开了两次正式的战争，后来激烈的冲突不断。同时将汉族、渤海等系的农民、城市居民迁入包括契丹本土在内的领地内，并筹划开发尚为处女地的辽东地区。阿保机与姻亲部族回鹘系的述律氏（汉式姓为“萧”）一同，靠“堂表兄弟”或“从堂表兄弟”的关系来加强政权的核心部分，起用汉族、粟特、突厥、回鹘、渤海等多种族的人来担当谋臣和行政执行官，试图打造出一个超越草原国家、中华国家这种传统模式的新的多重复合型的国家和社会。汉文史料中所说的“蕃汉”体制，实际上指的就是这种多元组织和形式。包括契丹文的创制在内，阿保机和妻子月里朵等忠诚的盟友、同族、谋臣们共同构想并向着目标前进的道路，虽然在他这一代没有走完，但是却从根本上改变了亚洲东方的历史，这一基本方向为西夏和金国所直接继承，很可能对北宋也直接或间接地产生了很大的影响。通往蒙古帝国这一人类史上划时代的大门，是由耶律阿保机徐徐推开的。这样说并不过分。更加宏观地来看，或许可以说跨地域、种族、文明、生态系统的多元复合的“巨大的中国”这一延伸至现代的道路，也是随着他的出现而开始慢慢发达起来的。

朱全忠（852—912）

五代最初的政权后梁的创建者。本名为朱温，后来接受唐朝所赐全忠之名。宋州砀山人。幼年丧父，和母亲一起艰难度日。年轻时参与贩卖私盐，868 年爆发庞勋之乱，他立即参加，接着又参加了黄巢之乱，始露头角。虽然当上了首屈一指的实权人物，但是为了谋求自立而通唐朝，获节度使之名，倒戈去镇压动乱。并继续镇压动乱后发展出来的各种势力，因而获得梁王之号。他以中华本土之交通运输的要冲汴州为根据地，在大小军阀所割据的华北和华中的政局中占据了中心的位置。他彻底清除飞扬跋扈的宦官、压制河朔地方的强势军阀、杀唐昭宗、废哀帝，终于在 907 年继了帝位。建年号为开平，改汴州为开封，立为都城。凭借雄厚的经济实力和丰富的物质基础，大力开展称霸战，压制着自黄巢起义以来一直与其为敌的李克用所统领的山西沙陀军阀。但是由于轻视年轻的晋王李存勖，于 908 年在潞州大败，接着又在河朔之地的柏乡一带交战，再败，其颓势已无可挽回。因疾病缠身的朱全忠，自身的衰弱和国势的衰败同时而至，终因卷入选嗣和情妇的问题而遭次子朱友珪杀害。站在唐朝的立场上来看，朱全忠是个稀世的恶人，然而他又是个预告新时代来临的人。对于他来说，原本就缺少像同时代的李克用、李存勖父子以及耶律阿保机那样生来即有的地盘。除了自己的才干，别无所依。他完全是自己奋斗出来的，从这一点来说纯粹可谓一代英男。当时的记载丑化他也是很自然的。不过纵观整个中国史，他作为从一介平民跻身上层的人物，可以与明朝的朱元璋媲美。一方有盐的私贩组织，一方有白莲教会，二者都属秘密结社，作为利用那里的人脉和技能发迹的乱世枭雄来说，他们在这一点上也是有共同之处的，从个人才干的角度来说，无论是灵活的经济头脑，还是进退自如的政治能力、实战中准确的军事判断力，朱全忠不都是更胜一筹吗？他的政权与稍后在中亚出现的哥疾宁王朝等相近，带有某种类似“个人公司”的特征。可是朱全忠最后还是被命运抛弃了。遇上李存勖这个不同寻常的年轻人，是他最大的不幸。朱全忠本人具有实干能力和行政手段，对于周围的人们来说他应该是个容易共事的“上司”吧。若说将亲生儿子和养子们的妻子一个个地收为情妇的放荡行为，他的确是个过于好色的人。在这一方面，日本的丰臣秀吉恐怕也有类似的问题。一代暴发户—朱全忠一直被无条件地视为“反面角色”、“坏蛋”。然而，其真实情况不是可以说明他曾是某种英雄人物吗？

李克用（856—908）

沙陀军阀的领袖。他与朱全忠之间的敌对关系，历史上广为人知。因以山西地方为根据地，故多以源于其地的封号晋王之名相称。他原本出身天山以东的突厥系部落沙陀族的首领部落朱邪氏。父亲朱邪赤心因镇压庞勋之乱有功，从唐室获赐李国昌之名，被任命为内蒙古与山西接壤的代北之地的振武节度使，率三万帐的族众从此定居其地，谋求势力的更大扩张。朱邪赤心不仅将唐朝的国姓“李”用于沙陀族长家族，而且给众多养子们也都取了这个姓。儿子李克用在讨灭黄巢军时表现突出，当上治理山西地区的河东节度使，控制了山西一带，成为华北首屈一指的军事势力，从混乱的政局中崛起。他所率领的骑兵部队，因常年身着黑色衣服被称为鸦军，令人生畏。李克用一只眼睛较小，因而又以绰号“独眼龙”著称。在唐室大势已去的形势下，与占据汴州的朱全忠对抗，尤其是围绕“安史之乱”以来形成独立势力的河北三镇的未来展开了争斗。895 年，从唐室获晋王的封号，更是以唐朝的拥护者自居，四处招摇。但是，朱全忠于 901 年占领了黄河以北的河中之地，进而进入了潞州，至此李克用的颓势已难以挽回。907 年，朱全忠废唐室自立为帝，李克用得报突发癫狂，一切都已无济于事，他只得在忧愤中抱病而死。

反过来说，一提到李克用，就会给人一种飒爽的军神和至忠的硬汉的强烈印象。不管怎么说，他都是一个具有英雄气概的名人。但是，这是所谓走向灭亡的唐朝、阴险毒辣的朱全忠、虽势单力薄但坚持孤军奋战的李克用及其沙陀将士之类的、非常程式化的固定观念的产物。这样的英雄形象，大概是在北宋以后被哄抬起来的，已经被远超现实地“圣化”了。真实的李克用，年轻时候“帅气”，但是随着年龄的增长变成了一个顽固不化、我行我素的人。自我中心、目无他人的作风，其子李存勖也是有过之而无不及。对周围的人们来说，很可能是个麻烦而难以相处的族长。不过容易受人教唆、一被赞扬顿时飘飘然的本性，让人感觉他似乎有些糊涂，讨人喜爱。他在娇宠那些粗暴的养子们和部下、取悦他们而表现为一个宽宏的“义父”时，自己也许已经沉醉于“大侠”般的心境中了。他之所以有人缘，原因或许就在于此吧。李克用的传说，中华和草原都留有痕迹。在蒙古帝国，作为皇室的姻亲王族而繁荣一时的汪古部，以信奉聂思脱里派基督教而著称，他们似乎认为李克用是自己的先祖。从他们的固有领地阴山一带稍向南，在山西北部自己的“属地”内建有晋王李克用的祠堂，将他作为自己的“先祖”虔诚地奉祀着。纪念此事的碑刻得以流传后世。里面保存着历史上曾经真实发生的事实和在历史的进程中后来被演绎的另一个事实。

李存勖（885—926）

沙陀军阀的第三代族长。李克用的长子。按照中华式的说法，是五代的第二王朝后唐的第一代（首领）。不过那只是表面上的事，其实他的家族世系和权力终止于他这一代。908 年，父亲病逝，在敌人朱全忠的后梁政权企图吞并沙陀军阀的紧急关头，二十四岁的李存勖即晋王位。他安抚了部内因王位继承引起的不稳局势，从根据地太原出发，以处于劣势的兵力突袭布阵于山西南部潞州的后梁大军，取得了戏剧性的大胜利。陷于窘境的沙陀因此获得了喘息的机会，而朱全忠卧病不起的后梁一方反倒转为守势。接着在柏乡一带的战役中，李存勖所率沙陀军再次获得了大胜利，其后的华北局势就由沙陀掌控了。对于推翻自称燕王的刘氏军阀、与河朔之地的强势军阀们结为同盟关系的李存勖来说，自父亲李克用时期以来一直分驻南北、由阿保机统领的契丹国，才是最大的威胁。沙陀政权和契丹国之间的军事冲突，从 916 年起持续了数年，其中的两次正式交锋，因沙陀一方的死守，以契丹国的败北而告终。要说其真实情况，实际上双方都被困在了河朔之地，沙陀一方好不容易才避免了灭亡。这种说法应该更接近事实。923 年以后，似乎总算与阿保机之间再次进入了平静的各自发展当中。契丹国将兵锋转向蒙古高原和河西方面，大大扩展了间接统治的区域，确立了草原世界的霸权。而李存勖凭借沙陀联盟军的力量于 923 年即帝位，改国号为“唐”，接着灭了已成衰势的后梁，成了华北名副其实的霸主，又很快吞并了华中、陕西、四川的各个王国。

就在中华的统一即将来临之际，皇帝李存勖精神出了问题，状况迅速下滑。在首都洛阳一带，每日沉溺于歌舞音律之中，几乎成了一个游玩之人。他一面和从父亲时代起就支撑沙陀政权的养子们反目，一面又再次起用宦官（唐朝的恶弊，本已被朱全忠彻底清除），把政事完全交给他们。朝廷内外的信赖和期望，迅速变成了失望和怒气。更加严苛的横征暴敛加重了百姓的苦难。于是，河北爆发了兵乱，众多养子当中德高望重的李嗣源被叛军拥立为首领。皇帝李存勖只是做出个出击的样子，然而逃兵接连不断，穷途末路之中他被贴身侍卫所杀，是不折不扣的自取灭亡。李存勖死后，六十岁的李嗣源为了收拾残局，不得已地即了帝位。有人建议另立国号，被他拒绝。李嗣源仍然胆敢以“唐”为国号，是因为不想被人当做叛乱者而实施的苦肉计。接下来的一段时期通常也称“后唐”。那不过是仅从王朝名称的角度来考虑的名分而已。实际上，沙陀族长家族就此已经灭亡。显然这个政权已经终结。李嗣源及其一族建立的又一个短命政权，是沙陀旁系所建的其他政权。这样的结果催生了沙陀内部的对立和野心，引发了本为养子同伴们之间更为激烈的争权夺利。不仅如此，所谓“五代”这一概念和出发点，本身就有些牵强。在对 13 至 14 世纪左右的中华历史的讨论中，一般的看法是把这一时期所有的政权笼统地称作“伪朝”，不认可任何政权为“中央政权”。对此应该引起注意。

回顾李存勖四十三年的生涯，其中二十四岁之前是沉溺于歌舞音律的“纨绔子弟”时期，然后是至后梁灭亡前十五年间阿修罗般急风暴雨似的“奋斗”时期，最后是三年左右的难以置信的“自毁”岁月。总之，作为一个人来说，他的身上包裹了太过强烈的光和影。因此，或许可以说军事天才和政治外行这极端的两面，同时集中了在他一个人的身上。然而真实情况究竟如何呢？而且关键的是李存勖本人又是如何想的呢？比父亲更具军神形象的李存勖，其无数次的奋战也常常伴随着盲动和自灭的危险。实际上恐慌一直围绕在他的身旁。而歌舞音律是他一生的朋友。在可以称为“毁灭之美学”的氛围中，也许李存勖时而紧张时而松弛地始终活在每一个具体的场景中吧。另外，他浑身散发的突发狂热的气息，在他父亲李克用的身上也能看到。这对父子身上都散发出的不寻常的“某种东西”，很可能打动了后世人们的心，令他们兴奋、令他们感动。比起愚蠢地自取灭亡的儿子李存勖，这一点更集中地反映在死于悲运的父亲李克用身上，他不是不久就作为跨时代和地域的英雄形象而被抬高了吗？

耶律突欲（899—936）

以东丹王之名著称的契丹王子。是个命运多舛的人物。突欲又音译为图欲，汉式名为倍，是契丹帝国创建人耶律阿保机的长子。据说自幼聪颖好学。尤其主张在佛教盛行的契丹尊崇孔子和儒教。平常的褒奖话语，在他那里成了悲剧的伏笔。在父亲耶律阿保机确立世袭“帝权”的916年，他成了太子。那年他十八岁。这件事也成了他不幸的诱因。

年轻时就参与父亲的国家建设事业，在军事上也曾参加对达怛和党项的远征，率领先锋军，积累了实战经验。922年，代父亲总领华北进攻战，遭遇沙陀之晋王李存勖的冒死突袭，无奈撤兵。接着，当阿保机大举西征之时，留守首都上京临潢府。在收降渤海国的战役之时，建言应一鼓作气直接攻打其首都忽汗城。926年阴历正月，与弟弟尧骨共率前锋军，按照先前的建议攻打了渤海国的都城。之后受父亲新赐“人皇王”的称号，当上了渤海国所改东丹国的主人。

但是就在征讨尚未归附之原渤海国地方势力的关键时刻，同年七月发生了父亲阿保机在国境线上突然去世的变故。失去了最强后盾的突欲，命运以此为界急转而下。突欲虽然被册立为皇太子，但是又另外当上了东丹国王，这使得整个契丹国王位继承人的问题变得暧昧、模糊不清。阿保机没有再次明确指定继承人之事，也对突欲造成了不利。阿保机去世后，突欲的生母月里朵独掌契丹国大权，比起少年老成、自以为是的长子突欲来，她更喜欢单纯直率、勇猛果敢的次子尧骨。是选择可为统治者的突欲还是选择可为征服者的尧骨，就连以聪慧、刚毅著称的月里朵也确实犯了难，犹豫了一年多之后，最终确定了爱子尧骨。

这样一来，身为半独立国之东丹国国主的突欲的境况就变得非常微妙了。当上第二代皇帝的尧骨，以原渤海国境内不安全和实际开发辽宁平原为借口，将兄长突欲及其东丹国的政府和百姓迁往辽阳一带，令人严格监视其兄。受到亲生母亲和弟弟所把持的契丹国朝廷公开的不平等待遇，突欲在辽阳建起书楼，佯装隐士，又在辽西地方的灵山即医巫闾山的山顶上修建了望海楼，内藏万卷书，以韬光养晦。

得知这一情况的沙陀第二王朝的李嗣源，认为是动摇契丹国坚实基础的良机，遂从海上给突欲送去密信，邀他过去。满腹不平的突欲接受邀请，于 930 年渡海，在华北的入海口山东半岛的登州上陆。对身兼契丹王统之正嫡和东丹国王的重要人物“流亡”，李嗣源大喜，以天子之礼相迎。李嗣源先将李存勖的遗孀夏皇后封为“正室”赐给突欲，劝其改姓为东丹、改名为慕华，最终还是以国姓“李”相赐，称他为李赞华。这一切都是在做戏。后来又任命他为滑州节度使，实际上是以藩王相待的。

933 年，随着李嗣源的去世，第二次“后唐”政权陷入混乱，养子李从珂杀其亲生儿子李从厚，称帝。这时，突欲向身在北地的胞弟即契丹国皇帝尧骨送去密报，劝其出兵中华。这也是突欲不可思议的地方。尧骨听从兄长之劝南下，协助太原的石敬瑭摧毁了“后唐”政权。936 年，进退两难的李从珂决定在洛阳自杀，召突欲前往。身在开封的突欲拒绝应召，被李从珂派来的刺客所杀。时年三十八岁。

突欲精于阴阳、音律、医药，用契丹语、汉语写得一手好文章，还是非常优秀的画家，的确是个杰出的文人和读书人。但是在另一面，他又非常急躁、动辄杀人。奴婢和妻妾们稍有过失，就会被劈身烧死。据说他在中华本土娶的正室夏氏就因恐惧而乞求落发为尼。

突欲是个充满矛盾的人。他的多才多艺是无可否认的。作为契丹的一介武夫，能够具有此等的文人才能，即便在当时的整个草原和中华也是少见的。不过，就像其流传至今的绘画所反映出的那样，虽然技巧高超，也有灵感，但是总觉得哪里缺少些什么。即缺少力度和强烈的个性。总的来说仍不失为“好”画。这种不足和不彻底感，或许正是他性格特征的反映。这样犹豫不决的性格，使他的人生半途而废。而处在犹豫不决中的暧昧人生，逐步带他走向人格分裂。所谓嗜杀大概是他去到中华本土以后出现的。或许尽管受到“后唐”政权的热烈欢迎，他仍然感觉有所不满，遂陷入精神不安之中。对祖国契丹的思念，似乎始终难以割舍。

成吉思汗（1162？—1227）

蒙古帝国的创建者。本名为铁木真。关于其生年，多语种的东西文献中记载不同，另有1155年说、1167年说等。其实，成为颇具权力之人以前的“前史”总是被迷雾所笼罩。现在所说的蒙古高原，在突厥系、蒙古系的各种游牧部落割据的12世纪后半叶，其东北部活动着蒙古部。铁木真出生于其中孛儿只斤氏族的乞牙惕部落的一个家族。父亲是也速该，母亲是月伦。也速该也是个游牧首领，但并不是什么大部落的首领。他被记载为自幼丧父，与母亲艰难度日。在后来蒙古帝国统治时期完成的传说、记载和史书中，都有各种苦难和危险接二连三降临铁木真一家、他们成功地战胜那些苦难和危险的内容。然而无法确定到底多大程度上是史实真相。总的来说，这种所谓艰难时期的故事，大概是被当做从后世的角度重新对构成蒙古帝国之核心的游牧民联盟的形成方式及其过程进行定位的“功绩簿”，粉饰加工出来的。可以确认的是，至1202年左右，铁木真控制了蒙古高原的东半部地区，1204年又吞并了乃蛮部所掌握的西半部地区，完成了高原的统一。1206年，在斡难河源头召开忽里台即位，称成吉思汗，同时以属下的部民建立“大蒙古国”。这是蒙古帝国的开端。其后，成吉思汗在1227年去世之前几乎生活在对外远征的征途中。在这一过程中可以看到周密的计划性、事前调查和几近完善的准备。就是说，战前即做好能胜则战或不战而胜的设计。例如对阿富汗斯坦的作战，大多数情况都是如此。此外，关于成吉思汗时期的远征，还存在许多尚不清楚的地方，需要对各文种的史料进行核检。不仅如此，包括成吉思汗的形象在内，无疑还面临着谜团和空白。对于蒙古帝国，成吉思汗时代可以说“英雄传说”的成分颇为浓厚。而真正符合史实的成吉思汗传，实际上还未出现。

蒙哥（1208—1259）

蒙古帝国第四代大汗。成吉思汗嫡四子拖雷的长子。在他一代，蒙古帝国的陆地版图几乎达到了最大规模。蒙哥首先跟从父亲拖雷（成吉思汗的爱子，本应被拟定为汗位继承人）出征，去消灭逃往黄河之南的金国，经历了1230年的三峰山之战。紧接着，由于父亲的突然去世，他成为拥有蒙古帝国最多部众的拖雷家族的首领，年纪轻轻就身居要位。1236年，以副帅的身份率领拖雷家族的大军参加以术赤家族拔都为总帅的西征，在进攻高加索地区时取得胜利，不久，与拔都不和的窝阔台庶长子贵由接令返回蒙古本土，当时他一路督行。此时，恰逢窝阔台去世，1246年贵由在母亲脱列哥那的一手操作下幸运地即了汗位。蒙哥肯定心存不满。1248年，贵由为征讨拔都而西行，途中被拔都派出的刺客所杀。蒙哥立即与拔都携手，欲将帝国之权夺入手中。前后两次召开忽里台，确立了自己的帝位。1251 年，制定了新政权的方针大计。即，将按台山以西的西北欧亚大陆分封给以拔都为代表的术赤家族；分别将次弟忽必烈派往中华方面、三弟旭烈兀派往中东方面，以使帝国的版图向东、西两个方向扩展。在蒙哥及其谋臣们的手中，显然已经描绘了征服世界的图景。旭烈兀的西征基本上进展顺利，但是忽必烈对中华方面的经略并不顺利，除了当初征云南，围绕对南宋的策略，期望速战速决的皇帝蒙哥和主张持久战的忽必烈之间产生了不和。做事果断的蒙哥决意亲征，甩开忽必烈亲自出发去四川前线。但是负责汉水方面的斡赤斤家族的塔察儿早早撤兵，这样一些意外事态打乱了整个作战计划，而且四川盆地的山城和酷暑也困扰着蒙哥的部队。虽有暂时北还的可能，但被蒙哥拒绝，继续留驻四川。这时传染病袭来，蒙哥本人也染病倒下，死于合州附近的营地。统治着大半个世界的皇帝突然死于前线，这一非常事态使蒙古帝国遭受到剧烈的打击，形势急转直下。假如没有蒙哥的突然去世，帝王忽必烈和大元兀鲁思是不可能出现的。蒙哥之死，成为蒙古帝国史上最大的谜。

蒙哥本人是个能讲几个国家的语言、热心于欧几里得几何学的奇人。东起开封、四川，西到斡罗思和高加索等地，大概所有古今帝王中没有像他那样足迹广泛的人。话语不多却富于决断力和行动力，就是作为军事将领和政治家也是个大人物。可是，他又自恃过高，缺乏忍耐力，这是灾难性的。即位之际残酷镇压对立面窝阔台系和察合台系，也是其过于果断的性格使然。为此，普遍潜藏着对蒙哥的仇恨。这些因素驱使他亲征四川，最终招致意外身亡。总之，他那刚毅和务实的作风，不免令人产生一种既为男儿理当如此的感觉。可以说他是一位充满神秘魅力的人物。

忽必烈（1215—1294）

蒙古帝国的第五代大汗。大元兀鲁思的第一代皇帝。拖雷的嫡次子。蒙古帝国分为忽必烈登极前和忽必烈登极后两个时期。之前是陆上帝国时期，之后是陆海世界帝国时期。关于他的事迹，请见正文，这里只想谈谈他的人品和作为家庭成员的形象。从忽必烈推进宏大且周密的新国家建设事业、合理使用和安排不同种族人的用人技巧中，人们容易把他视为一个老奸巨猾的人。也或许是因为他那胖胖的身材给人以这种印象。他并非没有这方面的特征，正像蒙古人称呼他为“薛禅汗”即“贤明帝王”的那样，他首先是个绝顶聪明的智者。虽说他灵活使用着不同种族操不同语言的智囊团，但是最终决定权在他手中。先是认真倾听他人的意见，经自己深思熟虑后再做出判断。实际上不太要手腕，因为不喜欢。他还有某些和兄长蒙哥相近的地方，一旦认为必要就会不辞辛劳地亲征、打头阵。在军事上，毋宁说忽必烈过于严厉，导致迫不得已举旗造反的事情发生，因为惧怕忽必烈的严惩，有人即使想投诚也不敢在他生前来降。帝国的内讧在忽必烈去世后迅速减弱，原因之一就在于严厉的忽必烈已经不在了。忽必烈虽然性格并不急躁，但是对于在推进自己的计划和构筑体制中消极应付的人们是绝不容忍的。

或许是因为这种性格的影响，被相应地安排负责其新国家建设事业各个部门的儿子们，为了报答父亲的期待而努力，然而不是由于父亲过于伟大就是由于期望值过高，其嫡长子朵儿只早逝，次子真金因当上皇太子而感到压力太重，三子忙哥剌不堪所用，四子那木罕虽气度不凡但见异思迁、性情温钝。庶子忽哥赤、奥鲁赤、脱欢等人也都明显存在缺点和败绩。忽必烈的儿子们没有享受到王和王子应有的悠然自得的生活。父亲胸怀的目标过大，并为之倾注全力奋斗，或许儿子们对此感到吃不消。也可以说是拥有“能人老爸”的不幸。忽必烈晚年，儿子们已先他而去，他只能和孙辈们并立阵前。对于蒙古人来说，八十岁已算高寿，但是对忽必烈个人来说，也许并不十分幸福。他与正室察必皇后情深意笃，在察必在世期间常常倾听她的意见。不想还在新国家建设的中途察必就去世了。为超出人类智慧的某种目的而走过的人生，实际上也许就是一种寂寞的人生。

历史关键词解说

民族与部族

关于“民族”一词，存在各种不同的说法。基本说法认为这是一个作为英语、法语、德语之 nation 的译语出现在近代的新造词语，在汉字文化圈得到广泛使用。本来是指构成“国民国家”（nation, state，这一观点本身是近代西欧国家创造的“心之幻影”，这一点在本书中也有涉及）以及“国民社会”之基础的“人们的集团”。就是说，与“国家”或“国民”的所指本来是非常接近的。然而，对于包括生活在日本列岛的人在内的、非常朴素地以汉字这一独特文字的印象来联想的人们来说，“民族”与“国家”、“国民”之间有着很大的区别。那么“民族”果真是个恰当的译语吗?

随着“国民国家”从被视为耀眼夺目的近代世界之目标到被认识到不过是连当事的西欧各国也质疑的假象乃至某种幻想和推理，有关民族的其他解说就出现了。即以文化之共有为基础的 ethnos 或 ethnic group 说。在这种类型中，民族的语言可以超越时空适用于任何情况。也基本上不论集团规模的大小。尽管是民族学、人类学范畴的术语，但是因为不妨碍交流，所以在历史学领域也逐渐得到了广泛的应用。总之，“民族”应该是有两种所指。具体场合中是用作国民、国家之义还是 ethnic group 的同义语，还要根据使用者说话的角度来定。照实说，二者经常被混用。虽说大多数人是无意识地混用，但也不是没有故意为之的情况。尤其带有政治意图的情况令人注意。用同样的造语表达完全不同语种的原词和概念，本身就是奇怪的事情。由此产生的误解、错觉、混乱和负面影响，日、中两国绝不可熟视无睹。只是包括误解在内，“民族”也已经成为固定用语。其实，也许使用另外的译语或者直接使用原文用语会更好。

回顾历史，只能说“民族”这一用语在中国史上的用法非常不严谨。例如，所谓的“汉民族”是指什么呢? 这样确切的“集团”在历史上究竟是从何时开始出现的呢? 孙文曾经以“中华民族”这一词汇来代表国民国家建设的主体，但是毕竟距离现实太远。在现今的中华人民共和国，所谓“多元一体”的说法已经成为无论是政治上还是学术上正式的口号。社会史学家费孝通，寓居美国的考古学者张光直、持赞同意见的国内考古学者苏秉琦等人，可以说是这一观点的创始人。坦率地说，比起日本的中国史学者，中国学者更是简单地认为中国或中华这一历史体从一开始就是由多元构成的。现在尤为如此。在日本的中国史研究中“汉民族”及其反义词“异民族”的频繁使用，甚至可以说是一大特点。其中是否反映着日本这一独特历史体所保有的民族印象呢？顺带说一下，在现今中国所说的“某某族”这一表述方式中，大概是用作 ethnic group 之义吧。“少数民族”这一非常普及的说法，大概也是用作同样意义的宽泛的说法吧。只是，当我们说到“藏民族”、“蒙古民族”时，这个“民族”究竟属于上述两种用法中的哪一种呢？还是同属于两种呢？

与近代的造语“民族”相对，自古文献中就见有“部族”一语。文献中也常见“某某部”、“所部”、“部落”等类似的说法。“部族”之语的所指，无论是存在方式还是内容和规模，都不尽相同。不过，与概念模糊的“民族”不同，“部族”是在历史上扎实留有明确形体和存在痕迹的。而且关键在于，以俨然存在的“部族”为母体，经过多重组合，形成可称为部族联合、部族联盟、部族联合国家的存在形式，由此屡屡推动历史的前进。例如在中国史上，从所谓的五胡十六国时期到“拓跋国家”的发展，接着到本书所涉及的8—14世纪，以及后来产生大清帝国的满蒙汉联合体等，都是由拥有军事力量的部族单位以各种方式聚合在一起，推动了时代和社会的发展。况且，如果放眼中央欧亚大陆乃至整个非欧·欧亚大陆，莫如说近代以前这样的存在方式很普遍。在观察人类史上所谓的国家时，这是一大关键。

另外，在人类学等领域，“部族”被用作英语 tribe 的译语。又将“氏族”用作 tribe 的下层单位 clan 的译语。但是，部族和氏族都是原文文献中使用的“原语”。这两个用语之间本来不存在明确的上下统属关系。

至于本书中“民族”和“部族”的使用，原则上一般不使用“民族”一语。这样做显然是为了不致引起某种误解。例如，说到 Uighur 民族时，必须从历史的脉络做清楚的解释：历史上的回鹘和现在主要居住在中华人民共和国新疆维吾尔自治区的自称维吾尔族的人们之间，基本上不存在直接的关系。还有，关于上述“汉民族”的说法，与这一称呼相称的那种实体，在中国史上到底是何时出现或形成的呢？这本身恐怕就是一个根本性的大问题。这是一个应当超越时代、从正面展开多角度综合性分析和研究的问题。如果这样做的话，就确实没有必要使用什么“异民族”等包含特定价值观的、不可思议的用语了。相反，还得使用“部族”之语。应注意逐个准确把握历史上所出现的各种各样的部族、处理个体与全体之关系的方法。这样的尝试，可以说还几乎没有人做过。用不着引证中东地区部族的例子，即使是现在部族这一形态还存在着。也就是说，不论世界史还是中国史，也不论历史上还是现在，实际上以“部族”之语涵括的内容具有不同于“民族”之语的意义，这是今后需要研究的一大课题。

帝国、国家、兀鲁思

本书特意分别使用了“帝国”和“国家”两个用语。所谓国家，是人类史上非常古老和普遍存在的现象。而且直至今天仍然存在。它以一定的军事力量和强劲的统治力量为必要因素形成一种权力，并相应建立支撑这一政权的各种组织、建置和机构。在这一权力的统治下，自然会有规模大小不等的人类的集团，但是将那些“民众”或“人民”概括起来称作“国家”，是统治者一方为自我辩护和合法化而使用的权宜之计和说教，不用说这是一个十分近代式的概念。

纵观人类历史，所谓国家其实一直以来基本上是指政权、政府及其周围组织。真正实现国民主权国家或是国民创建的“国家”这一美好图景的，在现今世界上还仅限于少数几个国家，这难道不是事实吗？另外，汉语所说的国家，本来是指王朝。由于在幕府末期和明治时期的日本，使用古汉语的“国家”来对译 state 或 nation 等用语，其结果导致语义似是而非的新的“国家”一词的出现，不久即逐渐在整个汉字文化圈内得到了普及。也就是说，不管是在日本还是在中国或韩国，近代以前的汉字文献中出现的“国家”一词，与近现代的“国家”显然不是一回事。这一点应引起注意。

“帝国”这一用语，全然不存在于古代汉字文献中。假如从汉语本身的角度来分析，表示唯一权力者之义的“帝”字，是绝不会和原本表示春秋时代之都市国家的“国”字组合在一起的。其实，所谓“帝国”是在江户后期，具体说即 18 世纪 80 年代的日本被发明创造出来的词，就是说它是个日本制的汉语。是根据荷兰语的原词 keizerrijk（相当于德语的 Kaiserreich），以 Kaiser 表示“皇帝”、reich 表示各个分邦之上统一的“国”，遂将其翻译成了“帝国”。当一旦了解到英语和法语的 empire 与德语的 Kaiserreich 是同义词，empire 也被笼统地统一译为“帝国”，于是“帝国”一词流向中国等地并传播开来。在日本所造欧美语之译语涌向东亚汉字文化圈的滔滔洪流中，“帝国”一词也成了中、韩等国普遍的“通用语”。属于这一类用语的“帝国主义”，情形也相同。这类例词确实很多，对于日本语在引入欧美文化中所起的作用以及给东亚各国各地区所带来的影响，从正面和负面两个方面重新展开研究，应该具有不小的意义吧。

本书就中小版图和部族层次上的权力体分别补充了一些具体情况，说明它们只能被视为非常一般的“王国”和“军阀”，如果由此构成一个统一的中央权力和与之相应的组织机构，就可以称为“国家”，如果进一步发展到超地域、种族、联盟的更高层次，就可以称为“帝国”。在这个意义上，是相当朴素、十分接近一般概念的用法。

下面，想就“兀鲁思”这一用语简单谈几句。“兀鲁思”是蒙古语，意为人类集团、部众、国民、国等等。它与突厥语的 il 是同义词，在蒙古时代及其前后的各种文献中常见 il 和 ulus 这两个同义词一同使用的现象。“兀鲁思”是一种较之土地和领域更注重人类本身的“国”的概念。欧亚大陆中心区域的 ulus 或 il 的概念，不仅有别于西欧所产生的 state 和 nation 这样的近代概念，而且与日本语的 kuni 之意也不相合。称为“兀鲁思”的人类集团，即便整体迁徙，其“国”的性质不变。作为“国”的轮廓和外框，也不一定是固定的，在某种限度内是可以变化的。这种“兀鲁思”的概念，不同于我们容易想当然地视为“固态国家”的那种一般概念，表明人类史上曾经存在另一种“柔性国家”的潮流。以蒙古世界帝国为最高峰的游牧国家体系中各国的历史，说明人类本来就存在多样的国家形式。

现代世界，归根到底是以幻想中的“国民国家”为基础单位构成国际社会。不过所谓的“国民国家”，其大小规模不尽相同，国家的建立也有自立、依靠外力、凭借幸运等不同形式，总的来说情况很乱。立刻就能形成几个“国民国家”的 super state 也不少。但是，只要不被认定为“国民国家”，即使人数众多、区域广阔的“民族”，也只能止步于巨大国家的一个“地域”内。在这个地球上，至今仍然存在着各种各样“人类集团”的形式。以很可能不足为信的“固性国家”的框架来虚构唯一的理想方式，果真是在为人类带来什么幸福吗？我们现在所需要的是，更加符合现实和实态的弹性的国家实像。

参考文献

这里仅列举在撰写本书时所参考的最主要的文献名称。另外，外文参考文献之名只好割爱。

（1）内藤湖南《支那近世史》，弘文堂，1947年（《内藤湖南全集》10，筑摩书房，1969年）
（2）宫崎市定《宫崎市定全集》，9—12，岩波书店，1992年
（3）砺波护、武田幸男《隋唐帝国与古代朝鲜》，《世界史》6，中央公论社，1997年
（4）布目潮沨、栗原益男《隋唐帝国》，讲谈社学术文库，1997年
（5）山田信夫编《波斯与唐》，《东西文明的交流》2，平凡社，1971年
（6）山田信夫《草原与绿洲》，《珍藏版世界史》10，讲谈社，1985年
（7）本田实信《伊斯兰世界的发展》，《珍藏版世界史》6，讲谈社，1985年
（8）三上次男、护雅夫、佐久间重男《中国文明与内陆亚洲》，《人类文化史》4，讲谈社，1974年
（9）西嶋定生《古代东亚世界与日本》，岩波书店，2000年
（10）李成市《东亚文化圈的形成》，《世界史读本》7，山川出版社，2000年
（11）砺波护《唐朝的行政机构与官僚》，中央公论社，1998年
（12）砺波护《隋唐的佛教与国家》，中央公论社，1998年
（13）气贺泽保规《绚烂的世界帝国》，《中国史》6，讲谈社，2005年
（14）藤善真澄《安禄山——觊觎帝位的人》，中央公论新社，2000年
（15）藤善真澄《隋唐时代的佛教与社会——在镇压的狭缝间》，白帝社，2004年
（16）藤善真澄《中国史逍遥》，藤善真澄先生古稀纪念会，2005年
（17）森安孝夫《从回鹘所见安史之乱》，《内陆亚洲语言研究》17，中央欧亚大陆学研究会，2002年
（18）稻叶穰《安史之乱时入唐的阿拉伯兵》，《龙谷大学国际文化研究》，2001年
（19）吉川真司编《平安京》，《日本时代史》5，吉川弘文馆，2002年

（20）爱宕元《唐代地域社会史研究》，同朋舍，1997 年
（21）石见清裕《唐朝的北方问题和国际秩序》，汲古书院，1998 年
（22）森安孝夫《回鹘摩尼教史的研究》，朋友书店，1991 年
（23）佐藤长《古代西藏史研究》上下，东洋史研究会，1958、1959 年
（24）竹佐靖彦《唐宋变革之地域研究》，同朋舍，1990 年
（25）藤枝晃《征服王朝》，秋田屋，1948 年
（26）周藤吉之、中嶋敏《五代与宋的兴亡》，讲谈社学术文库，2004 年
（27）砺波护《冯道——乱世的宰相》，中央公论社，1988 年
（28）岛田正郎《辽朝史研究》，创文社，1979 年
（29）岛田正郎《契丹国——游牧民 Kitai 王朝》，东方书店，1993 年
（30）斯波义信编《五代—元》，《世界史大系 中国史》3，山川出版社，1997 年
（31）三上次男、神田信夫编《东北亚的民族与历史》，《民族的世界史》3，山川出版社，1989 年
（32）护雅夫、冈田英弘编《中央欧亚大陆的历史》，《民族的世界史》4，山川出版社，1990 年
（33）田村实造《中国征服王朝研究》上中下，东洋史研究会，1964、1974、1985 年
（34）田村实造《庆陵的壁画——绘画、雕饰、陶瓷》，同朋舍，1977 年
（35）古松崇志、承志、杉山正明编《辽文化·庆陵一带调查报告书 2005》，京都大学文学研究科，2005 年
（36）佐伯富编《宋朝的新文化》，《东洋的历史》6，人物往来社，1967 年，后由中公文库再版
（37）竺沙雅章《征服王朝的时代　宋·元》，讲谈社现代新书，1977 年
（38）竺沙雅章《宋太祖与太宗》，清水书院，1975 年
（39）竺沙雅章《宋元佛教文化史研究》，汲古书院，2000 年
（40）小岛毅《中国思想和宗教的奔流》，《中国史》7，讲谈社，2005 年
（41）木田知生《司马光及其时代》，《中国历史人物选》6，白帝社，1994 年
（42）西田龙雄《西夏语研究》，座右宝刊行会，1964—1966 年
（43）古松崇志《女真开国传说的形成——〈金史〉世纪之研究》，《古典的世界图像》（古典学的再构筑 研究成果报告集），2003 年
（44）榎一雄《东西文明的交流》，《图说中国史》11，讲谈社，1977 年
（45）佐口透《蒙古帝国与西洋》，《东西文明的交流》4，平凡社，1970 年
（46）本田实信《蒙古古代史研究》，东京大学出版会，1991 年

（47）宫纪子《蒙古时代的出版文化》，名古屋大学出版会，2005 年
（48）志茂硕敏《蒙古帝国史研究序说——伊利汗国的核心部族》，东京大学出版会，1995 年
（49）陈高华著、佐竹靖彦译《元大都——马可·波罗时代的北京》，中央公论社，1984 年
（50）杉山正明《大蒙古的世界——陆海超大帝国》，角川书店，1992 年
（51）杉山正明《忽必烈的挑战——通往蒙古海上帝国的道路》，朝日新闻社，1995 年
（52）杉山正明《蒙古帝国的兴亡》上下，讲谈社现代新书，1996 年
（53）杉山正明《耶律楚材及其时代》，白帝社，1996 年
（54）杉山正明《游牧民眼中的世界史——跨民族和国境》，日本经济新闻社，1997 年
（55）杉山正明《蒙古帝国与大元兀鲁思》，京都大学学术出版会，2004 年
（56）杉山正明、北川诚一《大蒙古的时代》，《世界史》9，中央公论社，1997 年
（57）藤井让治、杉山正明、金田章裕编《绘图、地图中所见世界的形象》，京都大学文学研究科，2004 年

历史年表

公元	年号	草原、中华、亚洲东方	日本、欧亚大陆世界
552		突厥国出现。在6世纪80年代之前呈横跨东西的“世界帝国”状态。	
538		突厥帝国东、西分裂。隋文帝吞并江南。589年，统一中华。	
618	武德元	唐朝建立。援助东突厥。	
622			穆罕默德从麦加迁居麦地那。伊斯兰出现。
630	贞观四	东突厥臣服于唐。	
645			据说日本发生了“大化改新”。
651			萨珊帝国解体。
663	龙朔三	唐朝和新罗的军队在白村江击败日本和百济的军队。在此前后唐朝走向“世界帝国”状态。	
682		东突厥复兴。	
712	太极元	李隆基（玄宗）即位。	
742	天宝元	安禄山任平卢节度使。	
744	三	安禄山兼范阳节度使。回鹘取代复兴的东突厥。	
750			阿拔斯朝革命成功。
751	十	安禄山兼河东节度使。怛逻斯河畔之战。	
755	十四	安禄山举兵，攻陷洛阳。	
756	至德元	安禄山称大燕皇帝。玄宗蒙尘，长安陷落。	
757	二	安禄山被儿子安庆绪所杀。	
759	乾元二	史思明在洛阳称大燕皇帝。	

761	上元二	史思明为儿子史朝义所杀。	
763	广德元	史朝义自杀。“安史之乱”结束。吐蕃占领长安。	
764	二	仆骨怀恩叛乱。	
774	大历九	魏博节度使田承嗣叛乱。河朔三镇事实上独立。	
789		回鹘游牧国与吐蕃于 792 年之前在天山东部一带冲突。	
800			查理曼大帝从教皇处接受皇冠。
840		回鹘游牧国因天灾和黠戛斯的攻袭而解体。	
845	会昌五	会昌灭佛。	
846		吐蕃的朗达玛王被杀。吐蕃走向分裂。	
875	乾符二	黄巢、王仙芝叛乱。	
883	中和三	李克用收复长安。次年，“黄巢之乱”结束。	
901		耶律阿保机成为契丹联盟的夷离堇。	
904	天祐元	朱全忠杀唐昭宗。	
905		耶律阿保机和李克用在云州会盟。	
907		阿保机成为契丹选举制的可汗。朱全忠废哀帝，即帝位。唐室断绝。后梁出现。	
908		李克用死。李存勖在潞州之战大败后梁军。	
909			法蒂玛朝出现。
911		李存勖在柏乡一带的战役中再次大败 后梁军。	
916	神册元	耶律阿保机确立契丹国世袭制的“帝权”。耶律阿保机率契丹军南进，席卷“山后地”。	
917		契丹军在新州之战中大破沙陀周德威之军。包围幽州。耶律阿保机率契丹主力撤退。在幽州城外的战斗中沙陀军打败契丹军。	
921		李存勖接受“传国宝”。耶律突欲率契丹军进攻河朔，又撤退。	
923	同光元	李存勖即位。以“唐”为国号。灭后梁。	

925		耶律阿保机处有“日本国来贡”。	
926	天显元	契丹军收降渤海国。李存勖为禁军所杀。沙陀族长家族灭亡。李克用的养子李嗣源即位，仍以“唐”为号（沙陀第二王朝）。耶律阿保机突然去世。	
927		耶律尧骨成为第二代契丹皇帝。	
930		东丹王突欲渡海投奔李嗣源。	
936		契丹皇帝尧骨助石敬瑭灭后唐。突欲被杀。	
939			平将门叛乱。
947		灭掉石氏后晋的尧骨进入开封，二月建国号为“大辽”，四月撤出。猝死于栾城。刘知远在太原即位（后汉）。	
960	建隆元	赵匡胤凭借常见的禁军政变即位。北宋建立。	
982		夏王李继捧投靠北宋，李继迁独立。	
1002		李继迁的党项王国以灵州为都城。	
1004		“澶渊之盟”签订。契丹国与北宋走向长达 120 年之久的和平共处。	
1032		李元昊成为党项国王。	
1038		李元昊改国号为“大夏”，称皇帝。所谓的西夏国建立。	
1044		北宋和西夏签订“庆历和约”。契丹、北宋和西夏依照条约共存。	
1055			塞尔柱的脱黑鲁勒·贝进入报达城。
1096			以十字军为名的拂朗的东进。
1114		女真的完颜阿骨打自立。大金国建立。	
1122		大金国与北宋缔结海上之盟。	
1125		大金国俘获辽天祚帝。契丹帝国亡。	
1127	靖康二	大金国灭北宋。	
约 1132			耶律大石即位。第二次契丹帝国出现。

1142		大金国与南宋订立和约。澶渊体系再现。	
1161		金帝完颜迪古乃的统一中华，失败。	
1206		成吉思汗即位。大蒙古国建立。	
1211		成吉思汗率蒙古军侵入华北。	
1215		金中都陷落。金南迁。	
1219		蒙古军远征中亚（至 1225 年）。摧毁花剌子模·沙王国。在阿富汗斯坦的作战异常艰苦。	
1227		蒙古军进攻西夏。成吉思汗去世。西夏亡。	
1234		大金国在靠近南宋国境的蔡州灭亡。	
1236		蒙古向东、西远征。拔都的西征和阔出的南征。其后向世界帝国发展。	
1251		第四代蒙古皇帝蒙哥策划第二次东、西远征。忽必烈的南征、旭烈兀的西征。	
1257		蒙哥决定甩开忽必烈亲征。	
1259		蒙哥在四川突然去世。忽必烈包围鄂州。	
1260	中统元	忽必烈与阿里·不哥争夺帝位继承权的战争拉开帷幕。旭烈兀军侵入叙利亚，又回军。乞都在阿音·札鲁特为马木路克军所败。蒙古向西方的扩张止步。	
1264	至元元	忽必烈的帝位确立。大元兀鲁思真正建立。	
1276	一三	蒙古军兵不血刃占领临安。收降南宋。其后向海上扩张。	1274 年、1281 年的蒙古两征日本。
1294	三一	忽必烈去世。其孙铁穆耳即位。	
1303		整个蒙古帝国的联动统治恢复。	
1328		天历内讧。蒙古帝国开始变质。	在此前后七十年左右发生的整个地球范围的环境变化
1368		明朝建立、北伐。大都陷落。	
1388		忽必烈王朝灭亡。	

著作权合同登记图字：20-2012-049

图书在版编目(CIP)数据

疾驰的草原征服者：辽 西夏 金 元 / (日) 杉山正明著；乌兰 乌日娜 译.
—桂林：广西师范大学出版社，2014.1（2021.5 重印）
（中国的历史 08）
ISBN 978-7-5495-3368-8
Ⅰ. ①疾… Ⅱ. ①杉… ②乌… Ⅲ. ①中国历史－研究－辽宋金元时代
Ⅳ. ①K240.7

中国版本图书馆CIP数据核字(2013)第011554号

广西师范大学出版社出版发行
广西桂林市五里店路 9 号　邮政编码：541004
网址：www.bbtpress.com

出 版 人：黄轩庄
全国新华书店经销
发行热线：010-64284815
山东韵杰文化科技有限公司

开本：787mm×1092mm　1/32
印张：12　字数：191千字　图片：52幅
2014年1月第1版　2021年5月第11次印刷
定价：68.00元

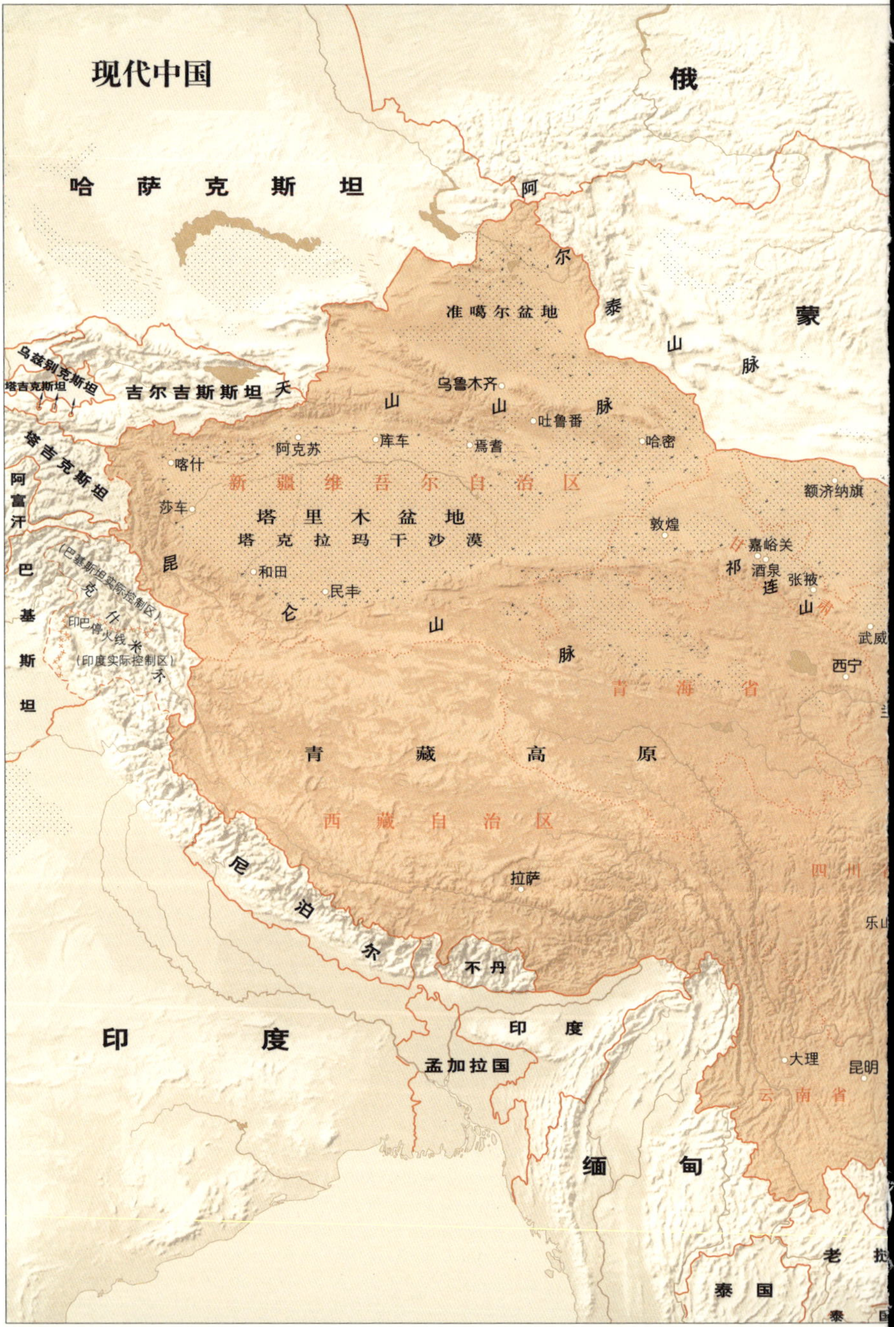
现代中国
俄
哈萨克斯坦
阿尔泰山脉
蒙
准噶尔盆地
乌兹别克斯坦
塔吉克斯坦
吉尔吉斯斯坦
天山山脉
乌鲁木齐
吐鲁番
阿克苏
库车
焉耆
哈密
喀什
塔吉克斯坦
阿富汗
新疆维吾尔自治区
额济纳旗
莎车
塔里木盆地
塔克拉玛干沙漠
敦煌
嘉峪关
酒泉
张掖
祁连山
(巴基斯坦实际控制区)
克什米尔
印巴停火线
(印度实际控制区)
巴基斯坦
昆仑山脉
和田
民丰
武威
西宁
青海省
青藏高原
西藏自治区
拉萨
四川
乐山
尼泊尔
不丹
印度
孟加拉国
大理
昆明
云南省
缅甸
老挝
泰国